イメージと語源でよくわかる

似ている英単語使い分けBOOK

清水建二★
すずきひろし★ 共著

動詞編 形容詞・副詞編 名詞編

基本単語の意味の違いがしっかり身につく
イラストと一緒に楽しく覚えられる

はじめに

　かつて、私が埼玉県で屈指の進学校である浦和高校で教鞭を執っていた時のことです。英作文の授業で、「ニュートンは、リンゴが木から落ちるのを見て、万有引力の法則を発見した」という問題をやっている時に、「落ちる」を drop にするべきか、fall にするべきかについて迷ったことがありました。

　英英辞典で fall の項目を見ると、to come down onto the ground or from a high position to a lower position（地面に落ちること、または高い位置から低い位置に落ちること）とあります。一方、drop の項目を見ると、to fall or to allow something to fall（fall すること、または、何かを fall させること）と出ています。

　しかし、この説明からだけでは、fall が「落ちる」という自動詞で、drop が「落ちる」という自動詞と、「落とす」という他動詞の用法があるという違いしか見えてきません。そこで、理解を深めるために英英辞典の例文をいくつか拾ってみます。

> *Leaves* are **falling** from the trees.　葉が木から落ちている
> *Snow* is expected to **fall** tonight.　今夜は雪が予想されている
> The *bottle* rolled off the table and **dropped** to the floor.
> 　ビンがテーブルの上でコロコロ回って床に落ちた
> The *plane* **dropped** the bombs.　その飛行機は爆弾を落とした

　こうしてみると、fall の主語になるのは「木の葉」や「雪」など、比較的重量を感じさせないものが多いのに対して、drop の主語や目的語になるものは重量を感じさせるものが多いということがおぼろげながらわかってきます。

　さらに、色々な英英辞典やその他たくさんの例文などを片っ端から検証していくと fall と drop の全体像が浮かんできます。そこで得

られた結論は次のようになります。

　fall は重力に抵抗する力や支えを失って、空気の抵抗を受けながら落ちていくことで、落ちる過程に焦点が当てられる点にその特徴があります。ですから、風や空気の抵抗を受けながら落ちていく雪や木の葉の状態を表すのが fall なのです。空気の抵抗を受けるので落下するのは垂直方向でなくてもかまいません。

　一方、drop は重量感のあるものが重力の法則に従って、空気の抵抗を感じさせずに急に落ちることで、fall が線的な落下であるのに対して drop は点的に落下することを暗示させます。

　例えば、「雨が降っている」は The rain is falling. ですが、軒先から「雨がぽたぽた落ちている」なら、The rain is dropping. というわけです。猟師が撃ち落とした鳥がドサッと落ちてきたり、ポケットから財布が落ちたりするのも drop です。

　また、drop は急に落ちることから意外性や突発性を暗示させます。予定を変更してまっすぐ家に帰らずにちょっと一杯飲みに居酒屋に立ち寄るのであれば drop by a bar です。このような違いは fall が長母音、drop が短母音であることとも関係があるのではと筆者は考えています。

　以上のように考えていきますと、先ほどの「ニュートンのリンゴが落ちる」問題ですが、重量感のあるリンゴがストンと落ちる様子だけを表現するのであれば drop の方がいいかも知れませんが、リンゴが落ちていく様子を客観的に見て万有引力の法則を発見したと考えれば fall の方が自然なのでは、という結論を導き出すことができます。

　このように、fall も drop も日本語に直したら、どちらも「落ちる」ですが、両者には微妙な意味の違いがあることがわかります。ネイティブスピーカーはほとんど無意識のうちにこれらを使い分けているのです。

　この場合、fall と drop の違いは微妙で、相互に入れ替えても、特に問題なく意味を伝えることはできますが、きちんと使い分けをし

ないと異なった意味を伝えることになってしまうケースがたくさんあります。

例えば、あなたが友達の家に招待されて、Dinner's ready.（夕食の準備ができましたよ）と言われて、「今行きます」と返す時、何と言いますか。I'm going. ですか？いや、正解は、I'm coming. です。

come は、「やって来る」という意味だけでなく、話し手がこれから行こうとしている場所、聞き手がいる場所や話題の中心なっている所に「行く」ことも表します。ですから、話題の中心であるディナーの場所に行くのは、I'm coming. で表すわけです。

一方、go（行く）は、Where are you going?（どこに行くの？）、I'm going shopping.（買い物に行くところ）のように、行先や様態を示さなければなりません。行先や様態を示さないと、単にその場から「離れる」とか「いなくなる」という意味しか伝えることができません。ですから、Dinner's ready. と言われて、I'm going. と答えてしまったら、どこか違う所に行くの？と勘違いされてしまうかもしれないのです。

さらに、次の2つの文を見てください。

1 He usually goes to school at eight o'clock.
　彼はたいてい8時に学校へ行く
2 Please come here at eight o'clock.
　8時にここに来てください。

これら2つの文は一見、普通の英文に見えますが、どちらも不自然です。なぜか、それは go も come も、「動作の開始」を表すのが基本だからです。つまり、1の文だと、「8時になった瞬間に学校へ行く動作を開始する」ことになり、学校には到着していないということになります。「8時には学校に到着している」ことを伝えたければ、He usually gets to school at eight o'clock. です。同様に、2の文では「8時になった瞬間にここに来る動作を開始してください」という意味になってしまいます。「8時にはここにいてください」なら、Please be here at eight o'clock. と言ってください。

　このように、日本語に訳すと同じでも、英語では異なった言葉で表さなければならない、いわゆる「意味の似ている英単語」がたくさんあり、より円滑なコミュニケーションを図るためには、これらの英単語の使い分けが不可欠なのです。

　拙著「似ている英単語使い分け BOOK」(ベレ出版)の発売から、すでに15年以上の歳月が経過しましたが、姉妹本の「動詞編」「形容詞・副詞編」も含めて、「似ている英単語」本の決定版として、幅広い読者層の皆様に支えられ、現在に至るまで版を重ねてきました。特に、英語教育に携わる多くの先生方から「英語類義語のバイブル」という評価をいただくたびに、著者にしか得られない至上の喜びを感じております。また、韓国、台湾、香港などで翻訳出版され、いまだにロングセラーになっていることも嬉しいかぎりです。

　基本的な英単語の習得こそが、英会話習得への一番の近道である、というコンセプトに基づき、イラストを交えながら楽しく学習できるという点が、多くの読者から支持を得られている所以だと自負しております。

　本書は、既刊の3冊を1冊にまとめたパーフェクト版で、前作の特長を踏襲しながら、英語初級者だけでなく、より高いレベルを目指す読者をターゲットにしています。また、前作とは異なり、語源的な側面からの解説を加え、イラストも、よりシンプルな形で、視覚に訴え、記憶に残る効果を狙ったものにしました。本書をきっかけに、新たなる英単語学習の楽しさを享受していただけることを願っています。

　　　　　　　　　　　　　　　　　　　　　　　　　清水　健二

目次 ●イメージと語源でよくわかる 似ている英単語使い分け BOOK

第1章 動詞編 15

① 行く、来る | come / go / get **16**
② 持っていく | take / bring / carry / bear **21**
③ 話す | talk / speak / tell / say / state / chat / chatter / babble / prattle **26**
④ 取る、得る、獲得する | get / take / obtain / gain / acquire **31**
⑤ させる | have / make / let / get **35**
⑥⁻¹ 見る | look / see / watch **40**
⑥⁻² 見る | glance / glare / stare / gaze **43**
⑦ 聞く | hear / listen **44**
⑧ 勉強する | study / learn / work **46**
⑨ 会う | see / meet / come across / run into / encounter **49**
⑩ 受け取る | accept / receive / take / catch / have **52**
⑪ 選ぶ | pick / choose / select / elect / prefer **56**
⑫ 引く | pull / draw / drag / tug / tow **59**
⑬ 押す | push / press / shove / thrust / poke **63**
⑭ 投げる | throw / cast / pitch / toss **67**
⑮ 望む、欲する | want / wish / hope / desire **71**

- ⑯ 変わる、変える | change / alter / modify / adjust / reform / vary / shift / turn **75**
- ⑰ 閉じる | close / shut / slam / lock **81**
- ⑱ 分ける、分かれる | separate / split / share / divide **84**
- ⑲ 集める | gather / collect / raise / accumulate / assemble **88**
- ⑳…1 壊す | break / tear / destroy / wreck / damage / demolish / ruin **91**
- ⑳…2 壊す | burst / crush / smash / shatter / crack **96**
- ㉑ 落ちる、垂れる | fall / drop / drip / spill / leak / trickle **99**
- ㉒ 起こる | happen / occur / take place / break out **103**
- ㉓ 飲む、のむ | drink / have / slurp / take / swallow / gulp / guzzle / sip **107**
- ㉔ 〜になる | become / get / grow / go / come / turn / fall **110**
- ㉕ 働く、動く | move / work / run **114**
- ㉖ 教える | tell / show / direct / guide / teach / instruct / educate / train / coach **117**
- ㉗ 噛む | bite / grind / crunch / chew / nibble / snap **123**
- ㉘ 寝る、眠る | sleep / go to bed / fall asleep / doze / take a nap / get to sleep **125**
- ㉙ 借りる | borrow / use / lease / rent / charter **129**
- ㉚ 取りかえる | change / exchange / swap / trade / switch / replace **132**
- ㉛ 上げる、持ち上げる | raise / lift / hoist / boost / pick up **135**
- ㉜ 振る | shake / nod / swing / wave **139**

㉝ 跳ぶ｜ jump / leap / spring / bounce / hop 142

㉞ 追う｜ follow / run after / chase / track / trail / pursue / drive 145

㉟ 送る｜ send / dispatch / deliver / transmit / ship / forward 149

㊱ 回転する｜ turn / spin / roll / rotate / revolve / whirl / twirl 152

㊲ 切る｜ cut / slash / slit / snip / clip / chop / slice 156

㊳-1 たたく、打つ｜ hit / strike / beat 159

㊳-2 たたく、打つ｜ tap / rap / bang / slap / clap / pat 162

㊴ 見つける｜ find / discover / catch / detect 165

㊵ 説明する｜ explain / describe / illustrate / account for / demonstrate 168

㊶ 調べる｜ check / explore / examine / research / inspect / investigate / consult / look up / survey 172

㊷ 議論する｜ argue / quarrel / discuss / debate / dispute 176

㊸ 断る｜ refuse / reject / decline / turn down 179

㊹ 要求する、求める｜ ask for / demand / require / request / claim 182

㊺ 探す｜ look for / search for / search / seek 185

㊻ 守る｜ protect / guard / defend / secure 188

㊼ 持つ｜ have / possess / own / keep / hold 191

㊽ 延期、中止する｜ put off / postpone / call off / cancel / delay / defer / adjourn / suspend 195

㊾ 笑う｜ smile / grin / laugh / giggle / chuckle / guffaw 200

㊿ 案内する｜ show / guide / direct / lead / conduct 203

(51) つなげる、結合する | join / connect / link / unite / combine 206
(52) 勝つ | win / beat / defeat 209
(53) 許す | forgive / excuse / pardon / overlook / allow 211
(54) 決める、決心する | decide / determine / settle / make up one's mind / fix 214
(55) 保存する、とっておく | preserve / reserve / conserve / save / store / maintain 217
(56) 置く | put / set / place / lay 222
(57) 確認する | check / make sure / confirm / learn / identify / detect / verify / double-check 225
(58) 保つ、維持する | maintain / keep / hold / keep up / sustain / retain 228
(59)…1 料理する | cook / make / prepare / fix 231
(59)…2 料理する | boil / steam / fry / bake / toast / roast / grill / broil 233
(60) 我慢する、耐える | bear / stand / withstand / endure / put up with 236
(61) 始める、始まる | start / begin
終える、終わる | end / finish 239
(62) 修理する | mend / repair / fix 246
(63) 助ける | assist / help / save / rescue / support 249
(64) 許す、許可する | allow / permit
禁止する | forbid / prohibit 252

第2章 形容詞・副詞編 257

- ㊺ **大きい** | large / big / huge / enormous / vast / great **258**
- ㊻ **小さい** | little / small / compact / minute / tiny / fine **263**
- ㊼ **高い** | tall / high **268**
- ㊽ **速い** | fast / quick / rapid **272**
- ㊾ **狭い** | narrow / small / tight **275**
- ㊿ **広い** | wide / large / broad **277**
- ㊼ **汚い** | dirty / messy / filthy **281**
- ㊼ **やせた** | thin / slender / slim / skinny / lean **284**
- ㊼ **恥ずかしい** | ashamed / embarrassed / shy / shameful **288**
- ㊼ **面白い** | interesting / funny / amusing / exciting / entertaining / fun / enjoyable / humorous **291**
- ㊼ **丁寧な、丁寧に** | polite / civil / courteous / detailed / thorough / careful **296**
- ㊼ **きれいな** | clear / clean **300**
- ㊼ **静かな、穏やかな** | silent / quiet / still / calm / tranquil / serene **302**
- ㊼ **かたい** | hard / solid / stiff / firm / tough / rigid **307**
- ㊼ **変な** | strange / odd / peculiar / queer / eccentric / curious / quaint / unusual / funny **311**
- ㊼ **厳しい** | severe / strict / tight / rigid / rigorous / harsh **316**
- ㊼ **本物の** | genuine / authentic / real / true **320**

- ⑧² 適切な、適当な | fit / suitable / proper / appropriate / right / good **324**
- ⑧³ 複雑な | complicated / complex / mixed **329**
- ⑧⁴ 簡単な、単純な | simple / easy / effortless / plain **332**
- ⑧⁵ 明らかな | clear / plain / evident / apparent / manifest / obvious **335**
- ⑧⁶ 強い | strong / stout / sturdy / tough / robust / intense / powerful **340**
- ⑧⁷ 普通の | common / usual / ordinary / regular / normal / typical **344**
- ⑧⁸ 十分な | enough / sufficient / adequate / ample / satisfactory **348**
- ⑧⁹ 早い | soon / early **351**
- ⑨⁰ ほとんど、約 | almost / nearly / about / around / approximately **354**
- ⑨¹ たぶん | perhaps / maybe / possible / probably **359**
- ⑨² 確かに | sure / certainly / definitely **362**

第3章 名詞編 365

- ⑨³ 女性 | lady / woman / girl / female **366**
- ⑨⁴ 道 | street / avenue / road / way / path / lane / course **368**
- ⑨⁵ 旅 | travel / trip / journey / voyage / tour / excursion **373**
- ⑨⁶ 客 | guest / customer / visitor / client **377**

- ⑨⑦ **値段、価格、料金** | price / cost / expense / charge / fee / fare / toll / rate **381**
- ⑨⑧ **問題** | question / problem / issue / affair / matter **385**
- ⑨⑨ **誤り** | mistake / error / fault / typo **389**
- ⑩⓪ **練習、訓練** | practice / exercise / drill / training **392**
- ⑩① **力** | force / power / energy / strength **396**
- ⑩② **争い** | fight / quarrel / war / battle **400**
- ⑩③ **答え** | answer / reply / response **403**
- ⑩④ **店** | shop / store **406**
- ⑩⑤ **方法** | way / procedure / method / manner / means / recipe **408**
- ⑩⑥ **制限** | limit / limitation / restriction / constraint **412**
- ⑩⑦ **期間** | period / term / duration / season **416**
- ⑩⑧ **影響** | effect / influence / impact **419**
- ⑩⑨ **場所** | place / location / spot / site / area / position / zone / room **422**
- ⑪⓪ **要素** | element / factor / component / constituent / ingredient **426**
- ⑪① **感情** | feeling / emotion / passion / sentiment **429**
- ⑪② **運** | chance / luck / fortune **431**
- ⑪③ **心** | heart / mind / soul / spirit **433**
- ⑪④ **国** | country / nation / state / land **435**
- ⑪⑤ **心配** | worry / anxiety / care / concern / fear **438**
- ⑪⑥ **趣味** | hobby / pastime / interest / diversion **441**

- ⑰ **病気** | illness / sickness / disease **444**
- ⑱ **中心** | center / middle / heart / core / focus **447**
- ⑲ **出来事** | occurrence / happening / event / incident / accident **451**
- ⑳ **恐怖** | fear / terror / horror / fright / dread **454**
- ㉑ **会社** | company / office / firm / corporation **457**
- ㉒ **習慣** | habit / custom / practice / rule **460**
- ㉓ **喜び** | pleasure / delight / joy **463**
- ㉔ **道具** | tool / appliance / instrument / implement / device / gadget / kit **465**
- ㉕ **目的** | purpose / aim / object(ive) / goal / target / vision **468**
- ㉖ **仕事** | work / job / labor / task / duty / business / occupation / career **471**
- ㉗ **地域** | area / region / district / zone **475**

第1章 動詞編

① 行く、来る | come / go / get

適当な語はどれでしょう？

❶ **A : Ken, dinner's ready. B: I'm (going / coming).**
(A: ケン、夕食の用意ができましたよ。B: 今行きます)

❷ **Are you (going / coming) to the party?**
(パーティーに行かれますか)

❸ **Excuse me, but could you tell me how to (go / get) to the nearest station?**
(すみません、最寄りの駅までの道を教えてくれますか)

go が「去っていく」、come が「やって来る」として知られていますが、単にそれだけではありません。come には、話し手の「意識の空間」の中に入っていくという意味があります。意識の空間とは、たとえば話し手がこれから行こうとしている場所や、聞き手がいる場所です。

❶の例で、例えば母親に Ken, dinner's ready. と言われた Ken は I'm coming. と答えるわけです。この場合の「意識の空間」は母親のいる場所にあるので、そこに入っていくので come が使われます。

では❷の「パーティーに行く？」の場合はどうでしょう。**Are you coming to the party?** でしょうか、**Are you going to the party?** でしょうか。実は、どちらも正解です。話し手がパーティーに行くことが前提なら、意識の空間がパーティー会場にありますから、そこに入っていくので **coming** になります。**going** の場合は、意識の空間は会話の場所にあるので、単に聞き手の意思を聞いていることになります。

同様に、**I'm going to Kyoto next week.** という文も、聞き手に「来週、京都に行きます。」と言っているにすぎませんが、**I'm coming to Kyoto next week.** と言えば、意識の空間が京都にあることがわかるので、聞き手が京都にいてＥメールや電話や手紙などで「来週、京都に行きますよ」と聞き手に伝えている状況が読みとれます。

日本語でも似ています。学校を休んでいた友達に家から電話して、「明日は来る？」などとききます。その場合、意識の空間が自分の家でもなく友達の家でもなく、学校にあるからです。

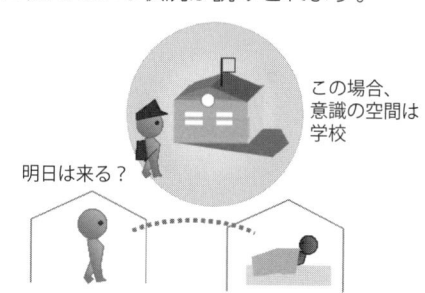

come には「意識の空間」という到達点がありますが、**go** は起点から離れることを表すのでそれだけでは到達を表さず、基本的には

行き先や様態を表す語句をつける必要があります。それらの語句が無い場合、「(その場から) いなくなる・失せる」という意味になります。「行く」という意味にするためには、実は到達を表す前置詞 **to** の役割が大きくなります。

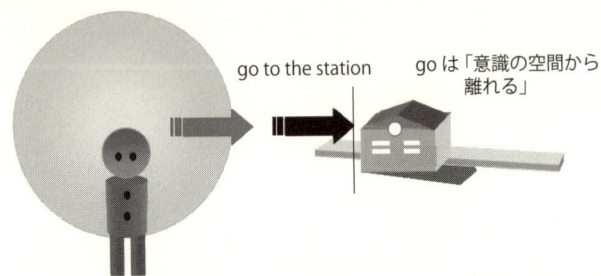

go to the station　　goは「意識の空間から離れる」

get home や、**get to the party** というふうに **get** も使われます。**get** の場合は、そこへたどり着くまでのプロセスや努力の結果が暗示されています。ですから、**Can you go to the party?** が相手の都合を聞いているのに対して、**Can you get to the party?** は、そこへ行き着くための手段があるかを聞いていることになります。

go to the party　　go to では到達に視点

get to the party　　get to では過程に視点

❸の例ではその過程に視点があるので、**how to get to the nearest station** となるわけです。

行き先や様態を表す語句が無い場合の **go** は「その場からいなくなる」を意味します。ですから、テイクアウトのお店で、**For here or to go?** と言われれば「こちらでお召し上がりですか、お持ち帰りで

すか」の意味になります。

「その場からいなくなる」の意味では他にも次のような例があります。

I'm afraid I have to go.　そろそろおいとましなければなりません。

I have to let you go.　おまえは首だ。

This car must go.　この車はお払い箱だ。

Winter's gone.　冬が過ぎた。

My hearing is going.　耳が遠くなってきた。

goは「いなくなる」「失せる」

come と **go** は、ともに「動作の開始」を表す動詞であることにも注意を払う必要がありそうです。次の英文を見てください。

He usually goes to school at eight o'clock.

彼はたいてい8時に学校へ行きます。

日本人の場合、この文を読んで「彼は8時に学校に到着する」と解釈する人も多いのですが、**go** 自体は「動作の起点」すなわち「意識の空間から出る」を意味するので、その意味だと「8時に家を出て学校に向かう」ということになります。

ただ、実際には曖昧に聞こえます。日本語でも、いっしょに家にいる母親に「8時に行くからね」というのと、学校にいる先生に「8時に行きますから」というのとでは違うふうに解釈されるように、英語でも曖昧に聞こえます。明確にするためには、出発なら **leave**、到着なら **arrive** を使うと良いでしょう。

同じように **come** も動作の開始を表します。つまり、「意識の空

間に入ってくる動作」を表します。ですから、待ち合わせの集合時間を言うときに、**Please come here at eight o'clock.** と言うと「8時になった瞬間にここに来て」の意味になってしまう理屈になります。実際には「8時にはここにいてください」の意味のときは、**Please be here at eight o'clock.** のように言います。

解答 ❶ coming ❷ going / coming ❸ get

② 持っていく | take/bring/carry/bear

適当な単語はどれでしょう？

❶ [添乗員がヨーロッパ旅行の説明会で客に対して]
　Please (take/bring) a sweater with you.
　（セーターを持って行ってください）

❷ [日本にいる家族の者がヨーロッパ旅行に向かう息子に対して]
　You should (take/bring) a sweater with you.
　（セーターを持って行ったほうがいいよ）

❸ **You should always (take/bring/carry) your passport in a foreign country.**
　（外国では常にパスポートを持ち歩くべきです）

　bring と **take** の違いをわかりやすく区別するために、**take** は、「～を持って行く（テイク）」の語呂合わせで、残りの **bring** の方が「～を持って来る」というように覚えた人も多いかと思いますが、これだけでは、**bring** の正確な意味はつかむことはできません。

　take の原義は「自分のところに取り込む」です。

take
「自分のところに取り込む」

　「持って行く」「連れて行く」の意味も、この原義で解釈できます。**go** の場合と同じように、到達を表す前置詞の **to** が重要な役割を果たします。

　例えば、彼女の手を取ります。それが **take** の原義です。そして、そのまま移動します。その到達先を表すのに **to** を使います。**to the**

ballpark は「野球場へ」という到達点を表します。それで、**He took her to the ballpark.** が「彼女を野球場に連れて行った」の意味になるわけです。

一方、**bring** は「移動」に焦点が当てられます。ですから **to** がなくても移動を表せます。**Bring your wife next time.** は「この次は奥さんを連れておいでよ」です。「どこへ？」といえば、「意識の空間があるところへ」です。この文脈では会話が行なわれている「ここ」のことですね。それは前に説明した **come** の場合と同様です。その意識の空間に「連れ込む」「持ち込む」のが **bring** です。

Bring me a glass of water.(水を一杯持って来て)なども同様です。

take の場合は、意識の空間から離れた他の場所へ行くこと、つまり「ここ」でもなく聞き手がいる場所でもなく、「持って行く先」は第三者の所にしかなりません。

She took her luggage to her room by herself.

彼女は荷物を自分で部屋まで持って行った。

take は、到達の **to** 以外でも、様態や形態などをあらわす語がつくことで、「持って行く」「連れて行く」の意味になります。

She took her luggage out of the airport by herself.

彼女は空港の外まで自分で荷物を持ち出した。

She took her children to see a movie.

彼女は子供たちを映画に連れて行った。

He takes the dog for a walk every morning.

彼は毎朝、犬を散歩に連れて行く。

また、**bring** を「持ってくる」「持参する」の訳語でおぼえていると、**bring your wife** のように人を表す語を目的語にするのに抵抗を感じてしまいますが、ネイティブは普通に使います。例えば日本語では「犬がいる」「本がある」のように、「生き物」と「モノ」を違うふうに表現しますね。英語ではその区別の感覚が違います。

例えば、こんな言い方もあります。

Just bring yourself. 手ぶらで来てください。

His writing brings him $10,000 a year.

彼は著述で1年に1万ドルが入ってくる。

This brings us to the conclusion.

これで結論に至るわけです。

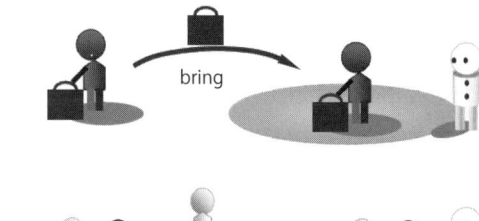

bring 移動に焦点。
意識の空間に持ち込む

bring と **take** の違いがわかってきたところで最初の問題に戻ってみます。

❶では、添乗員も、当然、ヨーロッパに行くことになるので、**bring** を選び、**Please bring a sweater with you.** となりますが、❷

のように、添乗員ではなく日本にいる家族などが言う場合には、行き先は第三の場所なので **take** を使って **You should take a sweater with you.**（セーターを持って行ったほうがいいよ）と言います。

続いて、**carry** と **bear** です。

bring が「移動」に焦点が当てられているのに対し、「運んでいる」に焦点があるのが **carry** と **bear** です。静止しているか移動しているかは問いません。

carry は軽いものやその重さを感じさせないものを運んだり携行したりするイメージです。

He carries a gun.　彼は銃を持っているぞ。

He doesn't carry much money with him.　彼は大金は持ち歩かない。

ですから❸は、**You should always carry your passport in a foreign country.**（外国では常にパスポートを持ち歩くべきです）になります。

bear は改まった場面で、重いものや、権威があり重々しいものを運ぶというニュアンスがあります。

The car was bearing the remains of the president.
　その車は大統領の遺体を運んでいた。

bear ~ in mind は「～を心に留めておく」という意味ですが、**bear** の「重いものを運ぶ」のイメージをつかめば、意味が理解できると思います。

「運んでいる」に焦点がある **carry** や **bear** にも、**to** がつくと移動の意味になります。**to** という前置詞は、移動を表すためになくてはならない名脇役ですね。

carry, bear 運んでいることに焦点

🄐🄰 語源ポイント

bring は、語源的には **fer** の仲間。**fer** は「運ぶ」で、**ferry**（フェリー）や **transfer**（移送）の **fer** です。**f → b** に子音が変わって **bring** の形になったものです。この見方からも、「移動」に焦点があることがわかります。

carry の **car** は「荷車」の **car**。**cart**（荷車）や **cargo**（貨物）の **car**、自動車の **car** も仲間です。荷車でコロコロ運ぶイメージが持てれば、意味を理解することが可能だと思います。

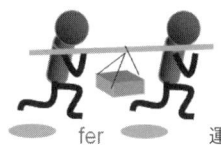
fer　運ぶ

car　コロコロ

bear の原義は「(我慢して) 支え持つ」。「耐える」「我慢する」の意味で使われることが多いですし、「〈悪感情・恨み・敵意など〉を心に抱く」というように、「重い」感じがします。回転物の荷重を支えるベアリング（軸受け）もこの **bear** です。

解答　❶ bring　❷ take　❸ carry

③ 話す | talk / speak / tell / say / state
         | chat / chatter / babble / prattle

適当な単語はどれでしょうか？

❶ [授業中、おしゃべりをしている生徒たちに先生が]
Why are you always (talking/speaking)?
(何でいつもしゃべってばかりいるのですか？)

❷ **(Say/Tell/Speak) the truth to your teacher.**
(先生に本当の事を言いなさい)

❸ **You didn't (say/tell) anything about him.**
(あなたは彼の事を何も言わなかった)

❹ **What language are they (saying/telling/talking/speaking)?**
(彼らは何語を話しているんですか？)

　talk の基本は相手に向かって言葉を発することです。形容詞の **talkative**「おしゃべりな」からも明らかなように、しゃべる動作に視点が置かれ、話す内容には関心がありません。なので、話す内容を目的語として取らない自動詞としてよく使われます。

　ですから❶は **Why are you always talking?**（何でいつもしゃべってばかりいるのですか）ですね。

He doesn't talk much.　彼はあまりしゃべらない。

Stop talking.　おしゃべりはやめなさい。

I heard someone talking downstairs.
　　下で誰かが話しているのが聞こえた。

話す内容について言いたいときは、**talk** に前置詞の **about** や **on** を付けて使います。

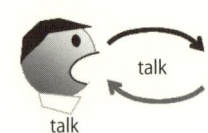

talk
相手としゃべる
動作に焦点

What are you talking about? 何の話をしているのですか？

また、話す相手を示す(表す)ときは **to** や **with** をつけて使います。

I want to talk to you about something. ちょっと話があります。

We talked with each other for almost an hour.

　私たちは 1 時間近く話し合った。

talk は他動詞としても使われて、**talk nonsense/business**「わけのわからないことを言う／仕事の話をする」や、次の **talk** ＋ **O** ＋ **into**（**out of**）〜の形で「**O** を説得して〜させる（させない)」の意味でも使われます。（**O** は目的語)

He talked his father into lending him the car.

　彼は父親を説得して車を貸してもらった。

I talked her out of going out. 彼女を説得して外出させなかった。

speak は **talk** と異なり、基本的には、ちゃんとした内容について声を使って述べることです。日本語や英語などの言語能力を表したり、演説をして自分の言いたいことを述べるのも **speak** です。必ずしも聞いてもらう相手がいることを意味しません。

She spoke for twenty minutes at the conference.

　彼女は会議で 20 分間話をした。

speak 　　　speak 「ことばを発する」

speak は、次のように自動詞として、つまり目的語をとらずに単に「声を発する」という意味で使われることもあります。

I was so shocked that I couldn't speak.

私はショックのあまり声がでなかった。

Could you speak a little louder?

もう少し大きな声で話してもらえますか。

tell は相手への内容の伝達に焦点が当てられます。そんなわけで、話す内容のほかに、話す相手も目的語（**O**）として取ることができます。

Tell me about your father.

あなたのお父さんのことについて教えてください。

Don't tell a lie. うそを言わないで。（**SVO** で目的語が一つ）

Tell me the truth.

本当のことを言ってください。（**SVOO** で目的語が二つ）

He told the news to everyone in the office.

彼は事務所にいた人みんなにそのニュースを伝えた。

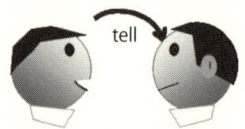

tell　伝達に焦点

tell は伝達に焦点がありますから、❷は、**Tell the truth to your teacher.**（先生に本当の事を言いなさい）になりますね。同じように、**tell a story**（話を伝える）、**tell a lie**（ウソを言う）、**tell a joke**（冗談を言う）などのように使います。

say は発話の「内容」に焦点があって、実際に発せられたことや内容をそのまま目的語に取ります。目的語になるのは、間接話法の時は発話の内容、例えば **He said he would come.**（彼は来るつもりだと言った）で、それ以外の時は、実際に発せられた言葉そのまま、または **it/so/that/something/anything/nothing/things/words** などの語に限定されます。

He said nothing to me.　彼は私に何も言わなかった。
I'd like to say a few words about the schedule.
　スケジュールについてちょっと言いたいのですが。

tell a funny story とか tell a joke とは言いますが、×say a funny story や ×say a joke とは言いません。

say　発話の内容に焦点

❸は **You didn't say anything about him.**（あなたは彼の事を何も言わなかった）が正解です。
　写真を撮るときのお決まりの文句も、**Say cheese.** です。

tell と say は文法的に違います。
John said to me, "I want to marry you."（直接話法）
John told me that he wanted to marry me.（間接話法）

つまり、**tell** は、上の例文のように人も物（事）も目的語に取ることができますが、**say** は物（事）のみを目的語に取り、人を目的語に取ることができません。

state はあらたまった場面で、意見や知識情報などを注意深くはっきり述べるときに使います。
Please state your name for the record.
　記録用に名前を言ってください。（裁判所で）

さて❹ですが、「言語」を目的語とした他動詞なので自動詞の **talk** にはならないし、目的語は **tell** のように「伝達する内容」でも **say** のように「話した内容」でもなくて、目的語は「言語」なので、**What language are they speaking?**（彼らは何語を話しているんですか？）になることがわかります。

次はオノマトペ（擬音語）が動詞化したものです。**chat** はネット上での文字入力でのおしゃべりとして最近では使われますね。もともと **chatter** の短縮形で、「ペチャクチャする」「雑談する」を表します。**-er** や **-le** は「反復」を表す接尾辞で、**chatter** は「早口でペチャクチャしゃべる」です。**chatter** は **chat** と違ってくだらないことを長々としゃべることを言います。

We stopped to chat with the neighbors.
　私たちは立ち止まって近所の人たちとおしゃべりをした。

Stop chattering and open your books.
　おしゃべりをやめて本を開きなさい。

babble はもともと赤ちゃんがわけのわからない声を発するという意味ですが、主語が大人の場合は、早口で言ったり、ばかげたことを言ったり、わかりづらいことを暗示させる語です。

He was babbling something about his mother.
　彼は母親のことについてしゃべっていた。

prattle はつまらないことをだらだらと話し続けることですが、**chatter** よりも軽蔑的なニュアンスがはっきり出る語です。**babble** にも **prattle** にも、「反復」を表す接尾辞 **-le** がついています。

baby（赤ちゃん）という語も **babble** と同じように擬音語で「ばぶばぶ」から。**prattle** も日本語の「ペラペラ」に通じます。

chatter

babble/baby
ばぶ

解答　❶ talking　❷ Tell　❸ say　❹ speaking

④ 取る、得る、獲得する | get / take / obtain / gain / acquire

適当な単語はどれでしょうか？

❶ If you want to succeed in life, you should (take/get) your chances when they come.
(人生に成功したければ、チャンスがやってきた時に運をかけてやってみるべきだ)

❷ I finally (took/got) a chance to ski.
(やっとスキーをするチャンスができた)

　get は基本的には受動的に「得る」場合と能動的に「得る」場合があります。受動的な意味では例えば、**I got a letter from my uncle.**「おじさんから手紙をもらった」のように、自分の意思に関係なく差し出されたものを受け取ることを表し、また、**I got a shock.**「ショックを受けた」のように偶発的にある状態になることを表します。

get 「受け取る」

　一方、能動的に得る場合は **She opened the window to get a better look.** (彼女はもっとよく見えるように窓をもっと開けた) のように、それほどの努力を必要としないものから、**He got the gold medal in the 100 meters.** (彼は100mのレースで金メダルを獲った) のように相当な努力を必要とするものまで様々です。

get　積極的に取る場合も

take は差し出されたものを受け取るという意味では **get** と同じですが、最終的には自分の意思で自分の中に取り入れるという点で **get** と異なります。

He took a book down from the top shelf.

彼は一番上の棚から本をおろした。

❶は、自らの意思で取り込むわけですから、**take** を採って、**If you want to succeed in life, you should take your chances when they come.**（人生に成功したければ、チャンスがやってきた時に運をかけてやってみるべきだ）が良いですね。

take　自分の意思で取り込む

❷は「巡ってきた」という受動的な感じがあるので、**I finally got a chance to ski.**（やっとスキーをするチャンスができた）になります。

get には、**take** よりも積極的に働きかけて最終的に自分のものにするという意味もあります。例えば、パリのカフェで、**Could I have a cup of Irish coffee?** と言うのと、**Could I get a cup of Irish coffee?** と言うのとでは明らかに意味が異なってきます。**have** の場合は、その店にはアイリッシュコーヒー（熱いコーヒーにウイスキーを入れ、生クリームを上にのせて飲む寒い国ならではの飲み物）をおいてあるというのが前提になっていますが、**get** の場合は、その店にはおいてあるかわからないけど、とにかく飲みたいので、だめもとで頼んでみようという意図が込められています。

obtain は努力して何かを探し出して得るという行為に焦点が当てられます。改まった場面での書き言葉ですから、友達同士の手紙などには使われません。

I managed to obtain the book I had long wanted.

私は長い間欲しいと思っていた本を何とか手に入れた。

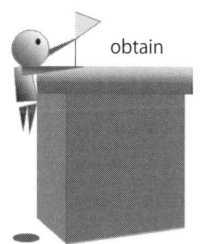

obtain 「努力して得る」

gain は、富や利益など探す過程を強調し、**obtain** よりもさらに力ずくでつかみ取るという感じです。また体重が増えるのを **gain weight** と言うように、すでに持っているものを増やす場合にも使うことができます。

He tried to gain an advantage by beginning his election campaign earlier.

彼は選挙運動をより早くはじめることによって優位を得ようとした。

gain 「努力してつかみ取る」

acquire は努力をしながら少しずつ時間をかけてゆっくりと獲得することです。対象となるものは、学習・習慣・評判・知識・能力など、

手に触れることができないものです。

He acquired a good knowledge of English in two years.

彼は2年間で英語の知識をかなり身につけた。

📖 語源ポイント

これら「取る、得る」のように、似たような意味を持つ語でも、語源に遡れば意味が理解できる場合がしばしばあります。

take は「取る」という意味で、非常に祖語に近い形です。自分の空間に取り込むというイメージです。

obtain の **ob** は「向かって」という意味が基本です。**tain** は「保つ」の意味で、**contain**（ともに＋保つ＝含む）のほか、**maintain**（手に保つ＝維持する）、**entertain**（人を愉快に保つ＝楽しませる）、**retain**（しっかり後ろに保つ＝保持する）、**detain**（離して保つ＝拘留する）、**sustain**（下から保つ＝支える）などがあります。それを考えると **obtain** の「それに向かって努力してがっちり得る」という感覚が理解できると思います。

acquire の **ac** は **ad** の異型で、ちょうど前置詞の **to** のような意味です。「向かって」という感じで、動詞の **add** もそのイメージを表すと思います。**quire** は「求める」という意味で、**quest**（探索）、**question**（質問）、**request**（依頼）、**require**（求める）などの **qui/que** です。**que** は「求」と音が似ているので覚えやすいでしょう。

tain は「保つ」

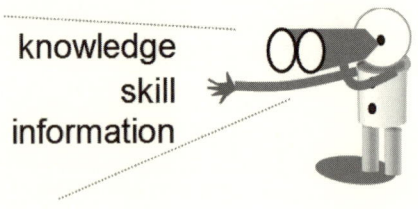

quire は「求める」
acquire は knowledge（知識）や skill（技能）や information（情報）などを「求める」

解答 ❶ take ❷ got

⑤ させる | have / make / let / get

適当な単語はどれでしょうか?

❶ The mother (had/made/let) her son go on an errand.
（母親は息子にお使いに行ってもらった）

❷ I'll (have/make/let) the gardener plant some trees.
（庭師に木を何本か植えさせましょう）

❸ He (had/made/let/got) his sister to help him with his homework.
（彼はお姉さんに宿題を手伝ってもらった）

　使役動詞というと、**make** と **have** と **let** の3つの動詞を思い浮かべる方が多いかと思いますが、それぞれの違いについて説明を求められたら、なかなかはっきりと答えられないのではないかと思います。

　make/have/let は、それぞれ目的語の後に原形不定詞の形を伴って、基本的には「～させる」という意味ですが、それぞれにはかなり意味の差があります。これら3語と合わせて4番目として、**get** をあげておきます。あとで述べますが、**get** だけは、**get + O + to do** ～の形を取ります。

　have は「させる」「してもらう」で、その人の「裁量（権限）でさせる」、「するはずのことをさせる」ということを表します。料金を支払ってサービスをしてもらったり、業務上、部下を使って「させる」ときなどはこの **have** を使います。

　have の原義は「持つ」ということですから、そうあるべき状況を「確保する」と考えるのがよさそうです。

I had the technician fix my computer.

私は技術者にコンピュータを修理させた。

❶の文は、文法的にはどれをとっても正しいですが、「母親は息子にお使いに行ってもらった」という日本語を表しているのは、**The mother had her son go on an errand.** です。この文では、息子が母親の言うことに従うのは当然であるという前提、つまり、母親の「お使いに行って来てちょうだい」という依頼に対して、息子のほうから「はーい」という素直な返事が返って来るという状況をイメージしてください。

❷の文は庭師がすべきことをしてもらうわけですから、**I'll have the gardener plant some trees.**（庭師に木を何本か植えさせましょう）というふうになります。

make は「させる」ですが、無理にでもさせる、意思に逆らってでもさせることを意味します。**make** の原義は「作る」ということですから、そうしたい状況を「作り上げる」と考えるのがよさそうです。

They made me repeat the whole story.

彼らは私にその話を全部繰り返させた。

let は「(自由に) させる」「したいことをさせる」、「させてあげる」、「することを妨げない」、「許可する」ということです。

He usually lets his kids stay up late.

彼は子供たちに夜更かしさせる (許す)。

get は、「**get O to do**」の形で使います。したがって❸は動詞 **help** の前に **to** があることから **got** を選んで、**He got his sister to help him with his homework.**（彼はお姉さんに宿題を手伝ってもらった）になります。意味は、「してもらう」、「させる」、「説得してさせる」、「自分の好ましいよう

に努力してやってもらう」ということを表します。させるまでの努力や過程の意味が入ります。「行く」の意味の **get** の感覚と似ていますね。

She got her sister to help her pack.

彼女は姉に頼んで荷造りを手伝ってもらった。

これら4語を❶の「お使いに行かせた」という例で考えてみます。**have** なら、前に説明した通り、母と息子の素直な関係ですね。

The mother had her son go on an errand.

母親は息子にお使いに行ってもらった。

make だと嫌がる息子への強制のイメージです。

The mother made her son go on an errand.

母親は息子をお使いに行かせた。

let だと、どうしても母親の手伝いをしたいと言っている息子に対して「母親は息子をお使いに行かせてあげた」の意味になります。

The mother let her son go on an errand.

母親は息子をお使いに行かせてあげた。

get O to なら、乗り気でない息子に「おやつはケーキ」などと言いながら、つまり、説得や工夫を凝らしながらさせることを表しています。

The mother got her son to go on an errand.

母親は息子をお使いに行かせた。

また、**get** は、**get** + **O** + 〜（過去分詞）の形で「**O** を〜させる（してもらう）」ことを表しますが、これも、やはり、そこに至る努力やプロセス、過程に焦点が当てられています。

I couldn't get the car started this morning.
　今朝は車のエンジンがかからなかった。

I have to get this done today.
　これをきょう終わらせなければならない。

　また、同じ形で「**O** を〜される」という被害の意味を表しますが、この場合の **get** は、努力やプロセスを重視するのではなく、無意識にある状態になるという **get** の持つもう一つの意味を表します。

She got her fingers caught in the door.
　彼女はドアに指をはさまれた。

解答　❶ had　❷ have　❸ got

6 …1 見る | look / see / watch

適当な単語はどれでしょうか？

❶ If you (see/look) carefully, you can just (see/look at) the church from here.
(注意して見ればちょうどここから教会が見えます)

❷ Dad is (seeing/looking at/watching) the game on TV.
(父はテレビで試合を見ています)

❸ (See/Look at/Watch) what I do.
(私がすることを見ていなさい)

look は「意識的に見る」という意味で、見ようとした対象が実際に見えたかどうかにかかわらず、「視線を向ける」ことを言います。

Look at me when I'm talking to you.

話しかけている時は私を見なさい。

look 「視線を向ける」

一方で、**see** は、意識して見ようとするか自然に見えてしまうかに関わらず、実際に対象を視覚としてとらえて脳内に取り込めるという意味の、「見える」ということを表します。

ですから、**I looked around the room, but I couldn't see anything.**（部屋を見たが何も見えなかった）ということもあり得ます。なので ❶ は、**If you look carefully, you can just see the church from here.**（注意して見ればちょうどここから教会が見えます）になります。

I heard a funny voice from behind. I looked around the room but couldn't see anything unusual.

背後で変な声が聞こえた。私は部屋を見渡したが、変わったものは見つからなかった。

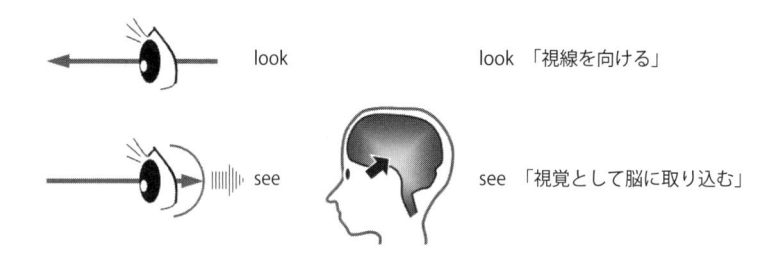

look　「視線を向ける」

see　「視覚として脳に取り込む」

　look は自動詞なので、視線を向ける対象や場所を言う場合は、それにふさわしい前置詞（**at**、**into** など）をつける必要があることに注意をしてください。

　また **see** には何かを「確かめる」「調べる」「理解する」などの意味もあります。相手の言ったことに関して「なるほど」とうなずく時には、**I see.** と言いますね。「話が見えています」「言っていることを脳内に取り込みました」という感じでしょう。

　watch は動いているものや動く可能性のあるものに、注意を集中させて長い間見たり観察したりすることを表す動詞です。テレビや映画、試合などを見るにも **watch** を使うことができますが、**see** がただ漠然と見る行為を表すのに対して、**watch** は動きのあるものを目で追って見ることが基本です。**watchdog** は番犬ですし、**Watch your step!**（足もとに気をつけて）などと言います。ものごとの動向を注視するときも **watch** を使います。

第1章　動詞

41

watch 「動くものを目で追う」

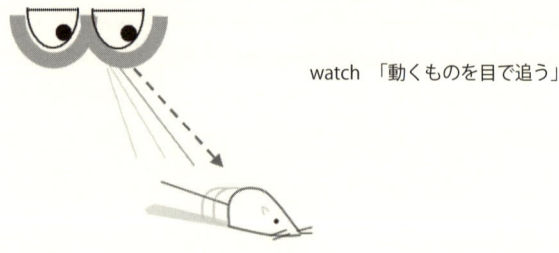

ですから❷の文は、**Dad is watching the game on TV.**(父はテレビで試合を見ています)になります。❸も、注意深く目で追うことですから、**Watch what I do.**(私がすることを見ていなさい)が正解です。

テレビ画面で映画を見たりする場合は **watch** を使いますが、映画館でスクリーン全体を鑑賞するような場合は **see** がふさわしいようです。絵画を見るのも **watch** でなく **see** ですね。

My mother went out to see a movie.
母は映画を見に外出しました。

語源ポイント

「見る」に関係する語には **watch** のように **w** で始まる語と **guard** のように **g** で始まる語がありますが、語源は同じです。フランス語経由で入ったものが **g** で、旧ゲルマン語経由で入ったものが **w** で始まります。例えば **warranty** と **guaranty** はどちらも「保証」と、似たような意味を持ちますが、もとを辿れば同じです。**reward**(報酬)と **regard**(注意)もそうです。他にも「見る」に関わる **w** がつく語には、**aware**(気づいている)、**wake**(目が覚める)、**wait**(待つ)、**witness**(証人)などがあります。

ward は「監視する」、それから転じた「監房」「病棟」などの意味があります。行政単位の「区」(例えば **Shinjuku Ward** 新宿区)も、病室や監房のように「監視統制下にある」からこう呼ばれるようになったそうです。

解答 ❶ look, see ❷ watching ❸ Watch

6 …2 見る | glance / glare / stare / gaze

適当な単語はどれでしょうか？

❹ We (glared / stared / gazed) at her beautiful jewels.
（私たちは彼女の美しい宝石をじっと見た）

glance は何か気になるところがあったり、急いでいる時などにちらっと見たり、新聞などにざっと目を通すことです。
He glanced at his watch. 彼は時計をちらっと見た。

glare はものすごい形相で人を脅かすように長い間じろじろ見る、つまり「にらみつける」ことです。
She glared at me when I asked what was wrong.
私がどうしたのと尋ねると、彼女は私をにらみつけた。

stare は「じっと見る」なのですが、恋人同士が見つめあうようなときには使わず、そういうときには gaze を使います。gaze は喜びや愛情や興味を込めてうっとりしながら「見つめる」ことです。stare は「驚き・恐怖・好奇心・当惑を持って目を見開いて見つめる」「無遠慮に見る」感じで、「じろじろ見る」「にらむ」といったマイナスのイメージを持っている語です。
Why are you staring at me like that?
どうしてそんな風に私をじろじろ見るのですか。
He stood gazing at Helen. 彼は立ってヘレンをじっと見ていた。

❹の場合は、**We gazed at her beautiful jewels.**（私たちは彼女の美しい宝石をじっと見た）となります。

解答 ❹ gazed

⑦ 聞く | hear / listen

❶ We (heard/listened) but could (hear/listen) nothing.
(私たちは耳を傾けたが何も聞こえなかった)

　hear と **listen** の違いは **look** と **see** の違いに相当します。**listen** は **look** と同様に、意識を集中させて「聴く」「耳を傾ける」という意味です。一方で、**hear** は意思に関係なく耳に入ることを表します。音として認識したという結果や聞こえているという状態を表します。**listening comprehension test** が「聴き取り試験」であるのに対して、**hearing test** は「聴力検査」です。

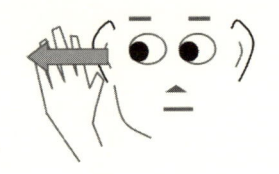

listen 「耳を傾ける」

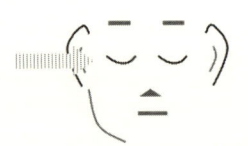

hear 「音として認識する」

　❶のように、「耳を傾けたが何も聞こえなかった」場合は **We listened but could hear nothing.** になります。

Can you hear me?　私の声が聞こえますか？
I'd like to hear your view.　ご意見を聞かせてほしいと思います。
Sorry, I wasn't listening.　ごめんなさい、聞いていなかった。
He likes listening to music.　彼は音楽を聴くのが好きだ。

listen と see、look と hear 各々の関係は、touch と feel の関係にも相当します。つまり、意図的にしようとすることと検知することの関係です。

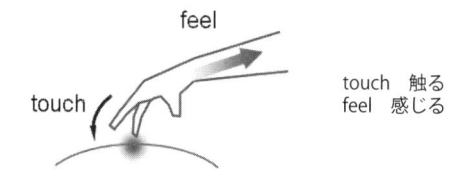

touch　触る
feel　感じる

これらはちょうど、サッカーのシュートとゴールの関係のようです。listen や look はシュートで、つまり意図的に狙って何かをしようとすることですが、必ずしもゴール (**see** や **hear**) はしません。オウンゴールもありますので、シュートしなくてもゴールする場合があります。「見たわね」「いや見えちゃいました」、「聞いたな」「すみません、聞こえちゃいました」これらがオウンゴールですね。

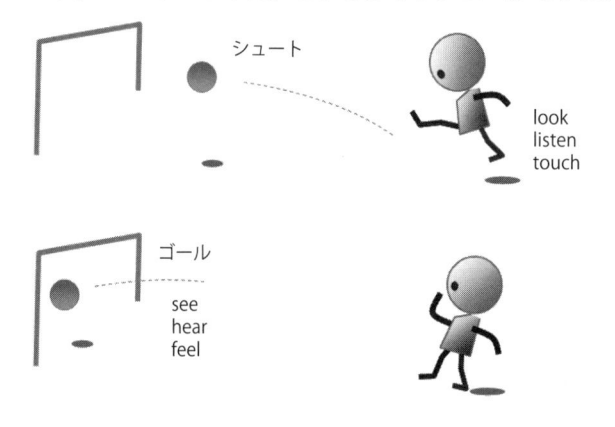

シュート
look
listen
touch

ゴール
see
hear
feel

解答　❶ listened, hear

⑧ 勉強する | study / learn / work

適当な単語はどれでしょうか？

❶ Scientists are (studying / learning) the photographs of the planet for signs of life.
（科学者たちは生命の痕跡があるかどうか、その惑星の写真を調べている）

❷ Today I (studied / learned) English sentence patterns at school.
（今日私は学校で英語の文型を習いました）

study とは、ある知識を習得するために、本を読んだり授業に出席したりして、時間や労力を費やすことに重点が置かれる語で、それが身に付いたかどうかは問題にはしません。

また、study は、ある目的のために長時間に及ぶ調査や観察をしたり、計画や問題についてじっくり検討することを表します。

study 「がんばる」

ですから、❶の文は study を選びます：Scientists are studying the photographs of the planet for signs of life. （科学者たちは生命の痕跡があるかどうか、その惑星の写真を調べている）

一方、learn は、誰かに教わったり、自ら研究したり努力することによって、ある知識や技術を習得することに重点が置かれる動詞です。study が努力のプロセスに重点が置かれているのに対して、learn はその結果に焦点が当てられています。ですから、study hard とは言えても、learn hard とは言えません。

learn 「習得する、知る」

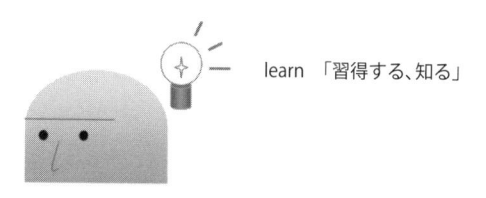

これも **look** と **see** の違いと同じように、シュートとゴールの違いですね。

❷の文の場合、**Today I studied English sentence patterns at school.** としたら、文型を勉強して、結果理解したかどうかは読みとれません。しかし、**Today I learned English sentence patterns at school.** なら、「理解して習得した」ことを表します。

もしあなたがネイティブの人から、**Where did you learn English?** と聞かれたら、英語を習得しているということが認められたことになりますので喜んでいいと思います。

つまり、**study** と **learn** は、過程重視か結果重視かの違いです。訳語の「勉強する」と「学ぶ」にもその違いが見えますね。

また、動詞のタイプを考えてみると違いが明確になります。**study** は「勉強する」という「継続可能な」動詞ですね。つまり「歩く」と同じような「動作」を表す「活動動詞」です。一方 **learn** はそれまでの動作の積み重ねの結果の「到達」を表す動詞です。「理科を勉強して (**study**)、地球が丸いと知る (**learn** ＝到達)」ということです。到達したあとは「知っている (**know**)」という「状態」になります。このような「活動」「到達」「状態」という動詞のタイプを考えると、似ている動詞の違いが明確になることがあります。

また、**learn** には、「情報などをつかむ、知る」という意味も表します。
I'm sorry to learn about your illness.

あなたの病気のことを聞いて残念です。

なお、**work** は、時間と労力を使って何かをすることが基本ですが「勉強する」の意味では、特に試験にパスするために本を読んだり、問題を解いたりしながら科目の勉強をすることをいいます。

🄰🄰 語源ポイント

　learn は「続く」の意味の **last** と同源で、「継続して足跡を辿る」というのがその意味です。**L** の文字には「長い」というイメージもありますし、継続して注意深く遡らなければ習得はできないということでしょう。習得の意味の **learn** にはなかなかオウンゴールはありませんから努力しなければなりません。

　なお、「最後の」意味の **last** は「続くの **last**」とは語源が異なり、**late** に相当する語の最上級の意味です。

　study は「努力する」の意味で、「努力する場所」の意味の語が **studio**（スタジオ）です。

解答　❶ **studying**　❷ **studied**（勉強したという事実のみ）または、**learned**（理解して習得した）

⑨ 会う | see / meet / come across / run into / encounter

適当な単語はどれでしょうか？

❶ Nice to (see / meet) you again.
（またお会いできてうれしいです）

❷ I'll (see / meet) you at the airport.
（空港へ出迎えに行きます）

初対面では **Nice to meet you.** 二回目からは **again** をつけて × **Nice to meet you again.** ついそう言ってしまいそうですが、❶の文は **Nice to see you again.** が正解です。では、**see** と **meet** の違いは何でしょう。はじめて会うのが **meet** で二回目からは **see?** …。いえ、それほど単純ではありません。

meet は初対面のときに使います。

Have we met before? 前にお会いしましたか？

How did you meet your husband?
ご主人とはどのように出会ったのですか。

初めて会うときのほか、偶然会ったり（**I met him by chance.**）、事前に日時を決めて約束して落ち合ったりするときにも **meet** を使います。

I will meet you tonight at your place at 8:00 p.m.
今夜 8 時に君の家に行きます。

❷の文は、「約束して落ち合う」わけですから、**I'll meet you at the airport.**（空港へ出迎えに行きます）が合います。

これらの説明だけだとなんだか特別ルールがあるみたいでわかりにくいのですが、日本語でも似たような使い分けがあります。広辞苑をみるとこうあります。

　　会う：「互いに顔を見て相手を認識する」
　　出会う：「行きあう、出くわす」「落ち合う、会合する」

　ということで、「会う」に相当するのが **see** で、「出会う」に相当するのが **meet** と解釈することができます。つまり、知っている人に会って話すのは **see**。たとえ初対面でも、病院に行って「この人はお医者さん」と認識して会うのは **see**。弁護士事務所に行って初対面でも「この人は弁護士さん」と認識して面会するのも **see**。

　（初めて）出会うのは **meet**。計画的に、約束して会ったり、会議を持ったりするのは、（知っている相手でも）「落ち合う」の意味で **meet**。偶然出くわすのも **meet**（**happen to meet him** とか **meet him by chance**）です。

College is a great place to meet new people.
　　大学は新しい人と出会うにはとてもいい場所だ。

We happened to meet each other.
　　私たちは偶然に出会った。

　インフォーマルでは **see** を **meet** の意味で使うことがあるようですが、その場合も偶然に会う場合には **see** は使いません。偶然のときは **come across** や **run into** を使います。**come across** は、通常「物を偶然見つける」意味だけで使います。

I ran into an old friend at the airport in Seattle.
　　シアトルの空港でばったり旧友に出会った。

meet
「出会う」「落ち合う」

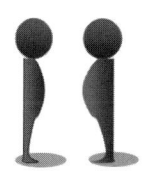

see
「その人だと認識して会う」

　encounter は思いがけない偶然の出会いや、敵・危険・困難な状況に出会う（直面する）という意味で、あらたまった場面で使われます。**encounter** の **counter** は「対する」ということで、**en** は「中へ」。つまり、「相手に向かって入る」ということから「出くわす」「直面する」という意味になります。

He encountered many problems when he started this job.
　彼はこの仕事を始めた時に多くの問題に直面した。

解答　❶ see　❷ meet

⑩ 受け取る | accept / receive / take / catch / have

適当な単語はどれでしょうか?

❶ The machine only (receives / accepts) 10p coins.
（その機械は 10 ペンス硬貨だけしか受けつけません）

❷ We did (receive / accept) your offer, but did not (receive / accept) it.
（確かにオファーは受けましたが承諾はしませんでした）

accept は「(贈り物などを快く) 受け取る」「(招待・申し出・提案などを積極的に同意して) 受け入れる」意味の動詞です。

He accepted the assignment to the important post.
彼はその重要なポストへの任命を受け入れた。

また、**accept** は、機械やシステムがものを受けつけるということも表します。

❶の文がそれで：**The machine only accepts 10p coins.**（その機械は 10 ペンス硬貨だけしか受けつけません）

一方 **receive** は、特に望んでいるわけでもなく、人が手紙や贈り物などを受け取るという単なる物理的な行為を表す動詞で、「受け入れる」意味は含みません。

I received a postcard from my brother.
私は兄からハガキを受け取った。

receive は「受け入れる」意味は含みませんから、❷の文のように、**We did receive your offer, but did not accept it.**（確かにオファーは受けましたが承諾はしませんでした）ということも起きます。

また **receive** は、次のように様態を表す副詞(句)とともに、主に受動態で、**accept** と同じ意味を表します。

Her speech was received with cheers.
彼女の演説は喝采を受けた。

The product was well received. その製品は高く評価された。

take は、「(差し出されたものを)受け取る」のが基本ですが、代金や賃金としてお金をもらうことや、忠告を受け入れる意味でも使われます。

Will you take $2,000 for the car?
その車を 2,000 ドルで売ってくれますか?

She took my advice and did not drop out of school.
彼女は私の忠告に従って学校を辞めなかった。

Does the hotel take credit cards?
そのホテルはクレジットカードを受け付けてくれますか。

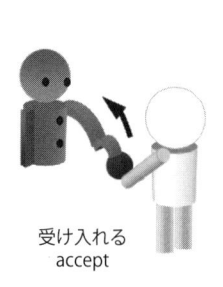

受け入れる
accept

受け取る
receive

取り込む
take

catch は、「動いているものを捕まえる」という意味なので、「(動いているもの・ボールなど)をつかむ、受けとめる」という意味であれば **catch** で表します。

The dog caught the ball in his mouth. 犬はボールを口で受けた。

catch　動いているものを捕まえる

「(手術・治療・授業など)を受ける」や「(情報・援助・物など)を受ける、受け取る」のであれば、**have** です。**have** は自分の意識の空間に持っていたり持ち込んだりすることを意味します。

I had an operation on my stomach last week.

先週私は胃の手術を受けました。

I had lots of phone calls yesterday.

昨日はたくさんの電話を受けた。

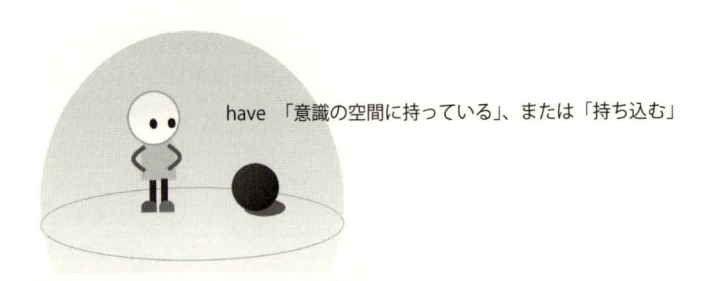

have　「意識の空間に持っている」、または「持ち込む」

語源ポイント

accept と **receive** のふたつの語が似ているのは無理ありません。同じ語根を含んでいますから。**ceive**・**cept** は「受け取る」とか「捕える」の意味です。

receive は「受け取る」。**re** は前向きでなく後ろ向き、つまり「出て行く」でなく「入って来る」なので「来たものを受ける」「迎える」というセンスであることが理解できます。名詞では **reception**（レセプション）がなじみのある語です。

accept は「受け入れる」で、**ac** は **ad** の異型で「向かって」の意味です。したがって「自ら取りにいく」というセンスが理解できます。

capture、**catch**、**keep** や **have** などは実は同じ語に由来します。これらは「頭」

や「捕まえる」それから「取っておく」に関係します。動物を捕えるときは頭をつかみます。そしてそれを取っておきますね。それらが同じ祖語（インド・ヨーロッパ祖語）**kap** に由来します。**cap**（頭にかぶる帽子）、**captain・chief**（組織の「頭」）や頭に形が似た **cabbage**（キャベツ）、「捕らえる」意味の **catch** や **capture**、追うときの **chase**、それから「保持する」の意味の **have** や **keep**、捕まえたものを入れておく **cage**（ケージ）、それから **case**（入れ物）。これらは同じ祖語に由来する語です。文字をみると **have** だけがだいぶ違うように見えますが、これはラテン語が英語に至る間に **c/k** の音が **h** に、**p** の音が **v** に変化したものです。

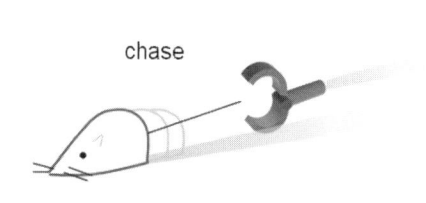

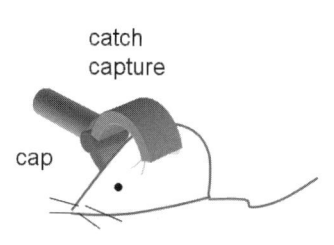

さらに **receive** や **accept** の語根 **ceive** や **cept** もその仲間だと気づくと、もっと単語のネットワークが広がります。「ともに」の意味の接頭辞 **con** をつけてみると、**concept**。こころに持った「着想」「概念」ということです。動詞なら **conceive**。「こころに取り入れる」→「着想する」「思いつく」という意味ですね。

「外に」の意味の **ex** がつけば **except** で「除外して」、逆に **in** がつけば **incept** で「摂取する」、「前もって」の意味の **anti** がつけば **anticipate** で「前もって捕らえる」だから「予測する」。「完全に」の **per** がついた **perceive** は「完全に捕らえる」だから「悟る」「読み取る」。「部分」の **parti** がついて **participate** は「部分を取る」から「参加する」。

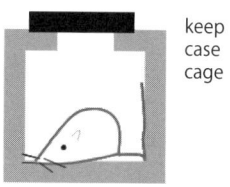

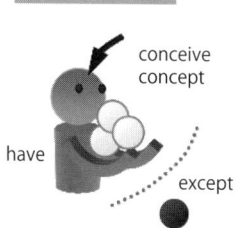

こんなふうに考えると、**ceive** や **cept** の感覚が **catch**、**have** の感覚と結びついてくると思います。

解答　❶ accepts　❷ receive, accept

⑪ 選ぶ | pick / choose / select / elect / prefer

適当な単語はどれでしょうか？

❶ Every time you get a question right, you can (pick / choose / select) a card.
（正しい答えをするたびごとにカードを一枚選べます）

❷ In the end we (chose / picked / selected) the red carpet over the blue one.
（結局私たちは青いのではなく赤いカーペットを選んだ）

❸ She became the first woman to be (selected / elected / chosen) to the Senate.
（彼女は女性として初めて上院議員に選ばれた）

気分や勘で選ぶというのが **pick** の基本です。ややくだけた言い方で、あまり頭脳を働かせずに、そのときの勘や気分でたくさんのものの中から選ぶことを表します。

Pick a number from one to ten.
1から10までの番号からひとつ選んでください。

pick 「気分や勘で選ぶ」

ですから❶は **pick** を選びます：**Every time you get a question right, you can pick a card.**（正しい答えをするたびごとにカードを一枚選べます）

choose は、2つまたは3つ以上の物の中から、自分が好きな物を頭の中で考えて1つ、またはそれ以上を選ぶことを表します。レストラン

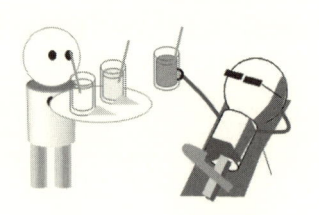

choose 「好みで選ぶ」

でトレイの中から好みでデザートを選ぶような場合は **choose** です。

You may choose up to seven library books.

図書館からは7冊まで借りられます。

Where do you want to go? — You choose this time.

「どこへ行きたい？」—「今回は君が決めなよ。」

❷は choose を選んで：**In the end we chose the red carpet over the blue one.**（結局私たちは青いのではなく赤いカーペットを選んだ）

select はやや堅い言い方で、最低でも3つ以上の中から、比較や対照を重ねながら最良かつ最適な物や人を慎重に選ぶことです。**pick** や **choose** が主観的な選択をするのに対して、**select** は客観的選択に重点が置かれます。

We are going to select two students to represent our school.

学校を代表する生徒を2名選びます。

elect は、日常生活における選択ではなく、ある集団が特定の仕事をするために役職を選挙で選ぶことを表します。

We elect representatives every two years.

私たちは2年毎に代表を選びます。

ですから❸は、**elect** を選びます：**She became the first woman to be elected to the Senate.**（彼女は女性として初めて上院議員に選ばれた）

prefer は、2つの物や事柄を比べて、自分の希望や好みに合うものをひとつ選ぶことです。

He prefers chocolate ice cream to vanilla.

彼はバニラよりチョコレートアイスクリームを選ぶ。

He prefers watching baseball to playing it.

彼は野球はやるより見る方がいい。

語源ポイント

この **choose** の語源を辿ると、古フランス語の **kiasa**、ラテンの **gustus** に至ります。ファミリーレストラン **Gusto** の名の由来であるスペイン語と同じ語源です。「我が家の食卓代わりに」と願いを込めて、スペイン語で「おいしい」という意味の **GUSTO** と名付けたそうです。**Gusto** と結びつけると、**choose** が「好みで選ぶ」感じがわかってきますね。

select と **elect**、どちらにも **lect** がつきます。**lect** は「選ぶ」という意味で、**elect** は **ex**（外、出す）＋ **lect**（選ぶ）で「選び出す」ということです。**select** の **se** は、**separate** や **secret** の **se** と同じで「分離する」という意味ですから、**select** は「選び分ける」ということですね。ちなみに **separate** は **se**（分けて）＋ **parate**（置く）の意味です。また、**neglect** は否定の **neg** がついて、「選ばない」わけですから「ほったらかす」の意味になるわけです。

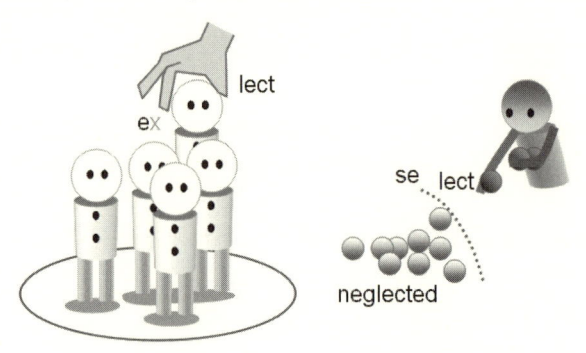

elect "選び (lect) 出す (ex)"　　select "選び (lect) 分ける (se)"

elect と同じ語源成り立ちの語に **eligible** があります。「適任の」「資格のある」「適任者」というような意味ですが、これも「選び出された」をイメージすると理解しやすいと思います。

prefer の **fer** は **bring** のところで書きましたが移動を意味する「運ぶ」の意味です。**pre** が「前」ですから、「前に運ぶ」のことで「〜の方を好む」の意味です。

解答　❶ pick　❷ chose　❸ elected

⑫ 引く | pull / draw / drag / tug / tow

適当な単語はどれでしょうか？

❶ They managed to (drag/pull) the child out of the river just in time.
（彼らは何とかその子を川から救い出した）

❷ My mother used to (drag/pull) me out to church every week.
（母は毎週、嫌がる私を教会へ連れていきました）

pull は、手をしっかり握り、水平方向でも垂直方向でも、とにかく一定の方向に力を入れて「引く」ことを表す一般語です。引き寄せる、引っ張って動かす、または動かそうとすることを言います。車や機械などが何かを引くときにも **pull** を使います。

He pulled the door open.　彼はドアを引いて開けた。

pull 「引き寄せる」「引っ張って動かす」

draw は、やや堅い言い方で、安定した速度と力でゆっくりとすべるように引いて移動させることが基本です。絵や図面の線を「引く」のも **draw** で、引き出しは **drawer** です。**draw** は引いた結果に焦点を感じる語です。次のような「引く」もあります。

He drew support from African-Americans.
　彼はアフリカ系アメリカ人の支持を集めた。

　❶は、子どもを川から救い出したので接触面との摩擦は感じられませんので、**pull** を選びます：**They managed to pull the child out of the river just in time.**（彼らは何とかその子を川から救い出した）

　drag は負荷があるものを引きずるように動かす感じです。「やさしく引く」感じの **draw** とはそこが異なりますね。**drag** は水平方向、または斜め上の方向に「引く」「引きずる」のが基本で、対象となるものと地面に摩擦が生じることに焦点が当てられています。
This dress is too long – it drags on the ground when I walk.
　このドレスは長すぎて、歩くと地面を引きずってしまいます。

　引く対象が人の時は、人が行きたがらない所へ無理矢理行かせるという意味になります。
They dragged him into the room.
　彼らは彼を部屋に引きずり込んだ。

　ですから❷は **drag** を選んで、**My mother used to drag me out to church every week.**（母は毎週、嫌がる私を教会へ連れていきました）にします。

　tug は対象となる物に力を入れていきなりぐいっと何度も引っ張ることが基本です。綱引きは **tug-of-war** と言いますし、タグボート（引き船）は **tugboat** です。腕をグイッと引っ張ったり、袖口をクイクイッと小刻みに引っ張るのも **tug** で表します。
He tugged the rope as hard as he could.
　彼は力いっぱいロープを引いた。

The girl tugged her mother's sleeve.

その少女は母親の袖を引っ張った。

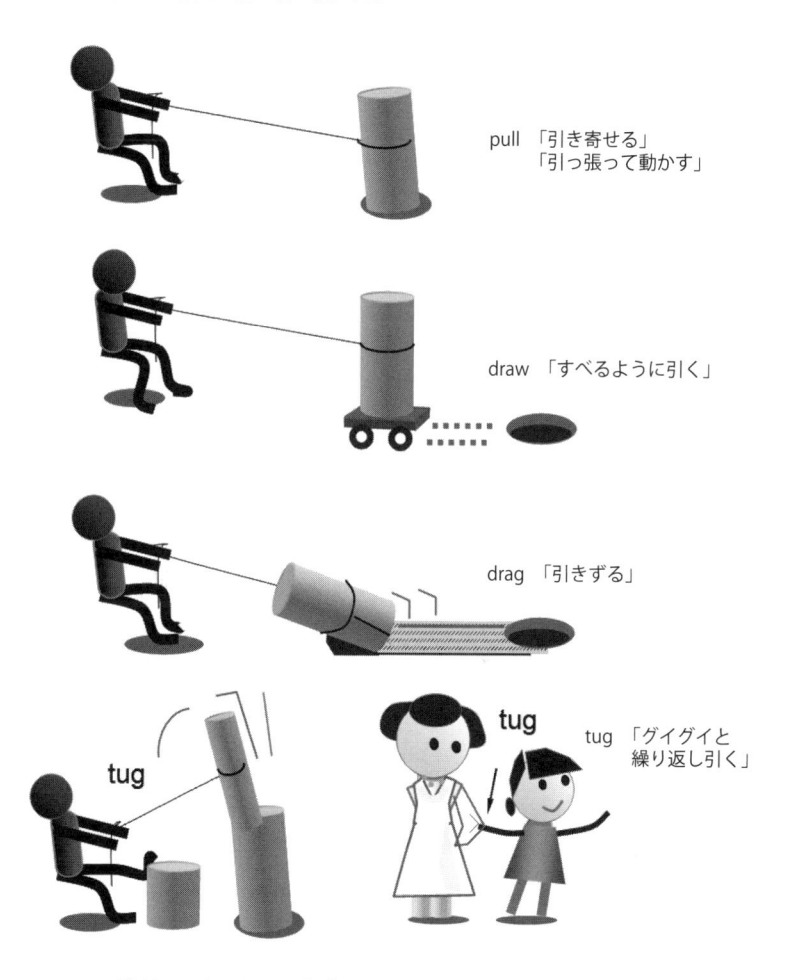

pull 「引き寄せる」
「引っ張って動かす」

draw 「すべるように引く」

drag 「引きずる」

tug 「グイグイと繰り返し引く」

tow は機械や乗り物などが、ほかの機械や乗り物を鎖やロープなどで引くことを表します。

We had to tow the car out of the mud.

私たちはぬかるみから車を引き出さなければならなかった。

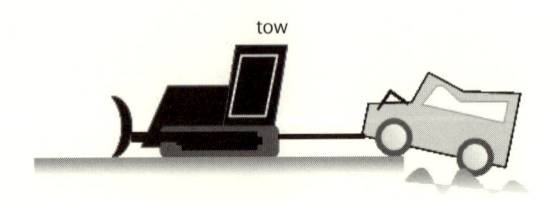

🄰🄰 語源ポイント

　draw と **drag** は同じ語源で、ゲルマン諸語系統の語です。野球選手の「ドラフト会議」やビールの「ドラフト」の **draft** も同じ語源です。有望な選手を「引っ張る」、樽からビールを「引っ張る」ということです。

　これと似た音で **track**（軌道、線路）も「引く」の意味を持っていて数多くの仲間がいます。ずっと遡れば **draw** などと同じですが、こちらはラテン語由来の語で、**trace**（足跡）、**tread**（踏み面）、**trail**（踏みならされてできる道）、**train**（列車）、**treat**（扱う）、**contract**（契約）、**retract**（引っ込める）などです。農業機械の **tractor** は引っ張る機械ですね。興味や注意を「惹きつける」のは **attract** ですね。**at** は **add** の異型で「向かって」を意味します。

解答　❶ pull　❷ drag

⑬ 押す | push / press / shove / thrust / poke

適当な単語はどれでしょうか？

❶ She (pushed/pressed) her ear against the door.
（彼女はドアに耳を押し当てた）

❷ She unlocked the door, (pushed/pressed) it open, and stood aside.
（彼女はドアのカギを開けて押し開け、脇にどいた）

❸ (Push/Press) the return key.
（リターンキーを押しなさい）

　push は手・腕・肩などを使って自分とは反対側の方向へ力を加え動かす、つまり「押す」という意味の最も一般的な動詞です。「突き退ける」、「押し出す」、「推し進める」といった訳語がそれをよく表しています。

　一方、**press** は指・手足・または機械などを使って動かないものに対して一定の圧力を加えることです。「押し付ける」、「圧迫する」、「押し当てる」、「押し付ける」、「アイロンをかける」といった訳語がそれを表しています。

　press には「力や重みを与え続ける／押し続ける」という感じがあります。「押し花」は **pressed flower**。**push** しただけでは押し花はできません。

　また、**press** にはその動作によって起こる変化や影響も暗示されています。**They press grapes to make wine.**（ぶどうを絞ってワインを作る）のように、ぶどうに圧力を加えることでワインに変化させるわけです。また、その力関係において、対象物の方が勝る場合は、

力を加えたほうが変化を受けることになります。**The child pressed his face against the window.**(その子は窓に顔を押し当てた)ならば、子供の力が劣るので顔の方が変形するわけです。

press

push

press

push

ですから❶は **press** を選びます。：**She pressed her ear against the door.**（彼女はドアに耳を押し当てた）

「ボタンを押す」には **push** も **press** も使われますが、**push** は押されているボタンの動きに視点があり、一方、**press** はその動作により影響されるシステム全体に視点があります。ですから、例えばコンピュータのキーボードについては **press the key** という言い方になります。

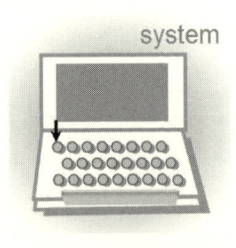

system

press

❸の文も **press** を選びます：**Press the return key.**（リターンキーを押しなさい）

Which key should I press to save?

保存するにはどのキーを押せばいいのですか。

鍵のかかった **door** にもたれかかっているのは動きのない **press** ですが、**door** を「よいしょ」と押して開けるのは動きのある **push** です。なので、❷は She unlocked the door, pushed it open, and stood aside.（彼女はドアのカギを開けて押し開け、脇にどいた）となります。

He pushed the door open.　彼はドアを押し開けた。

　「腕立て伏せ」は、アメリカ英語では、**push-up** と言い、イギリス英語では、**press-up** と言いますが、これも視点の違いから来るものです。**push-up** では、下から上への動きに、**press-up** では、上から下への荷重に視点が置かれています。

　また、**push** も **press** も、物理的な意味で「押す」だけでなく、精神的な圧力をかける場合にも用いられます。

I pushed her to marry me.　私は彼女に結婚を迫った。

The bank is pressing us for repayment of the loan.
　銀行からローンの返済を迫られています。

shove は **push** よりも語調が強く、手や肩を使っていきなり荒っぽく押す感じです。

He shoved everyone aside to get a better view.
　彼はよりよい景色を見ようと、みんなを押しのけた。

thrust は何かの衝撃や刺激があって突然、強引に押すことです。

He thrust me aside.　彼は私を脇へ押しのけた。

He thrust a tip into the waiter's hand.
　彼はチップをウェイターの手に押し込んだ。

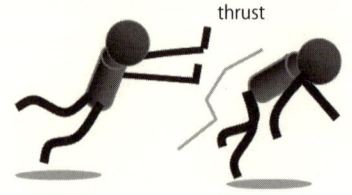

shove　荒っぽく押す　　　　　　　thrust　突然、強引に押す

poke は棒、指、ひじなどで鋭く押す、つまり「つつく」ことです。
He poked a hole in the bag with an umbrella.
彼は傘でつついて袋に穴を開けた。

📖 語源ポイント

press は、語源的にも「押し続ける」の意味。搾り出したり力を加えたりする意味です。
一方、**push** は、語源的には「たたく」です。**pulse**（鼓動）や **impulse**（衝動）と同源です。たたいたり、突いたり、追いやったりすることで、**compel**（駆り立てる）や **expel**（追い出す）の **pel** とも同源です。**press** に対してそんな勢いがあるのが **push** ですね。

解答　❶ pressed　❷ pushed　❸ Press

⑭ 投げる | throw / cast / pitch / toss

適当な単語はどれでしょうか？

❶ **He spent three hours (throwing / casting / pitching) a tennis ball against the wall.**
（彼は 3 時間、壁にテニスのボールを投げた）

❷ **She (threw / cast) her ballot in the election.**
（彼女は選挙で一票を投じた）

❸ **He screwed the paper into a ball and (hurled / cast / tossed) it into the fire.**
（彼は紙を丸めて火の中に投げた）

　throw は腕の振りを利用して空中に物を放つ行為、すなわち「投げる」という意味の最も一般的な語です。他の類義語に置き換えられることが多いですが、素早い動きで物が手から離れるまでの行為に焦点が当てられます。ですから野球の **overhand throw**（上手投げ）や **underhand throw**（下手投げ）などの投球フォームについては **throw** で表されます。

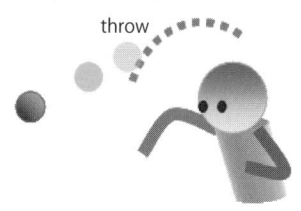

throw　腕の動きに焦点

　したがって ❶ は **throw** が適切です：**He spent three hours throwing a tennis ball against the wall.**（彼は 3 時間、壁にテニスのボールを投げた）

cast は「投げる」という動作の意味ではあまり使われなくなっていて、特定の目的語を除いてほとんど **throw** に置き換えられています。**cast** にはあまり重さを感じられないものを「放つ」その軌跡に焦点があり、そのイメージから「配役を決める」という意味を持つようになり、日本語でも「キャスト」としてよく使われます。

He was cast as Hamlet. 彼はハムレットの役を与えられた。

ほかにも、票を投じたり、「視線」や「影響」や「疑い」などを「投げかける」ときに **cast** が使われます。その意味で❷は **cast** を選んで、**She cast her ballot in the election.**（彼女は選挙で一票を投じた）にします。ちなみに、この例文の **ballot** は「票」の意味ですが、語源は **ball**（ボール）と同じです。まさしく「投じる」イメージですね。

釣りでキャスティングといえば投げ釣りのことですが、釣り糸の軌跡が、**cast** のイメージを表していると思います。魚を獲る網を放るのも **cast** で表され、これも放物線の軌跡をイメージできます。

The news cast a new light on the subject.

その知らせがその問題に光明を投げかけた。

cast　軌道に焦点

pitch は野球でよく使われますが、目標に狙いをつけて「ピッ」と投げるようなイメージです。けんか相手にものを投げつけたりするのも **pitch** です。原義は「地面に突き刺す」で、干草を差す三叉の大きなフォーク（**pitchfork**）を差すというのが **pitch** のもとの意味のようです。

A lady pitched a glass at her husband.

その女性は夫に向けてグラスを投げつけた。

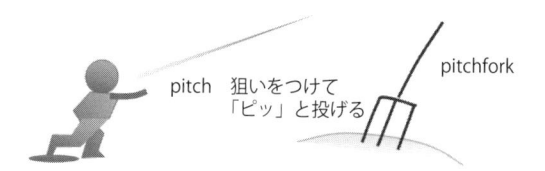

pitch 狙いをつけて「ピッ」と投げる

pitchfork

toss は、コインをちょっと投げ上げて、裏か表かで順番を決める **coin toss** のイメージでとらえられると思います。野球のトスバッティングやバレーボールのトスも同じようなイメージですね。近くにある狙った地点に落下してくるように、軽く投げ上げる動作です。

He tossed the ball to his dog.　彼はボールを自分の犬に投げた。

toss 「狙ったところに軽く投げる」

❸の文は軽く投げる動作ですから、**He screwed the paper into a ball and tossed it into the fire.**（彼は紙を丸めて火の中に投げた）が正解です。

語源ポイント

throw の語源は、**thread**（スレッド、細い糸）をねじることに共通するような腕の動きに由来するかと言われています。それなら投げるときの腕の動きに焦点があることが理解できます。

The die is cast（さいは投げられた）の **die**（さい）はサイコロです。このように、**cast** は、もともとはサイコロを投げることを表したことから、未来を占う **forecast** = **fore**（前）＋ **cast** の「予報」「予言」の意味が理解できます。魚を獲る網を放ることを電波と関連付けてイメージすれば、広範囲に「投げる」**broadcast** は「放送する」がつながりますし、**newscaster** の意味もわかります。また、

cast は、溶けた金属を型の中に上から流し入れることから「鋳造する」の意味に使われるようになりました。

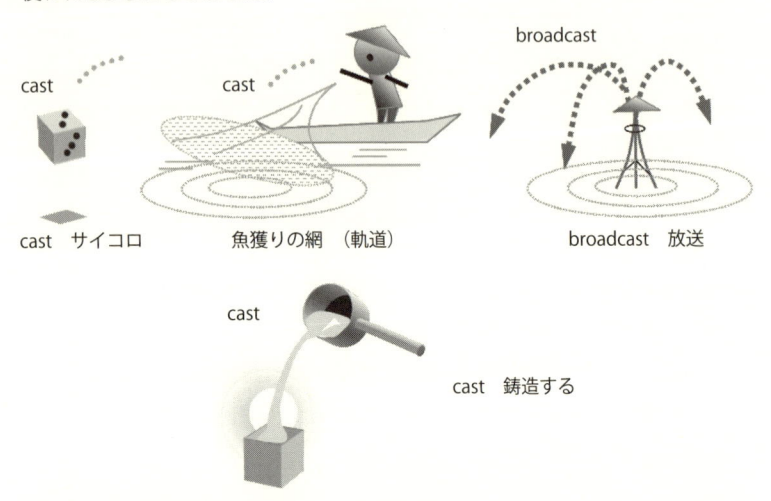

cast サイコロ　　魚獲りの網（軌道）　　broadcast　放送

cast　鋳造する

ject という語根にも「投げる」の意味があります。イメージとしては **cast** より強い投げ方で「矢を射る」感じです。**project**（**pro** + **ject** ＝投影する）、**reject**（**re** + **ject** ＝拒絶する）、**inject**（**in** + **ject** ＝注入する）、**eject**（**ex** + **ject** ＝追い出す）など、**ject** のイメージが理解できると意味がよくわかる語がたくさんあります。

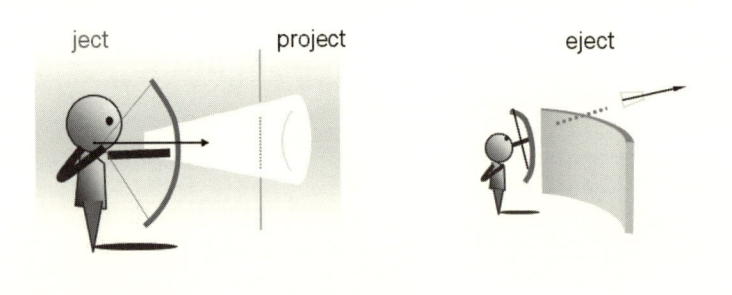

ject　　project　　eject

解答　❶ throwing　❷ cast　❸ tossed

⑮ 望む、欲する | want / wish / hope / desire

適当な単語はどれでしょうか？

❶ What this story (wants/hopes/wishes) is suspense.
（この物語に欠けているのはサスペンスです）

❷ I (want/hope/wish) I could afford a new car.
（新しい車が買えたらいいのですが）

❸ I (want/hope/wish) that he will come tomorrow.
（彼が明日来てくれるといいのですが）

❹ I (want/hope/wish) him to come tomorrow.
（明日、彼に来てほしい）

　want の原義は「欠けている」で、その欠けている部分を補おうとする本能的な欲求が want です。want は、手に入るか入らないかは問題とせず、単に「欲しいから欲しい」という欲求です。お腹を空かせた赤ちゃんがミルクを欲しがるのが want です。直接的な要求を表すので、hope や wish と異なり× I want that SV 〜という間接的な欲求を伝える表現がないというのも納得できます。「欠けている」の感覚は、**The plant wants watering.**（その木は水分が不足している）などという want の使い方で理解ができます。

want

want「欲しいから欲しい」

❶の文は **want** の原義に近い「欠けている」の意味ですから **What this story wants is suspense.**（この物語に欠けているのはサスペンスです）となります。

wish は、実現性に乏しいことや現実と反することに対する願望を言うようなときに使います。現実に不満を持った言い方です。
I wish he were alive again.　彼が生き返ってくれたらいいのに。

特に **wish A did** の形で、事実に反することを「だったら良かったのになあ」という言い方でよく表現します。
I wish it were true.　それが本当だったらいいんだけどなあ。
I really wish I could go to Canada with you.
　　君といっしょにカナダへ行けたらいいのだけど。
He wished he had stayed at home.
　　彼は家にいればよかったのにと思った。

wish　現実に反することに対する願望「だったらいいのに」
I wish I did.

I wish I were a bird.
もし鳥だったらなあ

❷の文もこれで、**I wish I could afford a new car.** で、（実際にはお金の余裕がなくて買えないが）「新しい車が買えたらいいのですが」という意味です。

wish はこれから起こって欲しいことを願うときにも使います。この場合は上の例のような「**wish** ＋文節」の言い方でなく、「**wish** ＋

人＋〈健康・幸福など〉」の形で表します。

I wish you a Merry Christmas and a Happy New Year!

よきクリスマスと新年をお迎えください。

My friends wished me well in my new assignment.

友人たちは新しい任務での幸運を祈ってくれた。

wish   wish 人 <健康・幸福>

また、**wish to do** とすると、控えめであらたまった言い方で「したいと思う」「することを望む」というような使い方になります。

I wish to speak to Mr. Johnson, please.

ジョンソンさんとお話ししたいのですが。

If you wish to cancel your order, please contact us.

注文をキャンセルしたい場合はご連絡ください。

hope は、実現の根拠はあまりないものの、ある程度可能であると信じて望むというように、期待の気持ちを表す動詞です。「願わくは〜」「〜できたらいいなあ」の感じです

I hope to see you again. またお会いしたいです。

I hope I can find a friend here. ここで友だちが見つかればいいなあ。

「**wish + SV 〜**」は現実に対する不満の意味を表し、**SV** に未来形がくることはありません。この形で未来のことを言う場合には **hope** を使います。ですから❸の答は **hope** です：**I hope that he will come tomorrow.**（彼が明日来てくれるといいのですが）

I hope the plane won't be delayed.
飛行機が遅れないといいのですが。
I hope you'll like it. 気に入っていただけるといいのですが。
I hope you'll be happy for ever. 末永くお幸せに。

I wish I could fly. が「飛べたらいいな」という現実の不満を表すのに対して、**I hope to fly.** は未来に向けて「飛行機に乗りたいなあ」を表すことになります。

hope は **hope O to do** 〜の形は取れないので、❹の答は **hope** にならず、**want** か **wish** で **I want/wish him to come tomorrow.** (明日、彼に来てほしい) になります。

hope や **wish** は、願望や希望を表すのが基本で、要求を表す前置詞の **for** と結びつき、「〜を切望する」という意味になります。

We haven't heard from him for weeks, but we're still hoping for a letter.
数週間も彼から便りがないが、私たちはまだ手紙を期待している。

hope 願望 「期待して望む」

It's no use wishing for things you can't have.
持てないものを望んでも無駄である。

desire は、**want** のあらたまった表現で「切に望む」ことを表します。
They don't really seem to desire change.
彼らは本当に変化を切望しているわけではないようである。

解答 ❶ wants ❷ wish ❸ hope ❹ want/wish

⑯ 変わる、変える | change / alter / modify / adjust / reform / vary / shift / turn

適当な単語はどれでしょうか？

❶ The painter (changed / varied / altered) the color from red to green.
（その画家は赤から緑に色を変えた）

❷ She had to (change / vary / alter) her clothes after losing weight.
（彼女は体重が減ったので服を手直ししなければならなかった）

❸ The weather in London (changes / varies / alters) from hour to hour.
（ロンドンの天気は時間ごとに変わっていく）

❹ Our attention has (altered / modified / shifted) from baseball to soccer.
（私たちの関心は野球からサッカーに変わった）

change は、その外観・内容・質・量などを全面的に「変わる」または「変える」という意味では最も一般的な語で、多くの場合は他の類義語と置き換えが可能です。

I've changed jobs twice in the past ten years.
　過去10年で2回転職しました。

I changed my hairstyle – do you like it?
　髪型を変えたんですけど、どうですか。

Change trains at Urawa Station.　浦和駅で乗り換えなさい。

You haven't changed at all.　あなたはぜんぜん変わっていない。

Caterpillars change into butterflies or moths.
　芋虫は蝶か蛾に変化する。

❶の文には **change** が入ります：**The painter changed the color from red to green.**（その画家は赤から緑に色を変えた）

alter は **change** のように全体を変化させるのではなく、部分的に変化させる場合に使われます。例えば **He changed his plan.** ではなく **He altered his plan.** と言ったら、計画を全面的にではなく一部を変更したことになります。

He altered his appearance with surgery.
　彼は外科手術で外見を変えた。

ズボンやスカートの裾を直すように、衣服を仕立て直す場合にも **alter** が使われます。❷の文がその例で：**She had to alter her clothes after losing weight.**（彼女は体重が減ったので服を手直ししなければならなかった）

alternate になると「交代する」などの意味になって、**alternative** は「代替の」や、名詞で「選択肢」の意味でよく使われます。

modify はあらたまった場面で、意見・計画・行動・態度などの一部をその時の状況と目的に合わせてよい方向に変えること、特に機械類の構造や機能を変えるという意味で使われます。

This car has been modified for racing.
　この車はレース用に改造された。

I altered the handlebars on my bike to make it more comfortable.
　自転車のハンドルをもっと使いやすいように変えた。

change

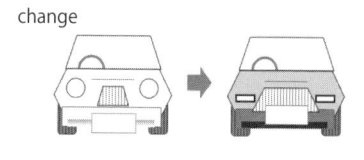

change「全面的に変える」

alter

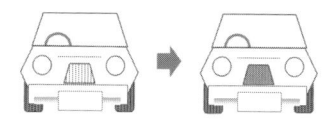

alter「部分的に変える」

modify

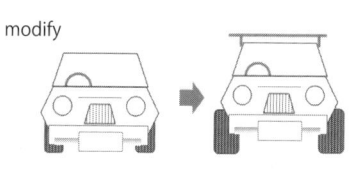

modify「状況と目的に合わせて変える」

　adjust は「何かに合うように少し変える」という意味では **modify** と似ていますが、目的の位置や環境にピッタリに合うように、形や位置や、時間、内容などを調整することを言います。

I have to adjust my schedule to match yours.

あなたの予定に合うように私の予定を変えなければなりません。

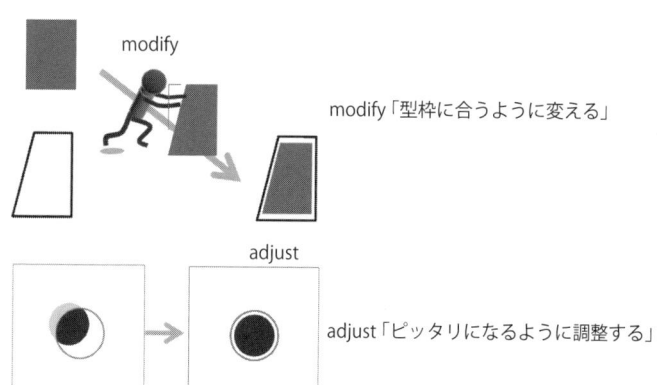

modify

modify「型枠に合うように変える」

adjust

adjust「ピッタリになるように調整する」

reform は見かけが変わるぐらい大幅に改変することですね。家の改装を言う「リフォーム」は和製英語で、その意味の動詞では **renovate** を使います。この **nov** は「**new**」のことです。

vary は同種の事・物・人が、互いに異なる状態や様々な特性であることを言います。または、夜空の星が毎晩その形を変えて行くように、外観や内容の一部が徐々に変化することを言います。部分的・断続的に変わることであって、**change** のように本質的に変わるのとは違います。

The price varies from day to day. その値段は日ごとに変わります。
These shirts vary in size. このシャツはサイズがいろいろあります。
The speed varies with the slope of the road.
速度は道の傾斜によって変わります。

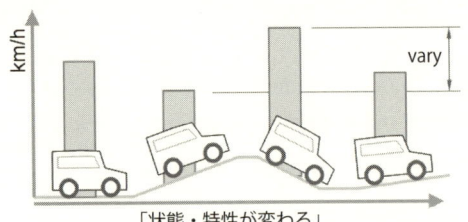

「状態・特性が変わる」

❸の文にはこの **vary** が入ります：**The weather in London varies from hour to hour.**（ロンドンの天気は時間ごとに変わっていく）

形容詞の **various**（多用な）や名詞の **variation**（バリエーション、変動）や **variety**（バラエティ）を考えると、「変化」や「多様」のイメージがつかみやすいと思います。

shift はパソコンの「シフトキー（**shift key**）」が暗示しているように、主に場所・位置・方向・焦点などを変える（移す）ことです。
The wind shifted from north to south. 風が北から南に変わった。

❹の文では **shift** を選びます：**Our attention has shifted from baseball to soccer.**（私たちの関心は野球からサッカーに変わった）

shift

shift 「場所・位置・方向・焦点などを変える」

turn は物や状況が「転じる」という意味の「変わる」です。

The rain turned to snow.

雨が雪に変わった。

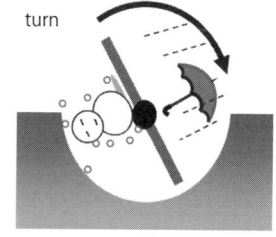

turn

turn 「転じる」

語源ポイント

modify の **mod** がつく単語はたくさんあります。それらは「尺度」とか「型」に関係があります。**mode** は「方式」とか「方法」で、**model** というのは「模型」や「模範」の意味。**mold** は「鋳型」「流し型」で、**module** は「測定基準」。そんな「尺度」や「型」に適応させるのが **modify** で、現代の尺度に合っているのが **modern**（現代的な）。どれをとっても尺度がいっしょ（**com**）のような商品が **commodity**（日用品）ですね。

adjust の **ad** は「向かって」の意味で、**just** は「ちょうど」です。ちょうどになるようにそこに向けて（**ad**）近づけるということですね。

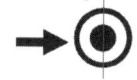

ad just

adjust "ちょうど(just)に近づける(ad)"

turn と **change** は漢字に置き換えるとわかりやすいです。**turn** には「くるり」の感覚がありますね。漢字で書けばまさに「転」。「転身する」「転向する」「一転する」の「転」です。「転」は不思議に **turn** の音と似ています。

change は漢字で書けば「変」。または「換」。**change** のもとのラテン語は **cambiare**（カンビアーレ）で、外国の両替所に **Cambio** と書いてあるのを見かけます（イタリア語・スペイン語）。これが「換」の音に似ているのでおぼえや

すいです。
　turn 180 degrees（180度転換する）、**turn around**（好転する）、**turn profitable**（黒字に転じる）、**turn failure into success**（失敗を成功に転じさせる）のように **turn** は「転」。一方、**change a battery**（電池を交換する）、**change buses**（バスを乗り換える）、**change direction**（方向転換する）のように **change** は「換」です。

転 テン　**換** カン
　　turn　　　change

解答　❶ changed　❷ alter　❸ varies　❹ shifted

⑰ 閉じる | close / shut / slam / lock

適当な単語はどれでしょうか？

❶ **The door (shut / closed) behind me.**
（私が中に入るとドアが閉まった）

❷ **He (shut / closed) the door in my face.**
（彼は私の目の前でドアをバタンと閉めた）

close と shut は多くの場合、相互交換が可能な動詞ですが、動きの速さにおいて若干の違いがあります。shut はすばやい瞬間的な動きを暗示させる語です。shut は「ピシャっと（ぴ shut）」閉める感じですね。

対して close はゆっくりとした動きを暗示させます。close にはその過程に焦点があります。

shut　　　　　　　　close

shut も close も、どちらも一音節の短い語ですが、shut が短母音であるということもその瞬間的な速さに関係しているものと考えられます。

それに対し、close は、shut の短母音に対して、二重母音で、徐々にゆっくりとした動きを暗示させる動詞です。close の形容詞の「近い・接近した」という意味が裏付けているように、戸が閉まり始めてから完了するまでの「過程」に焦点が当てられます。

ですから、❶の文で、**The door shut behind me.** のように shut

を用いた場合は、私が入ったらいきなりドアが閉まり、**The door closed behind me.** のように **closed** を用いた場合は、私が入ってからゆっくり閉まったことが暗示されています。

　close は、戸が閉まる動作の過程に焦点が当てられますので、その動きが途中で止まってしまうことも許容できます。ですから、「窓をもう少し閉めてください」を意味して、**Please close the window a little more.** のように表現することも可能です。「花は夜になると閉じます」を言う場合も、時間の流れを感じさせますので、**Flowers close at night.** と言います。これを **Flowers shut at night.** としたら不自然な英語となってしまいます。

　また、**shut** が単に物理的に閉じることを意味するのに対し、**close** は「閉まった」以降は「出入りができない」ということを暗示させます。その感覚から、**close** は閉めることによって「活動を終了する」という意味も表します。

　The shops close at 5:30.　お店は5：30に閉まります。
　I hope to close the deal within two days.
　　　二日以内に商談を終えたいのですが。

　shut よりも、**close** のほうがやや改まった感じで、上品で丁寧な響きがあります。例えば、歯科医が患者に向かって「口を閉じてください」と言う時は、**Shut your mouth.** ではなく、**Close your mouth.** と言います。もっとも、

close　活動終了を暗示

Shut your mouth. は、状況によっては、**Shut up!** と同じように、「黙りなさい」という非常に失礼な言い方になってしまいます。催眠術にかける場合も、**Close your eyes.** です。**Shut your eyes.** では、

おそらく、催眠術にはかかりにくくなるでしょう。ほこりや虫が目に入ったら反射的に、**I shut my eyes.** でしょう。

その見方で、❷の文では **shut** を選びます：**He shut the door in my face.**（彼は私の目の前でドアをバタンと閉めた）

slam は「バタンと閉める」。腹を立てながら大きな音を出して閉める感じです。**slam** もオノマトペで、ものをたたきつけたり、強く殴ることも言います。

He slammed the door shut.
彼はドアをバタンと閉めた。

lock は鍵をかけて閉めることです。
Don't forget to lock the door. ドアの鍵を締め忘れないで。

同じ意味で **lock the room** とも言いますね。

語源ポイント

close には仲間の語が案外たくさんあります。**enclose**（同封する）や **disclose**（明らかにする）は形が似ているのでわかりやすいですが、実は **exclude** と **include** や **conclude** も仲間の語です。**include** は「中に (**in**) 閉じる」から「含む」で **exclude** は「外に (**ex**) 置いて閉じる」から「除外する」。**conclude** は「結論を出す」という訳語を思い浮かべがちですが、もともとは「完全に (**con**) 閉じる (**clude**)」ということで、「締めくくる」というような感じです。ですから会議を終わらせるのを **conclude the meeting** と表現します。

enclose　disclose　include　exclude　conclude

解答　❶ **shut**（いきなり閉まった）または **closed**（ゆっくり閉まった）
❷ **shut**

18 分ける、分かれる | separate / split / share / divide

適当な単語はどれでしょうか？

❶ His pants (separated /split /divided) when he jumped the fence.
（フェンスを跳び越えた時に彼のズボンが裂けた）

❷ I (separated / split / shared / divided) my lunch with a few hungry pigeons.
（私はお腹を空かせた数羽の鳩と昼食を分け合った）

　separate はもともと一体であったものを切り離したり区切ったりすることを表します。

　separate の基本概念は、例えば、朝鮮半島が戦争の結果2つの国に分かれたり、卵の白身と黄身を分けたり、両親や恋人同士が別れたりするように、もともと一体であったものを切り離して分けることです。同時に **spilt** や **divide** の同義語として、ある物をいくつかに分けたりバラバラに分けたりする時にも使われる一般的な語です。

Separate the egg yolk from the white.
　卵の黄身と白身を分けてください。

A six-foot high partition separates smokers.
　6フィートの高さの仕切りが喫煙者と非喫煙者を分けている。

When did Taro and Hanako separate?
　太郎と花子はいつ別れたのですか。

separate 「分ける」

divide は 1 つのものを 2 つ以上の部分に分けますが、分配などの目的で一定の基準や寸法などに従って注意深く分けることです。

Divide the cake into six equal parts. ケーキを 6 等分しなさい。

They have divided the first floor into five rooms.
彼らは一階を 5 つの部屋に分けた。

divide

divide 「基準に従って注意深く分ける」

split は、焼いたお餅がパクッと割れたり、ズボンが縫い目に沿って破れたりするように、物がある線に沿って分かれる・割れる・裂けるというのが基本的な意味です。また、物質や政党などが分裂したり、費用や利益を二人以上の間で「(均等に) 分ける・分配する」ことも表します。**split** の音にも似た「スッパリ」のイメージです。

split

split 「縫い目に沿って分ける」

❶の文では縫い目に沿って「スッパリ」切れたわけですから、この **split** を選び、**His pants split when he jumped the fence.**（フェンスを跳び越えた時に彼のズボンが裂けた）にします。

I suggest we split the profits between us.
利益を山分けすることを提案します。

share は 2 人 (2 つ) の間で分けること、または情報や感情、利得や負担・費用などを分け持ったり分かち合うことです。自分の物を

人に分けてあげたり、2人以上の間で均等に平等に分けて使うことを表す動詞です。**split** が、分ける物や分かれる物に焦点が当てられているのに対して、**share** は、物ではなく、それが与えられる人や対象となるものに焦点が当てられているという違いがあります。また、物質的なものだけでなく、意見・利害・感情などを共有するという意味もあります。

❷の文は **share** を選びます：**I shared my lunch with a few hungry pigeons.**（私はお腹を空かせた数羽の鳩と昼食を分け合った）

Let's share the last cake; you have half and I'll have half.
最後のケーキを分けましょう、君が半分、僕が半分。
I share the room with my sister. 私は部屋を姉と共有している。

語源ポイント

separate の **se** は「分ける」ということで、**parate** の部分は「備える」「整える」という意味からですが、**separate** で「分けて置く」というふうに取ると理解しやすいです。

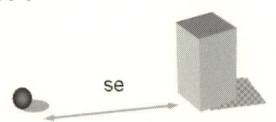

separate "分けて(se)置く(parate)"

divide の **di** の部分は **dis** のことで「分ける」。**vide** は「離す」の意味なので、「ひとつのものを複数に切り分ける」という感じです。名詞の **division** は組織の「部門」やグループを表しますね。**individual** は **in** + **dividual** で、**in** は「否定」の **in** です。つまり、「(これ以上) 分けられない」のことで「個人」「個々の」という意味になります。

split は **slash**（サッと切る）や **slat**（小割板）と同じ語源仲間です。「スパッと」の感じが理解できますね。

　share（分ける）と **shear**（刈る）って似ていますね。これらは実は同源です。**sh** や **sk** には「切る」という意味があり、「切ったもの（**shear**）を分け合った（**share**）」と解釈できます。切ったものは短くなって **short**。切ったものを使って **shirt** や **skirt** が作れます。これら全部、「切る」という語源からきています。**skirt** はその昔、農作業にじゃまになる、衣服の裾の部分を切って使ったことに由来するそうです。

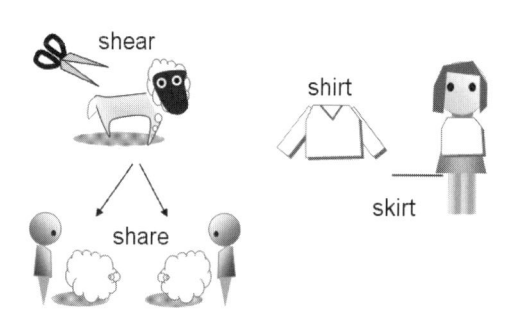

解答　❶ split　❷ shared

19 集める | gather / collect / raise / accumulate / assemble

適当な単語はどれでしょうか？

❶ He (collected / gathered) his clothes together and packed them into the suitcase.
(彼は服をまとめてスーツケースにつめた)

❷ We are (collecting / gathering) money for the homeless.
(私たちはホームレスの人たちのために募金を集めている)

❸ He (gathered / raised / accumulated) a fortune in the music business.
(彼は音楽の事業で一財産を築いた)

gather はいろいろな所に散らばっている物や人を一カ所に寄せ集めてひとかたまりにすることです。例えば砂浜できれいな貝殻を集めるのは **collect** ですが、潮干狩りでアサリを集めるのは **gather** です。

We gathered blueberries from the nearby fields.
近くの畑からブルーベリーを集めてきた。

❶の文は、一ヶ所に集めたわけですから **gather** を選びます：**He gathered his clothes together and packed them into the suitcase.**（彼は服をまとめてスーツケースにつめた）

collect は、別々の場所にある物や人を、目的を持って取捨選択して集めることをいいます。同じ種類のものを、興味関心を持って選別して集めたものが **collection** で、集める人が **collector** ですね。政府が税金を徴収したり慈善事業のために募金を集めるときにも

collect が使えます。

I've started collecting old coins. 　私は古いコインを集め始めました。
The committee is collecting data on traffic.
　委員会は交通量のデータを集めている。
Rent is collected once a month.
　一カ月に一回家賃が徴収される。

「目的を持って選んで集める」
collect

❷の文は募金なので collect を選びます：**We are collecting money for the homeless.**（私たちはホームレスの人たちのために募金を集めている）

raise は、主に、人や団体などが資金を集めることを表します。
Our church raises money for the poor.
　私たちの教会は貧しい人たちのための資金を集めています。

accumulate は改まった場面で、長い時間をかけてゆっくりとお金・知識・情報・財産などを集めること、蓄積することです。
We have to accumulate enough evidence to prove his innocence.
　彼の無実を証明するために十分な証拠を集めなければならない。

❸の文は、時間をかけて集めた（築いた）ので **He accumulated a fortune in the music business.**（彼は音楽の事業で一財産を築いた）というふうになります。

assemble は特定の目的で人や物が集まること、集結させることを言います。
We will be able to assemble a good team.
　良いチームを集めることができると思います。

assemble

get together はくだけた言い方で、協力や議論などを目的に人が

集まること、集めることを言います。

Let's get together sometime next week.

来週のどこかで集まりましょう。

語源ポイント

collect は「選ぶ」の項で書いた **lect** に **col**（**con** の異型＝「ともに」）がついたものです。**select** や **elect** のように、**lect** には「選ぶ」の意味があるので、「選んで一緒にする (con)」というのが、**collect** の意味です。

assemble の **as** は **ad** の異型で「向かって」。**semble** は「似ている」の意味で、**similar**（似ている）や **simulation**（真似ること）の仲間です。**assemble** は「目的に沿って似たものを集める」という感じです。

accumulate の **ac** もまた **ad** の異型で「向かって」。**cumul** の部分は「山積み」のような意味なので、山に積み重なるイメージが持てます。**cumulative** は「累計の」の意味です。

解答 ❶ gathered ❷ collecting ❸ accumulated

20 …1 壊す | break / cut / tear / rip / destroy / wreck / damage / demolish / ruin

適当な単語はどれでしょうか？

❶ She (tore / cut / ripped) the envelope.
（彼女はその封筒を破った）

❷ The truck wasn't badly damaged, but the car was completely (damaged / destroyed / wrecked).
（トラックはそれほどひどい損傷を受けなかったが自動車は完全にめちゃめちゃになった）

❸ The building is now being (destroyed / demolished) to make way for an expressway.
（そのビルは高速道路のために現在取り壊されている）

❹ The crops were (broken / wrecked / ruined) by the late frost.
（作物は遅霜でだめになった）

　break は訳語で言えば「壊す」のほか、「破る」「割る」「折る」「砕く」などさまざまですが、どれも「外的な力を加えることによってひとつのものを二つ以上に分裂させる」という意味で共通しています。複数の意味があるというよりも、**break** する対象、すなわち目的語によって、それを日本語で表現しようとすると「割る」が自然な場合もあるし、「折る」がふさわしい場合もあるということです。一般に「訳語」というのはそういうもので、「日本語で表現するときに自然に響く語の例」のことをいいます。

　連続性を断つ（分裂する）ということから、「これまで動作していたものを動作しなくさせる」という意味で「機器を役に立たなくする」という意味にもなります。機械を壊してしまうことはそれに当たりますね。時間を「分裂」させることを自然な日本語では「中断する」といいま

す。中断してお休みするなら **break**（名詞）は「休憩」になります。

He broke the twig in two.　彼は小枝を二つに折った。

He fell off a ladder and broke his leg.

彼ははしごから落ちて足を折ってしまった。

break　「二つ以上に分裂」

　break は一瞬のうちに「ボキッ」と分裂させることですが、これに対して **tear** は指に力を込めて紙や服などを「引き裂く」「引きちぎる」ことです。**break** は一瞬なので途中で止められませんが、**tear** はその過程が続くので止めることができます。

　別の言い方をすれば、両者の基本的な違いは、**break** が、分裂の瞬間に加えられた力に焦点が当てられることに対して、**tear** は、その引き裂かれた線の部分、つまり、紙を切った時や服を釘にひっかけて布の破断がギザギザに進んだ部分に焦点が当てられるという点にあります。

　❶の文の「封筒を破った」の場合、はさみやナイフを使わないなら、**cut** ではありません。**cut** はナイフやはさみなど刃物で物を切ったり切り離したりすることを表します。手で破るなら、**tear** も **rip** も両方可能な表現です。その違いは、**tear** が、乱暴に引き裂くイメージを与えるのに対して、**rip** は、ある一定の線に沿って引き裂くことを暗示させるところにあることになります。

She tore/ripped the envelope.　彼女はその封筒を破った。

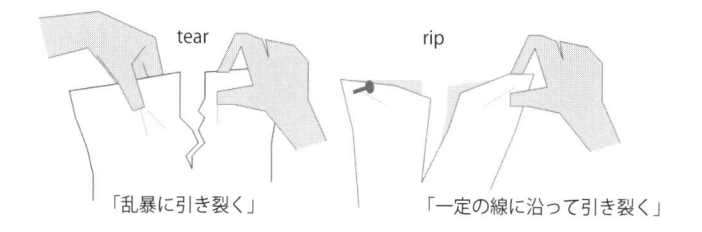

tear 「乱暴に引き裂く」

rip 「一定の線に沿って引き裂く」

destroyは建造物や構造物などを破壊してしまうことを言います。台風や竜巻で家や町が壊されてしまうのはこの**destroy**で表現できます。

The rain forest is being destroyed.
熱帯雨林は破壊されつつある。

destroy　建造物や構造物などを破壊

日本語では「自然を破壊する」とか「環境を破壊する」という表現がありますが、英語では、× **destroy nature**とか× **destroy the environment**のように言うことはありません。これでは、自然や環境が破壊され全く存在しない状態になってしまいますので、**damage nature**や**damage the environment**と言うのが普通の表現です。

wreckも「破壊する」という意味では**destroy**と同義ですが、特に、船の難破や、建物や自動車・列車の破壊の意味で使われます。レッカー車（**wrecker truck**）という言葉を思い出せば、それが理解できると思います。ですから❷の文は、**The truck wasn't badly damaged, but the car was completely wrecked.**（トラックはそれほどひどい損傷を受けなかったが自動車は完全にめちゃめちゃになった）ということになります。

The ship was wrecked on the rocks.　その船は岩にぶつかって難破した。
The Opera House was wrecked by a huge explosion.
オペラハウスは大爆発で破壊された。

damage は物理的な力を与えて、その物の価値や機能を下げたり、健康や環境などに悪影響を与えることを言います。つまり「ダメ」になることですね。

His hometown was seriously damaged by the storm.
彼の故郷の町は嵐により甚大な被害を受けた。

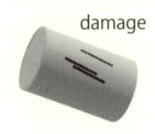

damage 「だめにする（なる）」

demolish は建造物を跡形もなく破壊することで、「取り壊す」という意味で使われます。

They demolished the old school to build a new one.
新しい校舎を建てるために古い校舎が取り壊された。

demolish 「取り壊す」

同様に❸の文は demolish が適切です：**The building is now being demolished to make way for an expressway.**（そのビルは高速道路のために現在取り壊されている）

ruin は、存在は可能であるが、その特徴はすでに失われて台無しになっているという結果に重点が置かれる語です。例えば、自転車を長い間雨ざらしにしたために錆びついて動かなくなってしまうようなことや、雨で衣服がダメになること、比喩的に健康や人生、事業、計画などがめちゃめちゃになってしまうのが ruin です。

The island has been ruined by tourism.
その島は観光産業によって破壊されてきた。

Alcohol ruined his career.　酒が彼のキャリアをメチャクチャにした。

❹の文でふさわしいのは ruin です：**The crops were ruined by the late frost.**（作物は遅霜でだめになった）

語源ポイント

飛行機に乗るとき、荷物を預けるときに「壊れものがある」と言うと fragile というシールを貼ってくれます。fragile とは「壊れやすい」という意味ですよね。

fragile の frac/frag がつく言葉は他に、fraction（壊れたもの→破片）、fragment（破片）、fracture（破損、破損する）、infringe（in = 中に）→（破る、侵害する）があります。

なんだか難しそうな単語ばかりですが、実はこの frac は語源的に break と同じです。そう考えるとぐっと身近に感じられます。break のコアの意味は、「複数に分裂する／分裂させる」ということなので、「破片」ということばとつながり、break − fracture − fragile がひとつのイメージで理解できて、単語間のネットワークができますね。

destroy と demolish の de はともに down の意味です。日本語でも「使い倒す」のように「徹底的に」という感じが「下す」や「倒す」にはありますね。

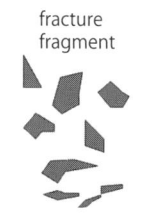

destroy の str は structure のことで、構造を徹底的に倒してしまうのが destroy の意味です。demolish の mol も str と似ていて巨大構造物を表します。

解答　❶ tore/ripped　❷ wrecked　❸ demolished　❹ ruined

20...2 壊す | burst / crush / smash / shatter / crack

適当な単語はどれでしょうか？

❶ The driver lost control when a tire (burst/shattered/cracked).
（タイヤが破裂して、運転手はコントロールを失った）

❷ He (burst/crushed/shattered) his empty can.
（彼は空の缶をつぶした）

❸ He dropped the vase and it (crushed/shattered/cracked) into pieces on the floor.
（彼が花瓶を落としたら床の上で粉々にくだけた）

❹ He has (cracked/crushed/smashed) a bone in his arm.
（彼の腕の骨にひびが入った）

burst は break よりも暴力的な強い力で内から破壊状態にすることですが、ダムが決壊するような大規模な力から風船を膨らませすぎて破裂させる程度のものまで、様々です。走行中に車のタイヤが急に破裂するのも burst といいますね。当然、❶の文の答は burst です：The driver lost control when a tire burst.（タイヤが破裂して、運転手はコントロールを失った）

He blew up the balloon until it burst.

彼はわれるまで風船を膨らませ続けた。

burst

burst　強い力で内から破壊

その破壊は物理的なものだけでなく、内から感情があふれ出すという場合にも使えます。例えば、普通の顔がいきなり泣き崩れたり、笑い出したりするのも **burst** を使って、**burst into tears** とか **burst into laughter** などと言います。

crush は **burst** とは異なり、外的な圧力によって **break** の状態にすることです。

Her car was crushed by falling tree.

彼女の車は倒れてきた木でペシャンコになった。

❷の文では **crush** が適切です：**He crushed his empty can.**（彼は空の缶をつぶした）

smash は外的な圧力によるという点では **crush** と似ていますが、大きな音を立てて完全に形を変えてしまうようなことを暗示させる語です。

He smashed the window with his bare fist.

彼は素手で窓を割った。

crush　外的圧力による　　　　　smash　完全に形を変える

shatter は **smash** よりもさらに粉々な状態になるまで壊すことを言います。語源的に **scatter**（散り散りになる）に近いと思われます。**-er** は「繰り返し」を表す接尾辞ですから「ばらばら」「粉々」の感覚がわかります。

The windshield of my car shattered into pieces.

私の車のフロントガラスは粉々に砕けた。

❸の文もこれと同じ感覚なので、**shattered** だとわかります：**He dropped the vase and it shattered into pieces on the floor.**（彼が花瓶を落としたら床の上で粉々にくだけた）

shatter　はらばら、粉々

crack は「ひびを入れる」というのが基本的な意味ですが、卵や木の実を **crack** すると言えば、鋭い音を立てて「割る」という意味になります。

Will you crack open these eggs?

　この卵を割ってくれますか？

❹の文は「ひび」ですから **crack** が正解です：**He has cracked a bone in his arm.**（彼の腕の骨にひびが入った）

crack　「ひびが入る（入れる）」

解答　❶ burst　❷ crushed　❸ shattered　❹ cracked

21 落ちる、垂れる | fall / drop / drip / spill / leak / trickle

適当な単語はどれでしょうか？

❶ **Leaves are (falling/dropping) from the trees.**
（葉が木から落ちている）

❷ **The rain is (falling/dropping) from the leaves.**
（雨が葉からポタポタ落ちている）

❸ **I (dropped/spilled/dripped) gravy on my shirt.**
（シャツにソースをこぼしてしまった）

　fall は重力に抵抗する力や支えを失って、空気の抵抗を受けながら上から下に移動していくことを言います。特にその落ちる過程に焦点が当てられています。ゆっくり落ちる動きをイメージしてください。典型的には雨や落ち葉などの落下ですが、木や人などが倒れ落ちる意味でも使われます。雨や滝が連続的に落ちて行く様や、落ち葉がひらひらと落ちて行く様、それから木や人が崩れて行く様など、落ちる軌道の連続性が感じられます。**rain** や **snow** には軌道が感じられるので、それが落ちる動作は **fall** で表します。幕が降りたり、髪が抜けたり垂れ下がったりするのも **fall** で表します。

　Snow is expected to fall tonight. 今夜は降雪が予想されている。
　Plaster was falling off the wall. しっくいが壁からはがれ落ちていた。

　❶の文は葉がひらひらと落ちる軌跡が感じられるので、**fall** を用います：**Leaves are falling from the trees.**（葉が木から落ちている）。

fall　落ちる軌道がある

それに対し **drop** は水滴が重力によって「ストン」と落下していくイメージです。

The bottle rolled off the table and dropped to the floor.
ビンがテーブルの上でコロコロ回って床に落っこちた。

drop は「ストン」と落ちる突然性や瞬間性・意外性を表して、飛行機などの急降下の表現にも使います。

drop には他動詞として「落とす」という意味の使い方がありますが、これは故意に落とす場合にも誤って落とす場合にも使います。

Someone has dropped a handkerchief on the floor.
誰かが床にハンカチを落とした。(誤って)

The plane dropped bombs.
その飛行機は爆弾を落とした。(意図的に)

❷の文は、葉から雨がしたたり落ちている点的な様子がうかがえますので **dropping** を選びます：**The rain is dropping from the leaves.**（雨が葉からポタポタ落ちている）ちなみに、**raindrop** は「雨だれ」、**rainfall** は「降雨（量）」です。

drop は、突発性や意外性を暗示しますので、**drop by/in** は「約束もせずに、ひょっこり立ち寄る」、**drop dead** は「急に亡くなる」、

drop out of sight は「雲隠れする」などの意味が出てくるわけです。

　drop も **fall** も、程度・量・価値などが下がることも表し、時系列のグラフなどで **sales**（販売）、**price**（価格）、**profit**（利益）、**rate**（割合）などの数字が「落ちる（急落する）」ことを **drop** や **fall** で表すことがよくあります。その場合、**fall** には軌道の連続性のセンスがあるので、**Sales volume has been falling.** とは言えますが、**drop** には軌道の連続性のセンスがなく「降下が続く状態」を表せないので **has been dropping** とは普通は言えません。

The temperature has fallen sharply. 気温が急に下がった。

　drip は、ドリップコーヒーで連想できるように、液体の粒が断続的にきれぎれに落ちることです。

Sweat was dripping from his arms.

彼の腕から汗がぽたぽた落ちていた。

　spill は容器に入った液体や粉などが下に落ちる（落とす）、つまり「こぼれる」とか「こぼす」を意味します。

Some milk spilled over the floor. 牛乳が床にこぼれた。

　したがって❸の文では **spill** が適切です：**I spilled gravy on my shirt.**（シャツにソースをこぼしてしまった）

　leak は偶発的に容器・パイプ・屋根などから液体やガスなどが流れ出たり、情報を意図的に漏洩することです。

The roof always leaks when it rains.

雨が降るといつも屋根から水が漏れる。

The fuel tank is leaking. 燃料タンクが燃料漏れしている。

　trickle は液体が上から下にゆっくり流れることで、一滴ずつの場合も、ひとすじの線状の場合も含まれます。

Blood trickled from a cut in his forehead.　彼の額から血が流れた。

　涙や鼻水が流れ落ちるのは **run** で表します。**run** は「滑らかに動く」ことを表すのでこのような言い方ができるのですね。

My nose is running.　鼻水が出ています。

　日本語話者は物を主語にした言い方が苦手ですが、ここに挙げたような、物を主語にした言い方を感覚的に身につけることが重要だと思います。

解答　❶ falling　❷ dropping　❸ spilled

22 起こる | happen / occur / take place / break out

適当な単語はどれでしょうか?

❶ **Tell me exactly what (happened / occurred).**
(起こったことを正確に教えてください)

❷ **The explosion (happened / occurred) just after midnight.**
(その爆発は午前0時をちょうど過ぎた頃起こった)

❸ **A big earthquake (happened / occurred) in Tokyo last night.**
(夕べ東京で大きな地震がありました)

❹ **The funeral will (happen / occur / take place) on May 23 at 2:30.**
(葬儀は5月23日の2時30分から行なわれます)

❺ **A big fire (happened / occurred / broke out) during the night.**
(大火災が夜の間に起こった)

happen は予定外のことや思いもしなかったことが起こること、つまり「意外性」や「偶然性」を表す一般語です。出来事の内容が漠然としていて明らかではない場合や、話の中で既に話題になっている出来事を継続して話題にするときなどに発生の有無に焦点を当てる際に用います。したがって、主語には事故（**accident**）や出来事（**event**）や犯罪（**crime**）などがきますが、漠然とした語や指示詞など（**something**、**nothing**、**things**、**this**、**that**、**what** など）がくることも多いです。例えば、**What's happening?**「一体どうしたの」と言うことはあっても、× **What's occurring?** とは言いません。❶の

文の場合は漠然と何が起きているかがわからない状況なので、**Tell me exactly what happened.**(起こったことを正確に教えてください)というふうになります。

What happened to your car? 君の車に何が起きたの？
I'm sorry. It won't happen again.
　すみません。二度と起こりません（もうしません）。

occur は **happen** と入れ替え可能なことも多い語で、あらたまった場面で使われる語ですが、**happen** と違って具体的ではっきりとしたことが主語に来ます。特に化学反応や自然現象などが「発生する」ことを述べる際によく使われます。

The metal becomes liquid if heated, and this occurs at temperatures of over 300°C.
　その金属は熱せられると液体になるが、これが生じるのは300℃以上の温度である。

This expression occurs quite often in his book.
　この表現は彼の本の中によく出てくる。

❷の文は、爆発という具体的な語が主語になっていますので **occurred** を選びます：**The explosion occurred just after midnight.**（その爆発は午前０時をちょうど過ぎた頃起こった）

　自然現象の一つである地震は、先ほどの説明のように、はっきりとした意味を持つ語ですから、**happen** ではなく、**occur** で表すのが普通で、❸の文では **occur** が選ばれます。ですが、実際には、英米の新聞などでも、**happen** が使われることがあるようです。なぜ、こういうことが起こるのでしょうか。

　私たち日本人のように普段から地震を体験している者と違い、地震のない地域の人が例えば東京で地震を感じたときには、驚きの感

情を持つわけです。ですから❸の文で **A big earthquake happened in Tokyo last night.** のように偶然性や意外性を重視する **happen** が使われることがあるのですね。

　もっとも、日常会話では、**There was a big earthquake last night.** と言う事が多く、また、新聞などで、被害を暗示させるような比較的大きな地震の場合は、**hit** や **strike** で表すのが普通です。

A big earthquake hit/struck the Kanto District last night.
　昨夜、関東地方に大きな地震がありました。

　take place は予定されていた行事や催しが行なわれることが原則です。
Our wedding took place on June 5.
　私たちの結婚式は6月5日に行なわれました。
The concert takes place next Thursday.
　コンサートは来週の木曜日に行なわれる。

❹の文は予定された行事について言っているので **take place** が適切であることがわかります。

break out は火災・戦争・疫病などの悪いことが急に起こる（勃発する）ことを表します。
War broke out six months later.　6カ月後に戦争が起こった。

❺の文はこれに当たるので、**A big fire broke out during the night.**（大火災が夜の間に起こった）というふうになります。

🄰🄰 語源ポイント

happen の **hap** は「運」や「偶然」を意味します。「降って湧いた」「目の前に落ちてきた」というようなイメージで、**happy**（幸せな）や **perhaps**（ひょっとしたら）の **hap** です。ですから「意外性」や「偶然性」を表すわけですね。

hap
happen　偶然性

occur の **oc** は **ob** の異形で「向かって」で、**cur** は **current** の **cur** で「流れるように進む」ような感じの意味です。ですから意外性の少ない自然現象のように、「流れるようにやってくる」ととらえることができます。**recur** は「もう一度（**re**）やってくる」ということなので「再発する」の意味になります。

cur　　occur　　occur　「やってくる」

この **cur** は **car** と同じように考えられて、「コロコロ」の円滑に流れるように移動するというイメージを持つと理解しやすいです。**cur** は「走」のイメージで、仲間には **current** や **occur** のほかに **course**（コース）などがあり、**car** は「車」「運ぶ」のイメージで、仲間には **cart**（カート、荷車）や **carry**（運ぶ）などがあります。

コロコロ
car / cur

cur / car コロコロ
current、course、occur
car、cart、carry

解答　❶ happened　❷ occurred　❸ occurred / happened
　　　　❹ take place　❺ broke out

23 飲む、のむ | drink / have / slurp / take / swallow / gulp / guzzle / sip

適当な単語はどれでしょうか?

❶ **(Drink / Have / Take) plenty of water to avoid dehydration.**
(脱水症を避けるために、水をたっぷり飲みなさい)

❷ **What would you like to (drink / have)?**
(何をお飲みになりたいですか)

❸ **The doctor has given me some medicine to (drink / have / take) for my cough.**
(医者は咳止め用の薬をくれた)

drink はグラスやコップなど液体の入った容器から直接、口の中に入れて飲み込む行為に焦点が当てられる語です。ですから❶では Drink が適切です:**Drink plenty of water to avoid dehydration.** (脱水症を避けるために、水をたっぷり飲みなさい)

The doctor told me to drink a bottle of milk every day.

医者は私に毎日牛乳を1本飲むように言った。

スープを飲むとき、カップから直接口に入れる場合は drink でも構いませんが、スプーンを使う場合は have soup、また食べる行為を強調したければ eat soup と言います。

eat ほどではありませんが drink は直接的な語なので、相手にコーヒーを勧める時には drink と言わず、**Would you like to have some coffee?** と言います。ただし、「飲み物はいかがですか?」と飲み物の種類を尋ねる場合は **What would you like to drink?** と聞きます。したがって❷の答えは drink です:**What would you like to drink?** (何

をお飲みになりたいですか)

また、目的語をとらずに自動詞扱いで使えば、「お酒を飲む」ことを表します。

I don't drink. 私はお酒を飲みません。

slurp は音を立てて飲んだり食べたりすることです。
It is bad manners to slurp your soup.
音を立ててスープを飲むのは行儀が悪い。

薬を「飲む」ときは、液体のものであれば飲む行為を強調して、**drink** を使うことは可能ですが、その他の場合は **take medicine** で表すのが普通です。**take** は「自分の中に取り込む」という意味です。ですから❸の文では **take** を選んで：**The doctor has given me some medicine to take for my cough.**（医者は咳止め用の薬をくれた）

swallow は「飲み込む」。食べ物や飲み物が喉を通過して胃まで達することを暗示させる語です。この意味が転じて、**swallow** には「(話などを) 鵜呑みにする、簡単に信じる」の意味もあります。
He swallowed the last of his beer.
彼は残っていた最後のビールを飲み込んだ。

gulp は大量の飲み物や食べ物を一気にぐいっと飲み込むことです。
He gulped down a glass of beer. 彼はビールを一杯ぐいっと飲んだ。

guzzle は飲み物を大量にがぶがぶ飲むことですが、軽蔑的な意味を込めて使います。
She guzzled wine last night. 昨夜、彼女はワインをがぶがぶ飲んだ。

sip はお茶やお酒などをちびちび飲むことです。
He sipped his whisky thoughtfully.
彼は考え深げにウイスキーをちびちび飲んだ。

slurp も gulp も guzzle も sip も、オノマトペに由来する語ですから、感覚的につかみやすいと思います。

drink　　　slurp　　　take　　　swallow

解答　❶ Drink　❷ drink　❸ take

24 〜になる | become / get / grow / go / come / turn / fall

適当な単語はどれでしょうか？

❶ His book was a big success and he quickly (became / got / grew / went) famous.
(本が大成功し、彼はすぐに有名になった)

❷ It is (becoming / getting) dark.
(だんだん暗くなってきた)

❸ Fish soon (becomes / goes / gets) bad in hot weather.
(魚は暑い天気ではすぐに腐る)

❹ He (became / grew / turned) pale at the sight of the accident.
(彼はその事故を見て顔が青ざめた)

　become は「〜になる」という最も一般的な語です。多くの場合は他の類義語で置き換え可能ですが、基本的には永続的に「なる」ことを表し、過程よりも変化した結果の方に焦点があるのが特徴です。**get** に比べると **become** の方がゆっくり変化しながらその状態になる意味合いが強く、知識や能力をつけたりする場合には **get** ではなく、**become** の方が好まれます。例えば、**become skilled**（熟達する）、**become available**（利用可能になる）、**become common**（普及する、一般的になる）、**become aware**（気づく）、**become certain**（確信する）などです。

　❶の文は、**become** が適切です：His book was a big success and he quickly became famous.（本が大成功し、彼はすぐに有名になった）

become
「ゆっくりその状態になる」

He became a pilot when he was thirty.

彼は30才でパイロットになった。

It is becoming obvious that she doesn't like me.

彼女が私を嫌っていることがハッキリしてきた。

　get は **become** よりはくだけた語です。また **become** がゆっくりと変化してある状態になることを表すのに対して、**get** の原義は「得る」ですから、「(時間をかけずに) ある状態になる」という意味合いで使えます。**become** よりも変化の過程に焦点があり、**She got injured.** (彼女はケガをした) や **She got killed.** (彼女は殺害された) などは **become** で置き換えられません。逆に **She became a doctor.** (彼女は医者になった) は **get** では置き換えられません。

The situation is getting worse and worse.

状況は悪くなる一方です。

get と相性よくつながる語句の例は、

get used to（〜に慣れる）、**get lost**（道に迷う）、**get confused**（当惑する）、**get bored**（うんざりする）、**get tired**（疲れる／飽きる）、**get hot**（熱くなる）、**get married**（結婚する）などです。

　❷の文のように、暗くなりだしてから暗くなるまでの過程、つまり、時間をかけずに暗い状態になる場合には **become** ではなく **get** を使います：**It is getting dark.**（だんだん暗くなってきた）

It normally gets dark around 6:30.

普通は6時30分ころ暗くなります。

This coffee is getting cold.　コーヒーが冷めてきています。

grow も、過程を重視するという点では **get** と同じですが、それよりも時間をかけて徐々に変化することを暗示しています。

How tall you've grown! なんて大きくなったことでしょう。

go は直後に形容詞や過去分詞を伴って「〜になる」の意味では、物が腐ったり、感情が悪くなったりするように、悪い状態に向かったり到達したりすることを表す傾向があります。❸は「腐る」という意味ですから、**goes** を選びます：**Fish soon goes bad in hot weather.**（魚は暑い天気ではすぐに腐る）

This milk has gone sour. この牛乳は酸っぱくなっている。

My tea went cold. 私のお茶が冷めてしまった。

The firm went bankrupt. その会社は破産した。

He went mad. 彼は怒った。

Her face went red. 彼女の顔が赤くなった。

come は元の状態になったり、**go** と反対に良い方向になることを表す傾向があります。

The nut came loose. ねじが緩んだ。

She made her dream come true. 彼女は夢を実現させた。

come to の形で「するようになる」という言い方もできます。

I came to think of the matter more seriously.

そのことについてもっと真剣に考えるようになった。

We came to know each other.　私たちは互いをよく知るようになった。
He came to trust me completely.

彼は私をすっかり信用するようになった。

turn は、例えば、氷が水に変わったり、幼虫が蝶に変わるなど、その時までとは全く違った状態への変化を表します。主に、色・天気・気温などの変化に用いられることが多いようです。(「変わる」の項を参照) ❹の文は、事故を見た時の顔色の変化を表していますから turned を選びます：**He turned pale at the sight of the accident.** (彼はその事故を見て顔が青ざめた)。

The weather has turned cold and windy.

天気が寒くなり風が出てきた。

The witch turned the prince into a frog.　魔女は王子をカエルに変えた。
I turned 30 today.　きょう30歳になった。

fall は、葉が木から落ちるように空気抵抗を受けながらゆっくりと落ちるというのが基本でしたが (fall と drop の項を参照)、後に形容詞を伴う場合は、ある状態への突然の変化を表します。

He fell asleep while watching TV.

彼はテレビを見ている時に寝てしまった。

Everyone fell silent when I entered.　私が入るとみんな黙ってしまった。
Has she fallen ill again?　彼女はまた病気になってしまったのですか。

解答　❶ became　❷ getting　❸ goes　❹ turned

25 働く、動く | move / work / run

適当な単語はどれでしょうか?

❶ **The remote control doesn't (move / work).**
（リモコンが動きません）

❷ **My watch isn't (going / running).**
（私の時計は動いていない）

「時計が動く」というとき、英語では何と言ったらいいでしょうか。日本語の「動く」に引っ張られて、**move** を使いがちですが、**move** は場所から場所への移動を表します。ですから、**My watch is moving** と言ってしまうと、時計が「どこかからどこかへ移動している」ことになるのでおかしく聞こえます。この場合は正しくは **My watch is working.** です。

My watch is moving.　　My watch is working.　　work
「移動している」　　　　「機能している」

この **work** は、機械・設備・頭脳などが「本来の機能を果たす」という意味を表します。ですから、❶の文は、**work** で表します：**The remote control doesn't work.**（リモコンが動きません）。この言い方は海外旅行の機内で使う機会があると思います；**The headset doesn't work.**（ヘッドホンが壊れています）。調子の悪い **headset** にあたるときがけっこうありますからね。

work は「（計画や方法などが）うまく行く」「（薬などが）効力を

発揮する」という意味でも使われます。

My mind isn't working very well today.

今日は、頭の働きがあまりよくありません。

My plan worked and I got them to agree.

私の計画がうまくいき彼らを同意させた。

Let's see if it works.

うまくいくか見てみましょう。

run にも「(機械や設備が)動く、作動する」という意味があります。run の原義は「連続して滑らかに動く」の意味で、「(プログラムが)走る」「(計画・組織・人などが)進む、運ぶ」、他動詞では「うまく走らす」の意味で「(店・会社・事業などを)経営する」、「(計画など)を指揮する」という意味もあります。漢字で表せば「運営」「運転」などの「運」の感じです。

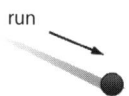

ですから、「エンジンが動いている」は **The engine is running.** と表して、このときに move しているのはエンジン内部のピストンなどの部品ですね。running でもエンジンは「走って」はいません。「エンジンがかからない」の意味で「エンジンが動かない」であれば、**The engine wouldn't start.** です。

move は「人の心を動かす」という意味でも使われます。

Her words moved his heart.　彼女の言葉が彼の心を動かした。

We were deeply moved by his story.　彼の話にはとても感動した。

ほかにも、次のような使い方もあります。

We moved from Tokyo to Saitama.

私たちは東京から埼玉へ引っ越しました。

Let's move on to the next topic.　次の話題に移りましょう。

I move that the meeting be adjourned. 会議の延期を提案します。

これは「動議として提案する」ですね。名詞としての「動議」は **a motion** です。

❷の文ですが、「機械や設備が動く」という意味では、**work** のほかに **go** も **run** もあるので、どちらも正解です。**work** が機能に重点が置かれるのに対して、**go** や **run** は、動いている動作や活動そのものに重点が当てられるという違いがあります。

Don't touch the engine while it is running.
　エンジンが動いている間は、手を触れないように。

解答　❶ work　❷ going/running

26 教える | tell / show / direct / guide / teach / instruct / educate / train / coach

適当な単語はどれでしょうか？

❶ [道に迷って]
Excuse me, but could you (teach/tell/show) me the way to the post office?
(すみませんが、郵便局に行く道を教えていただけませんか)

❷ **She kindly (told/showed/directed) me to the airport.**
(彼女は親切に空港への道を教えてくれた)

日本語で「教える」という動詞には「知識や技術などを身につけるように導く」ことと「知っていることを人に伝える」という2つの意味がありますが、英語では、この2つを別の単語で表します。

tell は相手の知らない情報を「教える」という意味ですが、「教育する」という意味とは違いますね。「知っていること」つまり、名前や道や秘密やお話を「教える」ことです。

Tell me about what you saw there.
　あなたがそこで見た物について教えてください。

show は実演したり説明したりして人にわからせることです。
The trainer showed me how to use the equipment.
　指導員がその装置の使い方を教えてくれた。

show は、道を教えることを言う場合には地図で示したり、直接案内することを言います。一方 **tell** は、言葉で説明することです。❶の文ですが、実際にその場所に連れて行ってもらう、地図などをかいて教えてもらう、というのなら **show** でよいですが、見ず知ら

ずの人に対してそれは通常はないので、言葉で教えてもらう意味の **Could you tell me the way to the post office?** を選ぶのが自然だと思います。もし知り合いであれば **Could you show me the way to the post office?** の場合もあると思います。

その他、「道を教える」という意味の動詞に、**direct** というのがあります。名詞で、**direction** と言えば「方向」とか「指示」という意味ですが、例えば、映画や劇などで指示する人（**director**）が「監督」、テレビやラジオなどでは「製作責任者」となります。**direct** とは、文字通り、方向や道順を示すという意味で、❷の文で **direct** を選べば、**direct O to** ～の形で「**O** に～への道を教える」という使い方ができます：**She kindly directed me to the airport.**（彼女は親切に空港への道を教えてくれた）

これと同じ使い方をする動詞に、**guide** がありますが、観光ガイドのことを **tour guide** ということからも察しがつくように、**guide** は「一緒に行って案内する」という意味です。

He guided us through the narrow streets to the central mosque.
　彼は狭い通りを通って私たちを中央のモスクに案内した。

次に「教育」の意味の「教える」について説明します。
適当な単語はどれでしょうか？

❸ He (told/taught) me how to ride a horse.
(彼は乗馬の仕方を私に教えてくれた)

❹ We (taught/instructed/educated) the children in basic reading skills.
(私たちは子供たちに基本的な読む技能を教えた)

❺ The country should spend more money on (teaching/instructing/educating) our children.
(国は子供たちの教育にもっとお金を使うべきである)

teach は、体系立った知識や技能を教えるという意味の一般的な語です。tell のように単に「知っていることを教える」のではなく、習得に時間がかかるような知識を教えるのが teach です。

❸ の文は、taught を選びます：He taught me how to ride a horse.（彼は乗馬の仕方を私に教えてくれた）

では、He taught me English. と He taught English to me. の二種類の言い方はどう違うのでしょうか。He taught me English. は彼が英語を教えた結果私が英語を習得したことを含有するのに対して、He taught English to me. では単に彼が私に英語を教えたという事実を意味します。

teach は自動詞として「教師をする」という意味としても使えます。
Mr. Saito teaches at this school. 斎藤先生はこの学校で教えています。

また、人に対して異なる考え方を学ばせることも teach で表します。
My father taught me that nothing is impossible.
私の父は不可能なことはないと教えてくれた。

instruct は実用的な技能や特別な知識を身につけさせるために、

順序だてて教えることです。頭の中に (**in**)、知識を構築 (**struct**) するわけです。

She instructed me in the basics of tap dancing.
彼女は私にタップダンスの基本を教えてくれた。

New employees should be instructed in the operation of the machine.
新入社員はその機械の操作方法を教わらなければならない。

❹の文に適切なのは **instruct** です：**We instructed the children in basic reading skills.**（私たちは子供たちに基本的な読む技能を教えた）。**instruct** は **SVOO** の形を取れる **teach** と違って、「**instruct O in (on)** 〜」の言い方になります。

educate は学校などで長期間に渡って幅広い知識を与えながら子供たちを教える、つまり「教育する」という意味の語です。❺の文では **educating** がふさわしい言い方です：**The country should spend more money on educating our children.**（国は子供たちの教育にもっとお金を使うべきである）

educate は「引き出す」というのが原義で、つまり自らがあるべき行動をとるように教える、というのが本当の **educate** ですね。**e** は **ex** のことで「外」の意味で、**duce** は「導く」、つまり **introduce** の **duce** のことです。

I was educated in France. 私はフランスで教育を受けた。

train は集中的に職業教育することです。実践的な技能や知識を身につけるための企業内での研修は **training** ですね。**educate** が「内から外へ引き出す」という原義であるのに対し、**train** は動物の調教の意味も表すように、力で引っ張り出すようなイメージがあります。

We must train our staff to introduce the new system.
新システムを入れるためにスタッフを教育しなければならない。
I don't know how to train my dog. 犬の訓練方法がわかりません。

tell　　　show　　　teach

instruct　　　train　　　train

　coach は試験準備の指導やスポーツの指導などをするときに使います。**train** と違って動物の訓練には使わず、職業訓練にも使いません。**coach**（馬車、長距離バス）からイメージできるように、馬車に付き添ってゴールへ案内するような指導です。**coach** はもともと、大型馬車がはじめて作られたハンガリーの町の名 **Kocs** に由来するようです。

I'll coach the new employee on her presentation skills.
その新入社員にプレゼンテーション技術を指導します。

　coach も **SVOO** の形を取ることができません。科目を教えるときは **coach him in English**（[科目としての] 英語を教える）のように使い、試験などの準備の場合には **coach him for examination**（試験のために彼に教える）のように使います。

「教える」という日本語に引っ張られずに、単に「連絡する」「一声かける」という意味で、**inform** や **notify** も頭に入れておくと良いと思います。

Could you inform me of the result?　結果を教えていただけますか？
Please notify us by email.　Eメールで知らせてください。

解答　❶ tell　❷ directed　❸ taught　❹ instructed　❺ educating

㉗ 噛む | bite / grind / crunch / chew / nibble / snap

適当な単語はどれでしょうか?

❶ My son was (bitten / chewed) by a dog this morning.
(今朝、息子が犬に噛まれた)

❷ Eat slowly and (bite / chew / crunch) your food well.
(ゆっくり食べてよく噛みなさい)

❸ The squirrel was (crunching / snapping / nibbling) a nut.
(リスが木の実をかじっていた)

bite は人や動物が歯と歯をかみ合わせて何かを切ろうとする行為のことです。

Her dog bit me on the arm. 彼女の犬が私の腕を噛んだ。

ですから❶の文では bitten が正解です:**My son was bitten by a dog this morning.**(今朝、息子が犬に噛まれた)

grind は歯ぎしりをしたり、歯が生えはじめる頃の赤ちゃんが物をかじったりするように、歯と歯をぎしぎしとこすり合わせるようにかむことです。

He grinds his teeth when he's asleep.
彼は寝ているときに歯ぎしりする。

crunch はやかましい音を立ててかみ砕くことです。お煎餅なら「バリバリかじる」、たくあんなら「ポリポリかじる」ということですね。

She crunched a rice cracker noisily.
彼女は煎餅をバリバリうるさく音をたてて食べた。

chew は例えば、するめイカをかんで食べるように、飲み込みやすくするために何回もかむことです。チューインガムのように味わうために何度もかむ場合にも使います。

She's always chewing gum.　彼はいつでもガムを噛んでいる。

❷の文では chew が適切です：**Eat slowly and chew your food well.**（ゆっくり食べてよく噛みなさい）

nibble はウサギがニンジンをかじったり、リスが木の実をかじったりするように、食べ物を少しずつかじって食べることです。

I saw a mouse nibbling at the cheese.
ネズミがチーズをかじっているのを見た。

❸の文では nibbling を選びます：**The squirrel was nibbling a nut.**（リスが木の実をかじっていた）

snap は動物や人が物にパクッとかみつくイメージです。
The black dog snapped at my heel.
黒い犬が私のかかとに噛みついてきた。

🅰🅰 語源ポイント

bitter（苦い）は、苦いものを口に入れた時に歯と歯をかみ合わせる（**bite**）ことから生まれた形容詞。**bite** は名詞で「ひとかじり」の意味もありますが、**bait**（エサ）や **bit**（少量）とも同源です。「ちょびっと（**bit**）」の感覚がありますね。ちなみにコンピュータ用語の **bit**（ビット）は **binary digit**（二進数）の短縮形なので違います。

解答　❶ bitten　❷ chew　❸ nibbling

28 寝る、眠る | sleep / go to bed / fall asleep / doze / take a nap / get to sleep

適当な単語はどれでしょうか？

❶ He always (sleeps / goes to sleep / falls asleep) on his front.
(彼はいつもうつ伏せになって寝る)

❷ What time do you usually (sleep / go to bed / fall asleep)?
(いつもは何時に寝ますか)

❸ He always (sleeps / falls asleep / takes a nap) watching TV.
(彼はテレビを観ながらいつも眠ってしまう)

❹ Why don't you lie down and (fall asleep / doze off / take a nap)?
(横になって一眠りしたらどうですか)

❺ I often have a hard time (sleeping / going to sleep / getting to sleep).
(私はなかなか眠れない時がよくある)

　sleep は眠りにつく瞬間の行為ではなくて、「眠っている」という状態を表す動詞です。ですから、「何時間寝ましたか？」は **How many hours did you sleep?** で構いませんが、「何時に寝ましたか？」というふうに「寝床につく行為」をいう場合には **go to bed** を使います。

　What time did you go to bed last night? 昨夜は何時に寝ましたか？

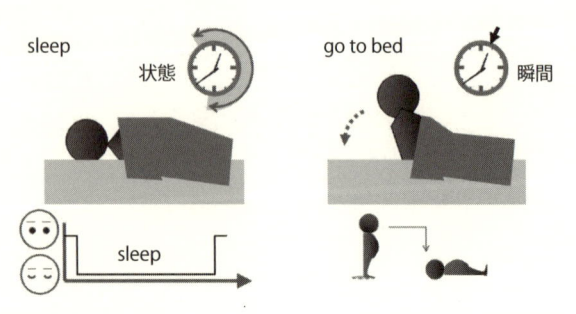

❶の文では寝る瞬間の行為でなく、「寝ている状態」の話をしているので、**sleep** を選びます：**He always sleeps on his front.**（彼はいつもうつ伏せになって寝る）

一方、❷の文では、「寝床につく」という行為を表しているので、**go to bed** を選びます：**What time do you usually go to bed?**（いつもは何時に寝ますか）

fall asleep は眠りにつく瞬間の行為を強調する表現で、つまり **awake** から **asleep** に移行することを言います。意識的に布団の中で眠ることも、ソファーでテレビを観るうちにいつの間にか眠ってしまうことも表します。

The movie was so boring that I fell asleep halfway through it.
その映画は退屈だったので途中で寝てしまった。

したがって、❸の答は **falls asleep** です：**He always falls asleep watching TV.**（彼はテレビを観ながらいつも眠ってしまう）。ここでは現在形で「寝てしまう」という習慣を表しています。

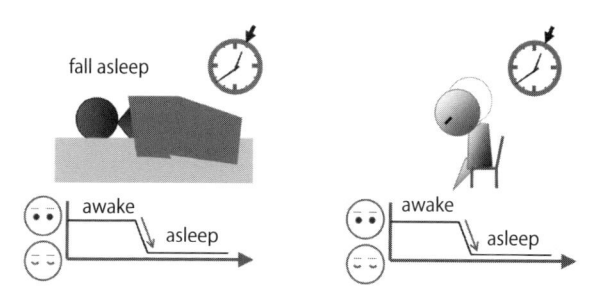

doze はイスやソファーなどで、うつらうつらとうたた寝をすることです。ついうっかり眠ってしまうのが **doze off** です。

Grandpa is dozing by the fire.
おじいちゃんが暖炉のそばでこっくりこっくりしている。

He dozed off for an hour after dinner.
彼は夕食後1時間うとうとしていた。

take a nap は、休憩などの目的で昼間に横になって意識的に取る睡眠のことです。

They take a nap for an hour after lunch.
彼らは昼食後に1時間居眠りする。

❹の文では、「意図的に眠る」ことですから、**fall asleep** や **doze off** ではなくて、**take a nap** が適切です：**Why don't you lie down and take a nap?**（横になって一眠りしたらどうですか）

go to sleep はネイティブの中には **go to bed**「床につく」と同じ意味で使う人がまれにいるようですが、本来は **fall asleep** と同様に、眠りにつく行為を表します。

I'll stay with her until she goes to sleep.
彼女が眠るまで一緒にいます。

なかなか眠りにつけない時に、意識的に眠りにつこうとする場合は、プロセスを重視する **get** を使って **get to sleep** と言います。❺ の文でふさわしいのは **get to sleep** ですね：**I often have a hard time getting to sleep.**（私はなかなか眠れない時がよくある）

解答　❶ sleeps　❷ go to bed　❸ falls asleep　❹ take a nap　❺ getting to sleep

29 借りる | borrow / use / lease / rent / charter

適当な単語はどれでしょうか？

❶ Could I (borrow / rent) your bike until next week?
（来週まであなたの自転車を借りてもいいですか）

❷ Could I (borrow / use / rent) your room until next week?
（来週まであなたの部屋を借りてもいいですか）

❸ I've decided to (borrow / rent / lease) my new car instead of buying it.
（私は新車を買わずに借りることに決めた）

❹ I'll (borrow / rent) a couple of movies this weekend.
（週末に映画のビデオを2本借りるつもりです）

まず❶は borrow を選択します：**Could I borrow your bike until next week?**（来週まであなたの自転車を借りてもいいですか）

borrow は移動できるものを返す約束でお金を払わずに借りて使うことが原則ですが、**borrow money from the bank**（銀行からお金を借りる）という言い方もあります。これには当然、利子が発生します。

Can I borrow your pen? あなたのペンを借りてもいいですか？

borrow 「金を払わず借りて使う」

use は使ってすぐに返す場合や、移動できない施設や物を使わせてもらうことです。電話やトイレなどを使うときは **use** を使います。職場で、**Can I use your computer?** と言えば、その場で使わせてもらうことで、**Can I borrow your computer?** と言えば、別の場所

に持って行って使うということになります。

❷の文では移動できない施設を借りるわけですから、この **use** を選択します：**Could I use your room until next week?**「来週まであなたの部屋を借りてもいいですか」

borrow と **use** を使い誤って **Can I borrow the toilet?** と言ってしまうと、誤解されてしまいそうです。それに加え、**toilet** は特にアメリカでは「便器」を表します。

Can I use the restroom?

Can I borrow the toilet?

lease や **rent** はお金を払って一時的に借りることです。

lease は長い期間に渡り、車、建物、土地などを借りる（貸す）ことや、高価な機械や装置を自分では買わずに契約により借りる（貸す）ことなどを意味します。特に業務に用いる場合によく使われます。

We lease all our computers.

私たちはコンピュータをすべて借りています。

❸の文は、車のリースなので **lease** を選びます：**I've decided to lease my new car instead of buying it.**（私は新車を買わずに借りることに決めた）

rent は定期的に決められた額を支払って、住まいなどの部屋や建物、車や自転車、**CD** などを短期間借りることです。

They rent a condo on the lake.

彼らは湖畔にマンションを借りている。

❹は rent が正解です：**I'll rent a couple of movies this weekend.**
(週末に映画のビデオを2本借りるつもりです)

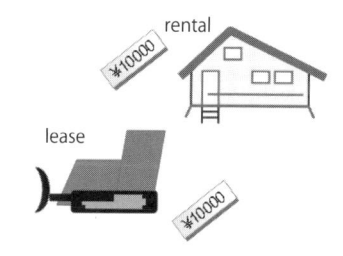

また、船や航空機やバスなどを有料で借りる場合には **charter** を使います。

解答　❶ borrow　❷ use　❸ lease　❹ rent

30 取りかえる | change / exchange / swap / trade / switch / replace

適当な単語はどれでしょうか？

❶ Alice and I always (exchange / trade) gifts on New Year's Day.
（私は元日にはいつもアリスとプレゼントの交換をします）

❷ I'll (exchange / swap / trade) you my CD for a video game.
（テレビゲームと私の CD を交換しましょう）

❸ The glasses have been (exchanged / swapped / switched) – this is mine.
（コップが入れ替えられている。これが私のだわ）

change は、前にも説明したように「変える」の意味の一般語ですが、買ったのだけど気持ちが変わったり、サイズが違ったり、不良があったので交換してもらう、というときに使います。

I'd like to change this jacket for a larger size, please.
このジャケットを大きいサイズに換えていただきたいのですが。

The front tire needs changing.
フロントタイヤを換える必要がある。

exchange は似ているものや等価なものに交換したり、手紙や情報を取り交わしたりするときに使います。**swap** や **trade** よりもフォーマルな言い方です。名刺交換やクリスマスのプレゼント交換など、基本的に同等の物を交換する意味合いで、損得勘定で交換するというニュアンスはありません。店で買った物を別の物と交換する時にも使えますし、銀行での両替も **exchange** ですね。また、情報や考えを行き交わせるときにも使います。❶の文はプレゼント交換です

から **exchange** があてはまります：**Alice and I always exchange gifts on New Year's Day.**（私は元日にはいつもアリスとプレゼントの交換をします）

We exchanged email addresses.
私たちはＥメールのアドレスを交換した。

Can I exchange this white jacket for a yellow one?
この白のジャケットを黄色いのと交換してもらえますか。

I'd like to exchange these dollars for local currency.
このドルを現地の通貨に換えたいのですが。

swap は、よく知っている者同士でお互いに「あっちの方がいいな」と思うものを交換するときなどに使います。語法的には「**swap**＋人＋物」というように目的語を 2 つ取ることができる動詞で、❷の文のように使うことができます：**I'll swap you my CD for a video game.**（テレビゲームと私のＣＤを交換しましょう）

My sister and I often swap clothes.　姉と私はよく服を交換します。

trade は名詞で「貿易・商売・職業」などの意味があるように、基本的には自分の利益のために物々交換する意味が強い語です。

She traded her roller skates for Bill's radio.
彼女はローラースケートとビルのラジオを交換した。

switch は座席や立場や場所や順番を、他の人や物と入れ替えるときなどに使います。

Would you mind switching seats?　席を替わっていただけますか。

❸の文では正しくなるように入れ替えることなので **switch** がふさわしいです：**The glasses have been switched － this is mine.**（コップが入れ替えられている。こっちが私のだわ）

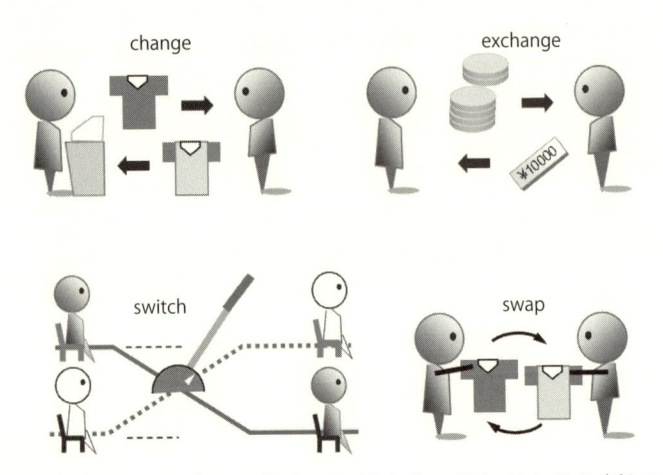

あるポジションの人や、物やシステムを、ほかのものや新しいもので置き換えるときには **replace** を使います。

Mr. Tanaka replaced Mr. Sato as department manager.

田中さんが部長として佐藤さんの後任になった。

I have to replace the battery in my phone.

電話の電池を交換しなければなりません。

語源ポイント

switch の語源は「ムチ」です。線路の手動の分機器（ポイント）の長いレバーを「ムチ」として形容したのが始まりのようです。**swing**（揺らす）や **sway**（揺れる）、**swivel**（旋回する）など、**sw** には弧を描くような動きを表す語が多くありますが、**switch** のムチもそうですね。（「振る」の項を参照）

swap も **switch** と形は似ていますね。これは語源不明ですが、交換する両者合意の際に「パチン」と手打ちをしたことからかも知れないそうです。

解答　❶ exchange　❷ swap　❸ switched

31 上げる、持ち上げる | raise/lift/hoist/boost/pick up

適当な単語はどれでしょうか？

❶ She (raised/lifted/hoisted) her glass to make a toast.
（彼女は乾杯をするためにグラスを上げた）

❷ I'm so tired I can't even (raise/lift/hoist) my arms.
（疲れて腕を上に上げることもできない）

❸ He (raised/lifted/picked up) the telephone and dialed the number.
（彼は受話器を取ってダイヤルした）

raise は物や体の一部を持ち上げることです。「横たわっているものを起こす」というのが原義で、そのような意味を含有し、片側を支点にして「起こす」ような動作も raise で表します。料金や推移時などを上げる場合の raise や問題点を「挙げる」raise も、このイメージでとらえることができます。

I raised my hand to get her attention.
彼女の気を引くために手を上げた。

The government raised the tax rate. 政府は税率を上げた。

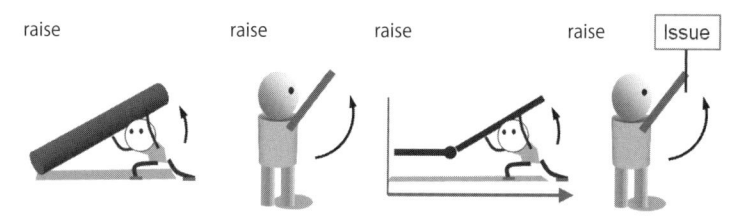

raise　　　raise　　　raise　　　raise　　Issue

❶の文も、手に取ったグラスを上げる動作ですから raise が適切です：**She raised her glass to make a toast.**（彼女は乾杯をするた

めにグラスを上げた)

raise には「育てる」の意味もありますが、同じ「育てる」の意味の rear はこの raise と同源です。

lift も raise と同じように物を持ち上げることですが、よりくだけた語で、体力を利用して持ち上げることに焦点が当てられます。重量挙げは **weight lifting** ですね。イギリスではエレベーターのことを **lift** と言いますし、**forklift**（フォークリフト）をイメージすれば、理解しやすいと思います。

Can you help me lift the big box?

その大きな箱を持ち上げるのを手伝ってもらえますか？

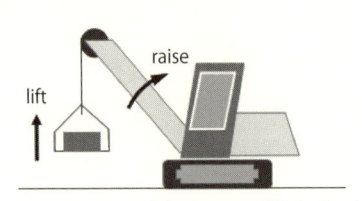

The operator raised the boom to lift the load.
「ブームを上げて積荷を吊り上げた」

raise と同様に手や足などの体の一部を上げるときにも lift が使われますが、特にそうすることが難しいようなときに lift が使われます。❷の文の場合がそれです：**I'm so tired I can't even lift my arms.**（疲れて腕を上に上げることもできない)

封鎖・包囲、制裁・禁止令などを解除するときに使われる lift も、同じようにイメージできます。

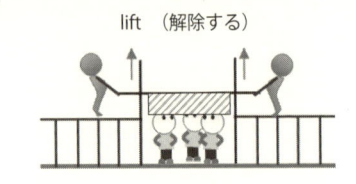

The United States lifted economic sanctions against that country.

アメリカはその国に対する経済制裁を解除した。

hoist は、特にロープ・太綱・クレーンなどの道具や機械を使って目的の場所まで持ち上げることですが、体を使って持ち上げる場合に使われることもあります。

They hoisted the flag to the top.

彼らは旗を一番上まで揚げた。

He hoisted the box onto the deck.

彼はクレーンで箱をデッキに載せた。

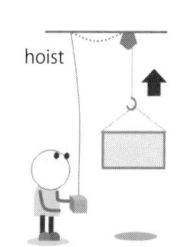

boost は例えば、人が群がる沿道で子供にパレードを見せるために、肩車などをして下から上へ押し上げてあげることです。

He boosted me up so I could see over the fence.

柵の向こうが見えるように、彼は私を持ち上げてくれた。

ロケットの場合、打ち上げは **lift-off**、加速させるのは **boost** で表現します。

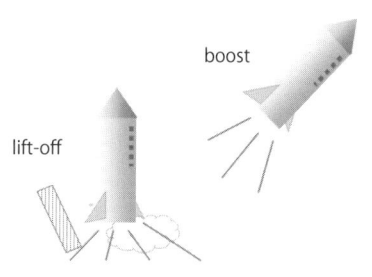

値段を吊り上げたり、景気を増大させたり、圧力・電圧などを上昇させたり、または人のやる気や自信を盛り上げたりすることも **boost** です。コンピュータを「立ち上げる」のも **boost** で表します。

The music boosted staff morale.

その音楽がスタッフの志気を高めた。

pick up は主に小さくて軽い物を地面やテーブルなどから拾い上げることです。

He picked up the book from the floor.

彼は床から本を拾い上げた。

❸の文では受話器を拾い上げるイメージから、**pick up** が使えます：

He picked up the telephone and dialed the number.（彼は受話器を取ってダイヤルした）

候補の中からいくつかを選択するときに日本語では「ピックアップする」と言いますが、物理的に拾い上げる時は **pick up** でも、「ものごとを選択する」場合は、**up** は入れず **pick** だけで言います。

解答　❶ raised　❷ lift　❸ picked up

32 振る | shake / nod / swing / wave

適当な単語はどれでしょうか？

❶ He (shook / swung / waved) her violently by the shoulders.
（彼は彼女の肩を激しく揺すった）

❷ He (shook / nodded) his head in agreement.
（彼は首を縦に振って同意した）

❸ The children were (shaking / swinging / waving) from a rope tied to the branch of a tree.
（子供たちは木の枝に縛ったロープにつかまってゆらゆら揺れていた）

❹ The crowd were (shaking / swinging / waving) flags and cheering.
（群衆は旗を振って応援していた）

shake は上下または左右に小刻みに素早く振る動作です。❶の文がまさにそれですね：**He shook her violently by the shoulders.**（彼は彼女の肩を激しく揺すった）

相手の手を握って上下に揺らすこと、すなわち「握手」することや、自動詞では地震の揺れも表します。

Shake the bottle well before using it.
　　使用前にびんをよく振ってください。

He shook his head. は「首を横に振った」であって、つまり「承諾しなかった」の意味になります。「首を縦に振る」つまり「承諾する」時は **nod one's head** なので、❷では **nod** を選びます：**He nodded his head in agreement.**（彼は首を縦に振って同意した）

Please nod or shake your head in response.
　首を縦か横かどちらかに振って質問に答えてください。

swing は野球のバットを振るような、つまり一点を軸にして弧を描くように大きく振ることです。
He swung the bat with all his strength.
　彼は力いっぱいバットを振った。

❸の文の表現も弧を描く動きですから **swing** を選びます：**The children were swinging from a rope tied to the branch of a tree.** (子供たちは木の枝に縛ったロープにつかまってゆらゆら揺れていた)

wave は名詞では「波」ですが、動詞はまさに波の動きや風に揺れる旗のような動きのイメージです。目的語がつかずに形式上自動詞になっている場合は、「手を振る」の意味です。振るものが手でない場合は目的語をとる他動詞の形になります。
She waved to us from across the street.
　彼女は通りの向こうから私たちに手を振った。
She waved her handkerchief to us.
　彼女は私たちにハンカチを振った。

❹の文では、**flag** を目的語にした他動詞として使っています：**The crowd were waving flags and cheering.** (群衆は旗を振って応援していた)

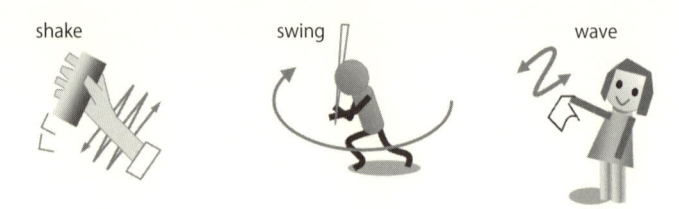

語源ポイント

shake は音としては日本語での「シャカシャカ」に近い感覚ですね。**shake** はオノマトペ由来と考えられていて、それにも通じる感じがします。

swing は「スイスイ」。そう考えると **swimming** とも通じる感じがします。**sw** で始まる語には、**sweep**（掃く）、**sway**（揺れる）、**swivel chair**（回転イス）など、ぐるりと輪を描いたり弧を描くような動きを表す語が多くあります。

swing　　　　　sweep　　　　　sway　　　　　swivel

解答　❶ shook　❷ nodded　❸ swinging　❹ waving

33 跳ぶ | jump/leap/spring/bounce/hop

適当な単語はどれでしょうか？

❶ The lion was crouching in the long grass ready to (spring/bounce/hop).
(そのライオンはいつでも跳びかかれるように草むらで身をかがめていた)

❷ Don't (spring/bounce/hop) up and down on the bed.
(ベッドの上で跳ね回ってはいけません)

❸ Some rabbits were (springing/bouncing/hopping) along in the field.
(ウサギが野原をぴょんぴょん跳び回っていた)

jump は曲げた脚を一気に伸ばすことで地面から離れる行為、つまり「跳ぶ」という意味の最も一般的な語です。跳ぶ方向は前後左右どちらでも構いませんが、jump のあとにつく前置詞や副詞がその動きや方向を明確にします。

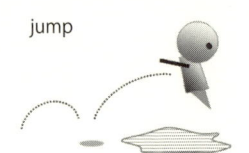

The puddle is too big to jump across.
　水たまりが大きすぎて跳び越せない。

leap はあらたまった場面で使われますが、jump よりも高く遠くに跳ぶことを暗示させます。体の跳躍のほか、炎が立ち上った、heart（心）や mind（考え）が急に躍動したりひらめいたり、価格が高騰したりすることにも使われます。「跳ね上がる」「飛躍する」という感じです。

The horse leaped over the fence and ran away.
　その馬はフェンスを跳び越えて逃げた。

The price leapt 10% overnight.
一夜にして値段が10%跳ね上がった。

spring はあらたまった場面で、ある特定の方向に向かって素早く跳び上がることに焦点が当てられる語で、バネのように弾力性のある物が跳び上がることを暗示させます。

A kitten sprang from under the bush.
子猫が藪の下から急に跳び出てきた。

❶の文ではこれから起こるジャンプの瞬発力が感じられる spring を選びます：**The lion was crouching in the long grass ready to spring.**（そのライオンはいつでも跳びかかれるように草むらで身をかがめていた）

bounce は例えば、ベッドやトランポリンのような弾力性のあるものの上を何度も勢いよく飛び跳ねることです。ですから❷の文のような場合にはこの bounce を選びます：**Don't bounce up and down on the bed.**（ベッドの上で跳ね回ってはいけません）

Children were bouncing on the trampoline.
子供たちがトランポリン上で飛び跳ねていた。

hop は、主語（動作主）が人の場合は片足で、動物の場合は足をそろえて軽くぴょんぴょん跳ぶことです。ウサギや蛙の跳び方が hop です。したがって❸の文では hopping を選びます：**Some rabbits were hopping along in the field.**（ウサギが野原をぴょんぴょん跳び回っていた）

I hurt my ankle and had to hop all the way home.
足首を痛めたので家までずっと片足で帰らなければならなかった。

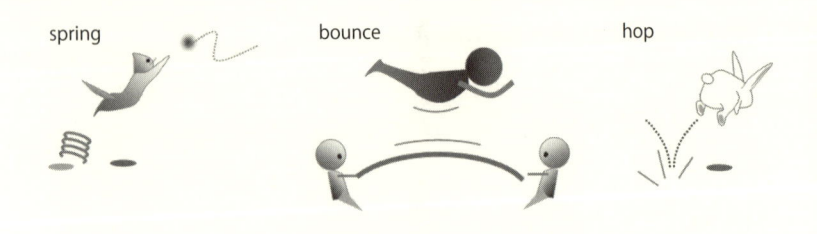

spring   bounce   hop

解答 ❶ spring ❷ bounce ❸ hopping

34 追う | follow / run after / chase / track / trail / pursue / drive

適当な単語はどれでしょうか？

❶ You drive on ahead and I'll (follow / run after / chase) you.
（先に車を走らせてくれれば私が後を追います）

❷ He is always (following / chasing) young girls.
（彼はいつも若い女性を追いかけ回してばかりいる）

❸ It is difficult to (follow / track / chase) an animal over stony ground.
（石の地面で動物の跡を追うことは難しい）

❹ The children were (pursuing / trailing / tracking) behind their parents on the way to the store.
（子供たちは店まで、両親のあとをだらだらついて行った）

follow は誰か他の人の後ろについて、その人と同じ方向に歩いたり走ったり車を運転したりする、つまり「後についていく」という意味の最も一般的な語です。

Follow me and I'll show you where the station is.
　後についてきてくれれば駅の場所を教えます。

follow の原義は「（後に）従う」で、「後を継ぐ」「（命令に）従う」など幅広い意味があります。「話についていく」というのも **Do you follow me?**（言っていることがわかりますか？）のように使いますね。ツイッターなどでの「フォローする」は「言動を注意して追っていく」という感じです。

follow 「後を付いて行く」

run after は、自分から離れていこうとしている人間を捕まえたり、その人と話すために走ったり、小走りすることです。

Many young girls were running after the singer to ask for his autograph.

多くの少女たちがその歌手のサインを求めて追いかけていた。

chase は自分から逃げようとする人を捕まえるために走って追いかけたり、追い払ったりすることが基本的な意味です。ただついていくのではなく、捕まえたりるのが目的であるところが **follow** と違いますね。つきまとうような接近感も暗示されます。

The police chased the car. 警察はその車を追いかけた。
The dog chased the ball. 犬はボールを追いかけた。

chase 「捕まえようとして追いかける」

❶の文では、捕まえるようなことではなく、ただ離れずについて行くということなので、**follow** が適切です：**You drive on ahead and I'll follow you.**（先に車を走らせてくれれば私が後を追います）

一方、❷の文では追いかけ回しているので、**following** でなく **chasing** の方を選びます：**He is always chasing young girls.**（彼はいつも若い女性を追いかけ回してばかりいる）

track は動物や人が残した足跡やにおいなどを追うことです。よく

配送状況を調べるときなどに **track** を使いますね。荷物の問い合わせ番号を **tracking number** といいます。

The hunter tracked the deer. 猟師は鹿の後を追った。

You can track your order online.

商品の配送状況はオンラインで追跡できます。

track 「足跡やにおいを追う」

track　　　　　trailer truck　　　　trailer

❸の文は、動物の痕跡を追うことを意味しているので、この **track** を使います：**It is difficult to track an animal over stony ground.**（石の地面で動物の跡を追うことは難しい）

trail は **track** と同様、動物や人が残した足跡やにおいなどを追う意味の他に、人の後ろをだらだらついて行くという意味もあります。原義は「引きずる」なので、ものを引きずって行く、そして足や体を重そうに引きずることも意味し、「だらだらついて行く」というのもそのイメージです。❹の文はそのイメージの **trailing** を選びます：
The children were trailing behind their parents on the way to the store.（子供たちは店まで、両親のあとをだらだらついて行った）。

The detective trailed the criminal to his hideout.

刑事は隠れ場所まで犯人を追いかけた。

pursue はあらたまった場面で **follow** や **chase** の意味を表し、人や物だけでなく、理想・研究・目標などを追い求めるという意味もあります。

He says that he hopes to pursue a career in medicine.

彼は医学の道を目指したいと言っている。

ついて行くというより「追いやる」のは **drive** です。今では「車を運転する」という意味で使われる場合が多いですが、もともとはこの「駆り立てる」「追い立てる」の意味でした。

He drove everyone out of the office.
　彼は皆をオフィスから追い出した。

語源ポイント

　chase の仲間はたくさんあります。**chase** は動物を捕まえようとする行動で、それは「頭」を意味する語源から生まれています。動物を捕まえるには頭を捕らえる必要があるからです。その頭が **cap**。「捕らえる」は **catch** や **capture** で、捕らえたものを入れておくのが **case**。こう考えると、**chase** の持つ、捕らえようとする接近感がイメージできます。(「受け取る」の項を参照)

　track の語源は「引く」。**trail** も同源の語で、同じように「引く」から「跡を追う」の意味があります。**trailer**（トレイラー）や **tractor**（トラクター）から「引っ張る」のイメージをつかむことができます。名詞の **track** には、踏み固められてできた「小道」や、「足跡」、「線路」などの意味があります。そこから「足跡を追う」「追跡する」という意味が連想できます。山歩きの **trek** も仲間として連想できますね。

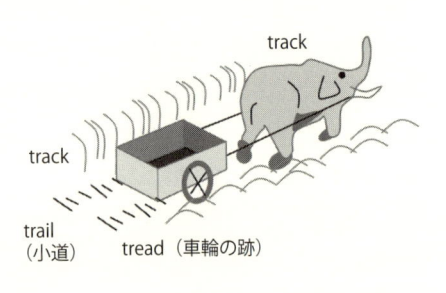

　pursue の **pur** は **pro** の異型で「前」です。**sue** は **sequence** や **suit** と同じ語源で「続く」の意味。「前に続く」から、「追求する」「追跡する」の意味になるわけです。

解答 ❶ follow ❷ chasing ❸ track ❹ trailing

35 送る | send / dispatch / deliver / transmit / ship / forward

適当な単語はどれでしょうか？

❶ American soldiers were (dispatched / delivered / transmitted) to the area.
（アメリカの兵士がその地域に派遣された）

❷ We (dispatch / deliver / transmit) anywhere in the city.
（市内ならどこへでも配達します）

❸ To avoid delay, (dispatch / deliver / transmit) by fax.
（遅れないように、ファックスで送ってください）

send はどんなものであれ、どんな方法であれ、ある場所から別の場所に「送る」という意味では最も一般的な語で、他の類義語に置き換えることができます。

I sent him a letter yesterday. 私は昨日彼に手紙を送った。

He sent a signal to the satellite. 彼は衛星に信号を送った。

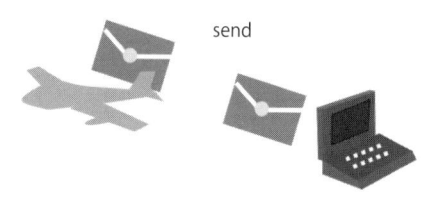

dispatch はあらたまった場面で、ある特別な目的を持って送ることで、緊急性やスピードに焦点が当てられます。❶の文のように、軍隊・使者などを「派遣」する意味でよく使われます：**American soldiers were dispatched to the area.**（アメリカの兵士がその地域に派遣された）

dispatch
緊急性やスピードに焦点

また、かたい言い方で、手紙・小包などを「発送する」「急送する」の意味でも使われます。

All orders are dispatched within 24 hours from order date.

すべて注文日から 24 時間以内で発送致します。

deliver は住所などがはっきりしている所に手紙・荷物・商品などを送る、つまり「配達する」、「送り届ける」ことを言います。❷の文には **deliver** が適切です：**We deliver anywhere in the city.**（市内ならどこへでも配達します）

deliver

He delivered the message to the office.

彼はそのメッセージを事務所に届けた。

transmit は電波などの手段を用いて、文書やメッセージなどの情報を送ることで、現物そのものではなく、それと同じ内容や同等のものを送る場合に使われます。ですから❸の文では **transmit** がふさわしいことになります：**To avoid delay, transmit / send by fax.**（遅れないように、ファックスで送ってください）

ship は空路・水路・陸路で貨物や商品を送る、つまり「輸送（発送）する」ことです。

They shipped our furniture from Hokkaido.

私たちの荷物は北海道から輸送された。

ship

他にも、書類やメッセージを転送したり回したりするときには **forward** を使います。転送された **email** には件名に **Fw:** がつくときがありますが、あれは **forward** の意味です。

Prepare a detailed report and forward a copy to me.

詳細な報告書を作成して1部私に回してください。

語源ポイント

dispatch の **dis** も **deliver** の **de** も「出る」を意味します。

deliver にはいろいろな意味がありますが、もともとは「自由にする」の意味です。**deliver** の **liver** はラテン語 **liberare** に由来し、英語の **liberal**（自由主義の）もそこから派生しています。「解き放たれて自由になる」を考えれば、「配達する」「責務を果たす」「出産する」というセンスがひとつの語として理解できてくると思います。

transmit の **trans** は「越えて」で **mit** は **missile**（ミサイル）の **mis** や **message** の **mes** で「運ぶ」です。金銭を送るときには **remit** を使いますが、この **mit** も同じですね。

解答　❶ dispatched　❷ deliver　❸ transmit

36 回転する | turn / spin / roll / rotate / revolve / whirl / twirl

適当な単語はどれでしょうか？

❶ **(Turn / Spin / Roll) the handle as far as it goes to the right.**
（そのハンドルを右いっぱいまで回しなさい）

❷ **The ice skater was (turning / spinning / rolling) faster and faster.**
（アイススケートの選手はさらに速く回転していた）

❸ **You can (turn / spin / roll) the log to the middle of the campsite.**
（丸太を回転させてキャンプ場の真ん中まで持っていけます）

❹ **The earth (rotates / turns).**
（地球は回転している）

　turn は「回る」という意味の最も一般的な語です。「大きくくるりと円を描く」という意味で、もともと、ぐるりと円を描く道具のことを指したようです。**tour**（周遊旅行）とか **tornado**（トルネード）と同語源です。ですから「くるりと回って戻ってくる」「反転する」「向きを変える」とか、裏表がくるりと返る感じで変色したりする「変わる」、**turn out** で「判明する」など、そんな「くるりと回る」感じです。スイッチをくるりと切り替えるときも使います。

　❶の文は円を描くこの **turn** が適切です：**Turn the handle as far as it goes to the right.**（そのハンドルを右いっぱいまで回しなさい）

　I knocked on the door and then turned the knob.
　　私はドアをノックしてノブを回した。

turn 「くるりと回る」

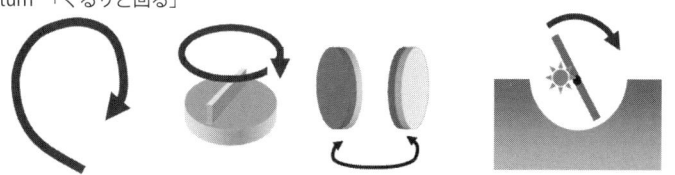

spin は小さな円を描きながらその運動を継続する、つまり「ぐるぐる回る」ことです。フィギュアスケートのスピンを思い浮かべばイメージできますね。❷の文はまさしくそれです：**The ice skater was spinning faster and faster.**（アイススケートの選手はさらに速く回転していた）

The children took turns spinning a top.

子供たちは代わる代わるコマを回した。

roll は「ぐるぐる回る」という点では **spin** と同じですが、回る物体の周囲が常にある面に接触しながら一定の方向に何度も何度も回転する、という違いがあります。「ごろごろ」の感じですね。

spin 「ぐるぐる回る」

運動場の地面を均すような「ローラー」や「ローラースケート」をイメージするとわかりやすいと思います。❸の文は「ごろごろ」を表すのでこの **roll** を選びます：**You can roll the log to the middle of the campsite.**（丸太を回転させてキャンプ場の真ん中まで持っていけます）

I'm trying to teach my dog to roll over.

私は犬に回転の仕方を教えている。

roll 「接触しながらごろごろ回る」

rotate は中心を軸に「くるくる回る」ときに使います。**revolve** も同じです。**rotate** は地球が自転するように自軸を中心に回転することで、**revolve** は地球が太陽のまわりを公転するように、ある物体のまわりを回転することです。しかし、両者は区別なく使われることも多いようです。

The earth rotates on its own axis.

地球は自転している。

The earth revolves around the sun.

地球は太陽のまわりを公転している。

「中心を軸にぐるぐる回る」

❹の文に関してですが、「地球が回る」というとき、**rotate** ばかりが使われるわけではなく、**turn** も使われます。科学的視点で考えて「地球は自軸を中心に回転している」ならば **The earth rotates.** であっても、空を見ながら「地球は回っているんだなあ」というときは **The earth turns.** で、これが生活の中で思う「回る」です。

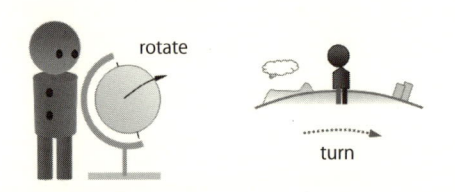

whirl は風が渦を巻いて吹いていたり、ステッキをぐるぐる回したり、継続的に素早く回転させるイメージです。**twirl** はステッキをぐるぐる回す **whirl** と「ひねる」動作を表す **twist** の合成語ですが、この2つの動作を同時にすることです。バトントワリングのように手や指で操る一連の複雑な動きを暗示させます。

The wind whirled up the fallen leaves.

風で落ち葉がぐるぐる舞い上がった。

語源ポイント

turn という語は、ぐるりと円を描く道具のことを指したようです。tr はこのように「回す」ことや、turban (ターバン) や turbine (タービン)、または torsion (ねじれ) や torque (トルク) のように「回す」「ねじる」「ひねる」といった感覚を与えるようです。

spin は「糸をつむぐ」から。糸巻きのイメージをもてば「くるくる回る」の感覚がつかめます。

糸巻きといえば rocket の語源も糸巻きです。宇宙に行くロケットは糸巻きに似た形からそう呼ばれるようになっています。rotate や roll、他にも round や reel (糸巻き)、ring など、r がつく語には、「丸」や「回転」をイメージさせる語がたくさんあります。

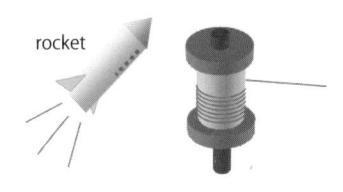

rocket

解答 ❶ Turn ❷ spinning ❸ roll ❹ rotates / turns

37 切る | cut / slash / slit / snip / clip / chop / slice

適当な単語はどれでしょうか？

❶ She (cut / slit / chopped) her finger on a piece of glass.
（彼女はガラスの破片で指を切った）

❷ Most of the seats on the train had been (clipped / chopped / slashed).
（列車の席のほとんどが切りつけられていた）

❸ She (snipped / chopped / slit) the loose threads hanging down.
（彼女は垂れ下がっている糸をはさみで切った）

❹ (Slice / Chop / Slit) the onions into small pieces.
（タマネギをみじん切りにしなさい）

　cut は、はさみやナイフなど、先のとがったものや刃のついた道具を使って物を開けたり、2つ以上に分けたりする、つまり「切る」という意味の最も一般的な語で、他の類義語に置き換えられます。cut は偶然か故意かは問いません。ですから❶の文のように「切ってしまった」場合も cut で表します：**She cut her finger on a piece of glass.**（彼女はガラスの破片で指を切った）

I cut myself while shaving this morning.
　今朝、髭を剃っていて顔を切ってしまった。

I'm going to cut the cake now.　今からケーキを切ります。

　故意に切るときには道具を使って切るのが cut なので、単に手で紙を切るときには × **cut a piece of paper** とは言えません。

　自動詞として、**This knife cuts well.**（このナイフは良く切れる）という使い方や、**Cheese cuts easily.**（チーズは楽に切れる）とい

う言い方もできます。

　slash は剣やナイフなど鋭利なもので乱暴に深く長く傷をつけながら「さっと切る」感じで、一回だけの行為に焦点が当てられます。斜めに一本の記号、スラッシュの感じです。**slash budgets** のように予算や人員の大幅カットを意味することもあります。

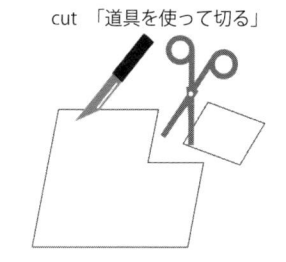

cut 「道具を使って切る」

　The tire on my car had been slashed.
　　私の車のタイヤが切られていた。

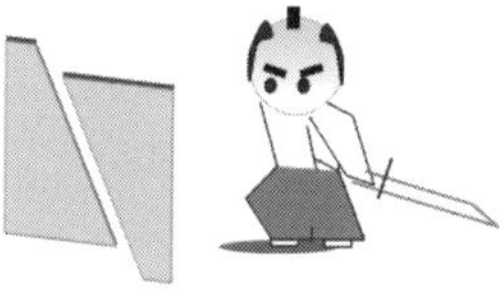

　❷の文もこの **slash** を使います：**Most of the seats on the train had been slashed.**（列車の席のほとんどが切りつけられていた）

slash 「さっと切る」

　slit は主に何かを開けるために、はさみやナイフなどを使って、細長くまっすぐに切ることで、狙いをつけて正確に切ることを暗示させる語です。

　He slit open the envelope and took out the letter.
　　彼は封筒を切って、手紙を取り出した。

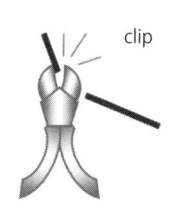

　snip と **clip** は花屋さんや理容師さんが、はさみで何回もチョキチョキ切るように、はさみを小刻みに動かして形を整えることに焦点が当てられる語です。❸の文はこれにあたりますから **snipped** を選びます：**She snipped the loose threads hanging down.**（彼女は垂れ下がっている糸をはさみで切った）

clip

バリカンや爪切りは英語では **clippers** と言います。

I asked the barber just to snip the ends of my hair.

床屋さんにえりあしをちょっと切ってくれと頼んだ。

chop は野菜や肉などを包丁やナイフを使って2つ以上に切ることです。ですから❹は **Chop** が正しいですね。

chop

Chop the onions into small pieces.

タマネギをみじん切りにしなさい。

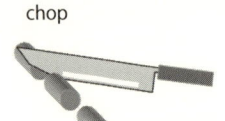

slice はパン・野菜・果物など平たくなるように何枚にも薄く切るイメージです。

Slice the onions and fry them in butter.

タマネギを薄く切り、バターで炒めなさい。

解答　❶ cut　❷ slashed　❸ snipped　❹ Chop

38 …1 たたく、打つ | hit / strike / beat

適当な単語はどれでしょうか？

❶ Did you hear the clock (hit / strike / beat)?
（時計が時報を打つのが聞こえましたか）

❷ You (hit / struck / beat) the nail on the head.
（図星でした）

❸ A moth was (hitting / striking / beating) itself against the electric bulb.
（蛾が電球に何度もばたばた当たっていた）

hit と **strike** はともに「たたく」「打つ」という意味では多くの場合で相互に入れ替えが可能で、次のように、意図的に打つ場合にも偶然打つ場合にも使うことができます。

He hit/struck me on the head. 彼は私の頭をたたいた。

He hit/struck his head on the ceiling.
　彼は天井に頭をぶつけた。

strike はあらたまった場面で、主に書き言葉で使われる傾向が強いので、例えば「鉄は熱いうちに打て」という諺は **Strike the iron while it is hot.** といいます。また **hit** よりも **strike** の方がたたく度合いが強く、「一撃でたたきのめす」というセンスがあるので「彼は雷に打たれた」は **He was struck by lightning.** とは言いますが、× **He was hit by lightning.** とは言いません。その他、時計が時報を打ったり、マッチを擦ったり、比喩的に「人の心を打つ」場合にも **strike** が使われます。

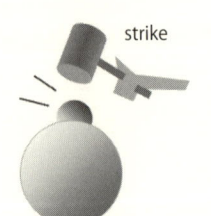

strike 「一撃でたたきのめす」

❶の文では時報を打つことを言っているので、**strike** を使います：**Did you hear the clock strike?**（時計が時報を打つのが聞こえましたか）

一方、**hit** の方は狙って打った結果それに当たることを暗示させるのが特徴です。ですから、「大当たりになる」は **hit the jackpot**、「ホームランを打つ」は **hit a home run** と言います。「何かいい考えを思いつく」のも **hit on a good idea** です。これらを **strike** に置き換えることはできません。ですから❷の文の場合も **hit** が正解ということになります：**You hit the nail on the head.**（図星でした）

hit 「狙って打って当たる」

beat は一定のパターンで繰り返し棒や手でたたくことです。たたく対象となるのは「ドア・ドラム・布団」など様々です。調理で卵を何度もたたいて泡立てるのも **beat** です。ドアをたたく場合ふつうは **knock** を使いますが、緊急を要する場合などに何度も何度もたたくときは **beat** を使います。

She was beating the dust out of the carpet.

彼女はカーペットのほこりをバタバタたたき出した。

Beat the eggs, then add the butter.

卵を泡立て、バターを入れてください。

He beat on the door with his hand.　彼はドアを手でたたいた。

beat

beat 「パターンで続けてたたく」

❸の文は beat がふさわしいことがわかります：**A moth was beating itself against the electric bulb.**（蛾が電球に何度もばたばた当たっていた）

解答　❶ strike　❷ hit　❸ beating

38 …2 たたく、打つ | tap/rap/bang/slap/clap/pat

適当な単語はどれでしょうか？

❹ She (tapped/rapped/banged) the lid gently with a fork.
（彼女はフォークでふたを軽くたたいた）

❺ She (tapped/rapped/clapped) on the table to attract everyone's attention.
（彼女はみんなの注意を引くためにテーブルをたたいた）

❻ She (tapped/clapped/slapped) him hard across his face.
（彼女は彼の顔を強くたたいた）

❼ "When I (rap/slap/clap) my hands, you must stand still," said the teacher.
（「私が手をたたいたらじっとしなさい」と先生は言った）

tap がコンピュータのキーボードを指でたたくように、指・足・杖などで静かに軽くたたくのに対して、**rap** は強く素早くたたくイメージです。タップダンスの軽やかさとラップ音楽のご気味良い素早い感じをイメージすると違いが理解できます。

I heard someone tapping on the window.
私は誰かが窓をたたいているのが聞こえた。

He rapped on the table with his pen.
彼はテーブルをペンでたたいた。

The doctor tapped my knees with a little mallet.
医者は小さな木槌で私の膝をトントンたたいた。

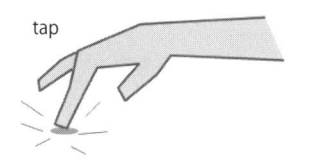

tap

tap 「軽くたたく」

He rapped on the door with an umbrella.

彼は傘でドアをトントンたたいた。

❹の文は「軽くたたく」感じなので **tap** を選びます：**She tapped the lid gently with a fork.**（彼女はフォークでふたを軽くたたいた）。一方❺の文では注意を引くために素早く大きな音でたたいたことを想像して **rap** を選びます：**She rapped on the table to attract everyone's attention.**（彼女はみんなの注意を引くためにテーブルをたたいた）

bang は物と物がぶつかった時や何かをたたいた時に大きな音を立てることで、日本語の「ドン」とか「バン」ですね。

bang　バン

He banged his head against the table.

彼はテーブルに頭を強くぶつけた。

slap は、例えば人の顔にびんたをするように、平手または平べったい物でピシャリと大きな音を立ててたたくことです。

He slapped me on the back.　彼は私の背中をピシャリとたたいた。

❻の文は平手打ちですからこの **slap** を選びます：**She slapped him hard across his face.**（彼女は彼の顔を強くたたいた）

clap は人の注意を引いたり、何かをやめさせたいと思ったときに手を1、2回たたいたり、喜び・感動・賞賛を表すために「拍手する」

ことです。❼の正解はおわかりのように **clap** です。"When I clap my hands, you must stand still," said the teacher.（「私が手をたたいたらじっとしなさい」と先生は言った）

He clapped his hands and yelled at his dog to come inside.

彼は手をたたいて中に入って来いと犬に叫んだ。

clap

clap 「手をたたく」

pat は安心させるために肩を「トントン」とたたいたり、湿ったタオルを「パンパン」たたくことのほか、動物を「なでる行為」も表します。

She patted me on the shoulder.　彼女は私の肩をトントンとたたいた。
She patted the dog on the head.　彼女は犬の頭をなでた。

pat

pat 「軽くたたく」

解答　❹ tapped　❺ rapped　❻ slapped　❼ clap

39 見つける | find / discover / catch / detect

適当な単語はどれでしょうか？

❶ No one has (found / discovered / detected) a solution to the problem.
(その問題の解決法を誰も見つけていません)

❷ In the sixties, oil was (found / discovered / detected) under the North Sea.
(1960年代に北海で油田が発見された)

❸ I (caught / detected) a boy stealing apples from the garden.
(少年が庭からリンゴを盗んでいるのを見つけた)

❹ We can (find / detect) minute amounts of radiation with this instrument.
(この道具で微量の放射能を検出できます)

find は、紛失していたものや行方がわからなくなった人などを偶然見つけたり、探して見つけたりすることです。find の語源は「行く」。ずっと古くまで遡ると path と同じです。ですから「そこに行き着く」ということですね。

I can't find the car keys. 車のカギが見つかりません。

また、find は「探し求めて貴重なものを見つける」ときにも使われます。

He finally found a cure for the disease.
彼はとうとうその病気の治療法を見つけた。

ですから❶の文の「解決法を見つける」には **find** が適切です：**No one has found a solution to the problem.**（その問題の解決法を誰も見つけていません）

find out の形で使われることがありますが、**out** には「やりぬいた」「達成した」というセンスがありますから、その形は偶然見つける場合には用いられません。

Researchers want to find out how the language works.
研究者たちは言語がどうやって機能するのかを見つけたいと思っている。

discover は今までに存在してはいたけれど誰にもその存在を知られていなかったもの、特に重要な事実や場所を見つける、つまり「発見する」ことです。**dis**（離れる）＋ **cover** ですから「覆いを外す」ということからその意味が理解できます。

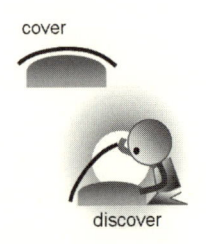

Our teacher said that Columbus discovered America in 1492.
コロンブスは1492年にアメリカを発見したと先生は言った。

同じように❷の文の油田発見にも **discover** が適切です：**In the sixties, oil was discovered under the North Sea.**（1960年代に北海で油田が発見された）

catch は「見つける」の意味では、例えば子供がお母さんの目を盗んでこっそり冷蔵庫からケーキを出して食べているところを見つけるというように、人が何か良からぬことをしているところを偶然見つけることです。**catch** は本来は「捕まえる」という意味ですが、この場合の **catch** では実際に捕まえたかどうかについては言及されません。

I caught him reading my private letters.

彼が私の手紙を読んでいるのを見つけた。

❸の場合も同様ですから **catch** が適切です：**I caught a boy stealing apples from the garden.**（少年が庭からリンゴを盗んでいるのを見つけた）

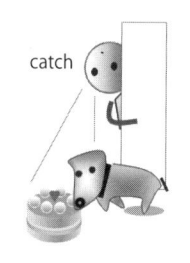

detect は極めて正確な観察や推論的な調査によって隠れていたものを見つけることです。病気や欠陥など特に悪いものを見つけることを暗示させます。例えば、放射能を検出することや、検査による病気の検出などを表します。

Many forms of cancer can be cured if they are detected early.

多くのガンは早期発見されれば治る。

❹の文では放射能検出ですから、**detect** が適切です：**We can detect minute amounts of radiation with this instrument.**（この道具で微量の放射能を検出できます）

detect 「検出する」

解答 ❶ found ❷ discovered ❸ caught ❹ detect

㊵ 説明する | explain / describe / illustrate / account for / demonstrate

適当な単語はどれでしょうか？

❶ How do you (explain / demonstrate / illustrate) the reason why you were late?
(あなたが遅れた理由をどう説明するのですか)

❷ A chart might help to (explain / demonstrate / illustrate) this point.
(図表があればこの点の説明に役立つでしょう)

❸ Our ski instructor began by (explaining / demonstrating / illustrating) the correct way to turn.
(スキーのインストラクターは正しい曲がり方を実地に説明することから始めた)

　explain は「説明する」の意味の一般語です。「平易で明確な方法で告げる」ということを表します。説明する必要がある対象は、疑問や不可解を含むわけですが、**explain** はそれらの疑問や複雑さを一掃して平易にすることをいいます。**ex**(外に排して) + **plain**(平易に)するわけで、そうやって「腑に落ちる」ようにすることが **explain** です。**explain** のあとには、**what**、**how**、**why** や **the reason(s)** が続くことが多く、また **That explains it.** (それが説明になっている＝なるほどそういうわけか) のように、ものが主語になることも多くあります。

Could you explain the reason why you are trying to do this?

それをしようとしている理由を説明してください。

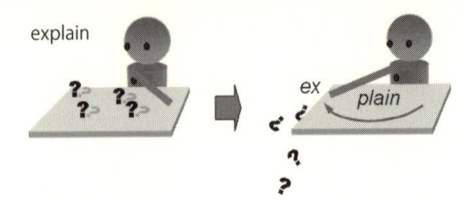

168

❶の文は reason を説明するわけですから explain が適切です：
How do you explain the reason why you were late?（あなたが遅れた理由をどう説明するのですか）

describe は **de**（下、すっかり）＋ **scribe** で、**scribe** は「書く」の意味です。したがって **describe** は「言葉で特徴などをすっかり表現する」の意味です。

That feeling is hard to describe. あの感覚は言葉では説明し難い。
I'd like to describe to you our marketing strategy.
　私たちの販売戦略をご説明いたします。

illustrate は、「光を当てて説明する」、「図解する」、「例解する」です。**illustrate** は「照らす」の **illumination** と同語源で、何かに光を当ててわかるようにするイメージで、よくわかるように「図解する」「例解する」という意味です。

These pictures illustrate how rocks were formed.
　これらの絵は岩石の形成過程を説明している。

❷の文は図表での説明ですから **illustrate** が適切です：**A chart might help to illustrate this point.**（図表があればこの点の説明に役立つでしょう）

illustrate

account for は、あることが起こった原因や誰かがしたことの理由を納得行くまで説明することです。

That accounts for his absence from the meeting.
　それで彼が会議を欠席した理由がわかりました。

demonstrate は相手がいる前で実演しながら説明することです。使用方法を実演したり、商品の効果を実際に見せたりすることです

ね。日本語でも「デモ」という語が使われます。

The crew demonstrated the proper way to wear a life vest.

乗組員は救命胴衣の正しいつけ方を実演説明した。

❸の文は実演ですから、**demonstrating** を選びます：**Our ski instructor began by demonstrating the correct way to turn.**（スキーのインストラクターは正しい曲がり方を実地に説明することから始めた）

単に何かを言葉で伝えるなら、**Can you tell me about your job?**（あなたの仕事について説明してもらえますか？）というように **tell** を使ったり、**I'll talk about what happened to me.**（私に何が起ったかを説明しましょう）のように **talk about** も使えます。

📖 語源ポイント

describe の **sc** には「切る」「刻む」の意味があり、**scar**（傷跡）や **sculpture**（彫像）の **sc** がそれです。**score** は昔、家畜を数えるときにものに傷をつけて数えたことから「点数」の意味ができています。日本語の「書く」が「掻く（かく）」と同源であるように、**scribe** にも「書く」の意味があって、**script**（手書き）、**subscribe**（署名する）などでそれが見られます。**describe** の **de** は「下」の意味で「書き出す」「書き留める」といった意味です。ですから「書」つまり「ことば」で言い表すというのが **describe** の「説明する」の意味です。

scribe のところを **pict** に変えると、**depict** で「絵や彫刻で表現する」ことを意味します。**depict** は言葉での描写を表すこともできます。

account は **ac**（**ad** の異型＝向かって）＋ **count** ですが、**count** には「数える」「加算する」のほかに「告げる」の意味もあり、**account** は「(理由を) 説明する」「釈明する」の意味を持ちます。

「数える」の方の意味だと、「(ある割合)を占める」の意味の動詞や、「口座」「収支」などの取引の記録を意味します。「数える」にしても「説明する」にしても「過去からの記録を積み重ねてそれを語る」というセンスで理解することができます。

Oxygen accounts for 20% of air. 「酸素は空気の 20％を占めている」
He opened a bank account. 「彼は銀行口座を開いた」

demonstrate の **de** は「はっきり」のことで、**determine**（はっきり決める）、**declare**（はっきり **clear** に宣言する）の **de** ですね。**monstrate** の方は、**monster** や **monitor** と関係するようです。これらには「考える」「気をつける」というような意味があって、確かに **monitor** には「注意して見る」という感じがありますね。**monster** は「お告げ」や「前兆」のような「あらわれ」としての意味から出てきたことばのようです。そこから「どでかい」、さらに「怪物」の意味になりました。予兆的「お告げ」のようなものを「はっきり」とさらし出して注意を引くことが **demonstrate** というふうに捉えれば理解しやすいと思います。

解答 ❶ explain ❷ illustrate ❸ demonstrating

㊽ 調べる | check / explore / examine / research / inspect / investigate / consult / look up / survey

適当な単語はどれでしょうか？

❶ You must (examine/check/inspect) your work more carefully; it's full of mistakes.
（もっと注意深く見なさい、間違いだらけです）

❷ Immigration officers (examined/investigated/inspected) my passport.
（入国審査官は私のパスポートを見た）

❸ The FBI has been called in to (examine/inspect/investigate) the murder.
（その殺人事件の調査のために FBI が招集された）

「調査する」という日本語は、よく考えてみると、とても意味が広いですね。日本語を英語にするときにはまず自分が何を言いたいのかをよく考える必要があります。この項では、日本語から考えることにします。

「正しいか、または良い状態かを手早く簡単に調べる（確認する）」なら、**check** です。

Could you go and check if the baby is asleep?
赤ちゃんが眠っているかどうか見て来てください。

❶の文の場合も **check** を選択します：**You must check your work more carefully; it's full of mistakes.**（もっと注意深く見なさい、間違いだらけです）

「いい案を求めて選択肢を挙げながら深く吟味したり、また可能性

172

を検討したりする」なら **explore** です。「探検する」の **explore** ですね。

The meeting explored possibilities of collaboration between the two organizations.
その会議では二つの組織間の協力の可能性を調査した。

「専門家などが物事や人を注意深く徹底的に見る（診る）」なら **examine**。性質や原因などを調べることをいいます。

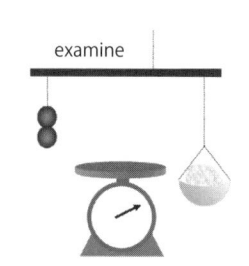

The doctor was examining a patient.
その医者は患者を診ていた。

新事実を発見する、アイデアを生み出すために研究するのは **research**。

He spent two years researching the market.
彼はその市場の調査に2年を費やした。

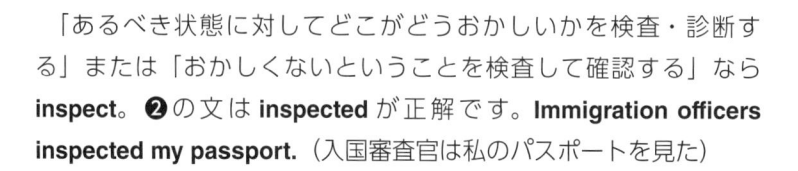

「あるべき状態に対してどこがどうおかしいかを検査・診断する」または「おかしくないということを検査して確認する」なら **inspect**。❷の文は **inspected** が正解です。**Immigration officers inspected my passport.**（入国審査官は私のパスポートを見た）

inspect では調べる対象物を目的語にします。見つけたいものを表すなら **inspect the machine for oil leaks**（油漏れがないか機械を調べる）のように、**for** のあとに置きます。「**leaks** を求めて **machine** を調べる」ということですね。この **for** の使い方は、**check** でも **examine** でも使えます。

He examined the gun for fingerprints.
彼は銃に指紋がついていないかどうか調べた。

「事象や問題における真実や原因を究明しようとする」なら investigate で、❸の文はこうなります：**The FBI has been called in to investigate the murder.**（その殺人事件の調査のために FBI が招集された）。この例文のように、**investigate the murder** または **investigate the incident**（事件を調べる）のように「調べる対象」を目的語にできますが、**investigate the cause**（原因を調べる）というふうに、「見つけたいもの」も目的語になります。

Scientists are investigating the cause of the crash.

科学者たちが墜落の原因を調査している。

「辞典や本に当たって調べる」なら **consult a website for information** または **look up a word in a dictionary** のように **consult** や **look up** が使えます。

If you don't know what it means, look it up in the dictionary.

意味がわからなければ辞書で調べなさい。

アンケートのように人の意見を求めるのは **survey**。状況や概況を調べるのも **survey** ですね。

The company surveyed 500 students in Tokyo.

その会社は東京の学生 500 人を対象に調査を行なった。

語源ポイント

　このように広い意味を持つ日本語に対応する類義語は、語源に遡ればよく理解することができます。

　check という語はチェスの「王手」が原義で、言ってみれば「詰める」。何かを急に止めたり食い止めたりすることも **check** と言います。

　explore は「探検」ですね。**ex** は「外」で **plore** は「叫ぶ」。「叫んで獲物を呼び出す」というのが原義のようです。欲しいものを引き出す感じですね。

　examine は「正確に重さを測る」が原義です。データや記録を調べたり、指紋を調べたりするイメージにつながります。

- **research** は re（何度も何度も）+ **search** すること。
- **inspect** は中（**in**）を見る（**spect**）こと。
- **investigate** の語源は「足跡をたどる」ということです。

　survey の **sur** は「上から」で、**surface** の **sur** と思えば理解しやすいと思います。**vey** は **vision** の **vis** と同じで「見る」。「上から見る」なので、深く突っ込むというよりは、上から表面をざっと見渡す感じが **survey** です。「眺める」「見渡す」といった訳語がそれを表していますが、このセンスから「土地などを測量する」の意味を持ちます。

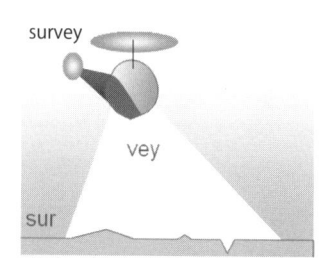

解答 ❶ check ❷ inspected ❸ investigate

42 議論する | argue / quarrel / discuss / debate / dispute

適当な単語はどれでしょうか？

❶ We're always (arguing / discussing / debating) over money.
(私たちはいつもお金のことで言い争っている)

❷ I'd like to (argue / discuss / debate) this matter with my father first.
(この件に関してはまず父と話し合いたいです)

❸ The future of the coal industry will be (argued / discussed / debated) in Parliament tomorrow.
(石炭産業の将来について明日の国会で議論されるでしょう)

argue は意見を論理立てて明快に説明することで、自分の主張を一方的に大きな声で述べるイメージで、白熱した議論から口論に至るという感情を表すニュアンスがあります。

argue の語源は「銀」。**Argentina**（アルゼンチン）の名は「銀の川」の意味です。もっと遡ると「輝く」とか「白」といった意味だったようで、まさに「白熱」の議論ですね。または「輝く」のセンスから、「明らかにする」というふうに理解することもできます。

❶の文は **argue** を選びます：**We're always arguing over money.**
(私たちはいつもお金のことで言い争っている)

The couple next door is always arguing.
隣の夫婦はいつも言い争っている。

quarrel には **argument** よりもさらに怒りが出ている口論や対立です。語源は古フランス語 **querele** で「不平の根拠」のことのようで

すから、特に「感情」の意味を含みます。そういえば **quarrel** って「口論」という音と似ていますね。

He quarreled with his brothers over money.
彼は兄弟たちとお金のことで口喧嘩した。

discuss には **argue** のような反発の意味はなく、お互いが納得いくまで話し合うことで問題を解決したいという互いの願望に焦点があります。「〜について議論する」という訳が影響して **about** をつけてしまいがちですが、**discuss** は他動詞なので **discuss about** とは言いません。

❷の文は話し合うのですから **discuss** が適切です：**I'd like to discuss this matter with my father first.**（この件に関してはまず父と話し合いたいです）

debate は、一定のルールに従い、賛成の側と反対の側に分かれて討論することです。

The council debated whether to open the park to nonresidents.
議会は非居住者にその公園を開放するかどうかを討議した。

❸の文では **debate** を選びます：**The future of the coal industry will be debated in Parliament tomorrow.**（石炭産業の将来について明日の国会で議論されるでしょう）

dispute は論理的と言うよりも感情的に自分の都合の良いように意見を述べたり、相手に反論したりすることです。「真偽を論じる」「異議を唱える」という感じです。

It's no use disputing with him. 彼と議論しても無駄です。

📖 語源ポイント

discuss の **dis** は「徹底的に」、**cuss** は「たたく」で、**percussion** の **cuss** です。意見を「たたき合う」「たたき倒して決める」という感じがあります。たたく対象は「より良くしたいもの」や「解決したいもの」。それをたたくわけなので、それを目的語としてとる他動詞です。したがって、**discuss about** とは言いません。

debate の **bate** も「たたく」すなわち **beat** のことです。**de** は「すっかり」「徹底的に」ですから、「たたき倒す」という意味合いがあります。双方がたたきあう合うイメージが持てますね。たたく対象は議論の相手でも、他動詞としての目的語は **discuss** と同じように議論の対象で、こちらは **debate about** というふうに自動詞としても使います。日本語の「戦う」は「たたきあう」。**debate** はまさしく「論戦」、**battle**（繰り返したたく＝戦い）のことですね。

dispute の **dis** は「反対に」で、**pute** は「考える」の意味です。**compute** の **pute** です。**computer** という語はもともと「計算する人」の意味で、計算機ができるずっと前からありました。

argue 「白熱の議論」　　quarrel 「感情を含む理論」

discuss 「たたく」　　debate 「分かれて討議する」

解答　❶ arguing　❷ discuss　❸ debated

43 断る | refuse/reject/decline/turn down

適当な単語はどれでしょうか？

❶ He (refused/rejected/declined) to comment after the trial.
（彼は裁判の後でコメントを拒否した）

❷ He offered the boys some coffee, but they (refused/rejected/declined) politely.
（彼は少年たちにコーヒーを差し出したが、彼らは丁重に断った）

refuse、reject、decline はどれも、申し出・招待・要求などを受け入れない、つまり「断る」の意味で訳語では意味の区別がしにくい語ですが、主にその強さが異なります。

refuse は申し出・招待・要求など、差し出された物事を受け付けないことをはっきりと示して「断る」ことで、後に to 不定詞を伴う場合や、自動詞としての用法もあります。

If he refuses to leave, call the police.

彼が出て行かないというなら、警察を呼びなさい。

I asked him for help but he refused.

彼に助けを求めたが彼は断った。

reject は申し出・提案・依頼・計画などをきっぱりと断ることで、refuse よりも強い拒絶です。特に相手のことを考えずに無礼に断ることに焦点が当てられる語です。refuse と異なり to 不定詞を伴う用法も自動詞の用法もありません。

The proposal was flatly rejected.

その提案はあっさり拒否された。

❶の文は前ページの **refuse** の例文と同様、**to** 不定詞を伴った言い方で **refused** を選択します：**He refused to comment after the trial.** (彼は裁判の後でコメントを拒否した)。**reject** には **to** 不定詞の用法がありませんからこの文章の形では使えません。

decline は申し出・招待などを丁寧に断ることです。**decline** は「減少する」という以外に「断る」の意味でも自動詞の使い方があり、また **refuse** と同様 **to** 不定詞を伴う使い方もあります。

I invited him to the party but he declined.
私は彼をパーティーに招待したが彼はそれを断った。

The committee declined to comment on the matter.
委員会はその問題についてコメントするのを断った。

❷の文では丁重に断るので **decline** を選びます：**He offered the boys some coffee, but they declined politely.** (彼は少年たちにコーヒーを差し出したが、彼らは丁重に断った)

turn down は、提案・応募者などを断る表現です。特によい機会や申し出を断ることなど、意外性を案じさせる語です。

They offered him a good job but he turned it down.
彼らは彼によい仕事を申し出たが、彼はそれを断った。

I asked for some days off but the boss turned me down.
私は何日か休暇を願い出たが上司に却下された。

語源ポイント

refuse の **fuse** は「注ぐ」の意味です。**confuse** は **con**（ともに）+ **fuse**（注ぐ）で「混ざってしまう」から「混乱させる」なのですが、**refuse** は **re**（返す）+ **fuse**（注ぐ）で「注ぎ返す」の意味ですから「断る」「拒否する」の意味になるわけです。

refuse   refuse "注ぎ返す"「断る」

reject は **re**（返す）+ **ject**（投げる）。**ject** は「投げる」の項に書きましたが「矢を射る」イメージです。ですから **refuse** よりも強い返し方ですね。

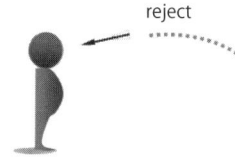

reject   reject "投げ返す"

decline の **cline** は「傾く」。**de**（下に）+ 傾くわけですから、ゆっくり後退するような、そんな丁寧な断り方を表すわけです。

turn down は、「くるりと一転させて返す」という断り方がイメージできますね。

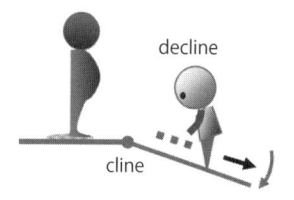

解答 ❶ refused ❷ declined

44 要求する、求める | ask for / demand / require / request / claim

適当な単語はどれでしょうか？

❶ The president (required/demanded/requested) the release of the hostage.
（大統領は人質の釈放を要求した）

❷ We're (required/requested) to check your ID card before letting you in.
（中に入れる前に ID カードをチェックしなければならないことになっています）

❸ All passengers are (required/requested) to proceed to gate 17.
（乗客の皆様は 17 番ゲートまでお進みください）

ask for は他人の援助・忠告・情報などを求める・要求するという意味の最も口語的で一般的な表現です。

I'm going to ask him for a raise.
　　彼に賃上げを要求するつもりです。

demand は特に法律的な根拠はないが、当然の権利として命令的に相手に要求することで、相手に有無を言わせないというニュアンスが強い語です。その意味で❶の文では **demanded** を選択します：
The president demanded the release of the hostage.（大統領は人質の釈放を要求した）

I demand to see the person in charge.　責任者に会わせなさい。

require は法律や規則によって公的に要求されていることや必要性があることです。法律・規則が「求めている状態」や、状況や人間の体調などが「必要としている状態」を表します。❷の文は規則が

求めている状態を示します：**We're required to check your ID card before letting you in.**（中に入れる前にIDカードをチェックしなければならないことになっています）

State law requires that dogs be kept on leashes in public areas.

州の法律では公の場では犬を鎖でつないでいなければならない。

Back pain sometimes requires immediate treatment.

背痛は時として緊急の手当てが必要です。

request はあらたまった場面で丁寧に依頼、要請することです。**require** が「必要としている」という「状態」を表すのに対して、**request** は依頼、要求するという「行為・行動」を表します。また、しばしば厳しさを暗に示すために **demand** の婉曲表現としても使われるようになってきています。

The teacher requested that I write a report.

先生は私にレポートを書くように要求した。

You are requested to attend the annual meeting.

年次会合への出席をお願いいたします。

❸の文も上の annual meeting の例文と同様なので **requested** を選びます：**All passengers are requested to proceed to gate 17.**（乗客の皆様は17番ゲートまでお進みください）

claim は、時に理由なく権利を強く迫る **demand** と違って、自分のものであることや当然そうする権利があるということなどを主張・要求することです。飛行機に乗るときに手荷物を預けるとクレームタグ（**claim tag**）というものを手渡されます。手荷物引換証と呼ばれます。手荷物札と同一番号が表示されていて、それが自分の手荷物であることを「主張する」ためのタグですね。日本語で定着して

いる「クレーム」のように、文句を言うことではないことに注意してください。

If no one claims the money, you can keep it.

誰もそのお金を要求しなければ (所有権を主張しなければ) あなたがもらえます。

語源ポイント

demand の **de** は「徹底的に」や「強く」を意味します。**mand** は「命じる」です。**demand** の「強さ」が理解できます。**mandate** は「命令」、**mandatory** は「義務的」「強制的」、あたまに「完全に」の意味の **com**（**con** の異型）がつくと **command** で「命令」ですね。少しやわらかくなると **recommend**（推奨する）です。

demand

recommend の **re** は、ここでは「再び」や「何度も何度も」を意味しますが、**require** や **request** の **re** も同じです。**quire** は「求める」の意味で **acquire**（習得する）や **inquire**（尋ねる）の中に見られますし、形が変わって **quest** は「探求」で **question**（質問）にもなり、**re** がついたのが **request** です。**request** と **require** は意味が良く似ているのは、語源が同じだからです。

解答　❶ demanded　❷ required　❸ requested

45 探す | look for / search for / search / seek

適当な単語はどれでしょうか？

❶ I'll (look for / search for) a present for her while I'm at the mall.
（モールにいる間に彼女へのプレゼントをさがします）

❷ The police (searched for / searched / sought) the area for survivors.
（警察は生存者がいるかどうかを求めてその地域を捜索した）

❸ I am (looking for / searching / seeking) love and happiness in my life.
（私は生活の中に愛と幸福を求めている）

look for は当然いるべき所にいない人を探したり、何らかの形で必要としている人や物を探そうとすることで、「探す」という意味では最も一般的な表現です。

What are you looking for? 何を探しているのですか？

search for は例えば江戸時代の埋蔵金など、この世に存在すると思われる物やなくしたものを探すことを意味し、なかなか見つけにくいものを求めて探すことを暗示させます。

She searched in the dark for the light switch.
彼女は暗闇で電気のスイッチを探した。

ということは、❶の文は search for ではふさわしくなく、look for が適切であることがわかります：**I'll look for a present for her while I'm at the mall.**（モールにいる間に彼女へのプレゼントをさがします）

search は、警察が容疑者の家を家宅捜索する、不審者の所持品検査をする、というような、あるものや事柄を徹底的に調べることです。

The police searched her for drugs.
　警察は彼女が麻薬を持っていないかと所持品検査をした。

このように他動詞として使う search の目的語にくるのは、見つけたいものではなくて探す場所です。見つけたいものは for のあとにきます。inspect などの場合と同じですね。ということは❷の文は「search ＋場所＋ for」なので search を選びます：**The police searched the area for survivors.**（警察は生存者がいるかどうかを求めてその地域を捜索した）

seek は改まった場面で、必要な物を探し求める意味の他に、特に漠然とした欲望や崇高な大志を探し求める意味もあります。

The government is seeking ways to reduce the cost of health care.
　政府は健康医療費の削減方法を探し求めている。

❸の文は seek を選びます：**I am seeking love and happiness in my life.**（私は生活の中に愛と幸福を求めている）

語源ポイント

「調べる」や「要求する」のところにも for がたびたび出てきました。for は「求める」ことですね。for は語源的には forehead（額）と関係があって、「向かっている方向」「求めるもの」のようなセンスです。ですから look for や search for などの for の後に求める対象がくるわけです。

search は、実は語源的には circle につながっています。circle は c を k の音で読むと「クルクル」になりますね。curl や curve も「クルクル」の感覚の仲間です。ですから search は「クルクルとよく探す」ことを意味します。反復（re）してじっくりと「探す」のが research で「研究（する）」ですね。

search　　　　　　　for

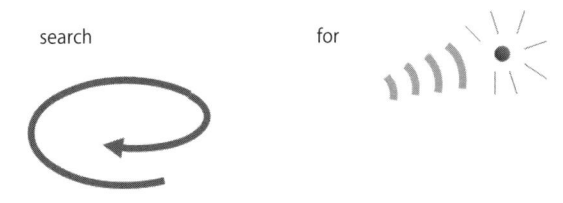

解答 ❶ look for　❷ searched　❸ seeking

第1章　動詞

46 守る | protect / guard / defend / secure

適当な単語はどれでしょうか？

❶ Garlic was once thought to (protect/guard) people against evil spirits.
(ニンニクはかつて邪悪な霊から人々を守るものと思われていた)

❷ He bought a dog to (protect/guard/defend) the warehouse at night.
(彼は夜間、倉庫を守るために犬を買った)

❸ Villagers have few weapons to (protect/guard/defend) themselves.
(村人には自分たちを守る武器がほとんどない)

protect は「守る」「保護する」という意味の最も一般的な語です。語源的には pro「前」＋ tect「覆う」で、危害を受けることを防ぐために「前面を覆う」ことですから、事前に手を打って危険を避け安全な状態にすることを暗示させます。つまり「保護する」ことです。

She protected her face from the sun with a hat.
彼女は帽子で日差しから顔を守った。

guard は、現実の危険や将来起り得る危険に対して細心の注意を払って守ること、警備することです。語源は「注意して見る」ことなので、守る対象となる人や物のそばにいることを暗示させます。つまり「見張る」ことですね。「警備員」は **a security guard** といいます。

The dog guarded the house when no one was home.
家に誰もいない時に犬が家を守った。

❶の文は protect を選びます：**Garlic was once thought to protect people against evil spirits.**（ニンニクはかつて邪悪な霊から人々を守るものと思われていた）

❷の文は「見張る」の感覚ですから guard を選びます：**He bought a dog to guard the warehouse at night.**（彼は夜間、倉庫を守るために犬を買った）

defend は敵の攻撃や危害など直前の危険から力ずくで守ることを強調する語です。日本の自衛隊は **Self-Defense Forces** ですね。

When the dog attacked me, I defended myself with a stick.

犬に襲われた時、私は棒で身を守った。

❸の文は武器での防御を言っているのでこの defend を使います：**Villagers have few weapons to defend themselves.**（村人には自分たちを守る武器がほとんどない）

secure は、「確保する」の意味でよく使われますが、「守る」の意味では、攻撃・危害・損失から国や組織、人、システムなどを守ることです。名詞形の **security** を考えれば、「安全」、「治安」、「警備」のイメージが持てると思います。

Some measures are needed to secure the building against further damage.

更なる損傷からその建物を守る策が必要だ。

🅰🅰 語源ポイント

defend は **de**（離す）+ **fend**（打つ）です。「戦いながら (**fend**) 追い返す (**de**)」イメージです。**fend** は **fencing**（フェンシング）と結びつければ理解しやすいです。スポーツ競技でも **defense**（防御）と **offence**（攻撃）がありますね。**offence** の **of** は **ob** の異型で「向かって」を意味します。「塀・柵」を意味する **fence** は「守る」ためのものですが、これは実は **defense** の **de** が消失した形です。**defend** にはそういう「攻撃からの防御」の意味があるわけです。

secure の **se** は「離れて」で **cure** は「心配」です。**cure** は日本語では「気」とか「気配り」「心配の種」という感じで、**secure** は「そういう心配から離れる (**se**)」という意味です。ですから「安全」「治安」の「確保」も **secure** で表すわけです。この短縮形が実は **sure** で、これも「心配から離れている」ことを表します。

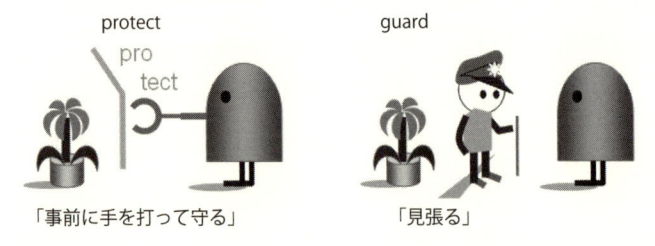

protect

「事前に手を打って守る」

guard

「見張る」

defend

「力ずくで守る」

secure

「心配から離す」

解答　❶ protect　❷ guard　❸ defend

47 持つ | have / possess / own / keep / hold

適当な単語はどれでしょうか？

❶ **He was arrested for (owning / possessing / keeping) heroin.**
（彼はヘロイン所持で逮捕された）

❷ **He (owns / possesses / keeps) a large restaurant in Akasaka.**
（彼は赤坂で大きなレストランを所有している）

❸ **You can (own / possess / keep) it. I don't need it.**
（持っていいですよ、私には必要ありませんから）

❹ **It's a lovely dog — how long have you (had / owned / kept) it?**
（可愛い犬ですね、どのくらい飼っているのですか）

have は「持つ」という意味では最も一般的な語で、所有権の有無に関わらず、手にしているものや、使っているものを表します。別荘など手元になくても自分の管理下や意識領域内にあるもの、思想や悩み、資格、特性など抽象的なものを持っていることも表します。

You can have this table. I'm leaving.
　このテーブルをどうぞ、私はもう行きますから。

She has dark hair and brown eyes.
　彼女は髪が黒く、目が茶色い。

He has a log house and a couple of cars in the country.
　彼は田舎にログハウスと車を2台持っています。

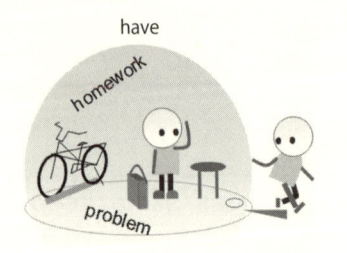

have （意識の領域内にある）

possess はあらたまった場面で、日本語の「所有する」とか「所持する」に近く、価値があり重要なものだけでなく、拳銃や麻薬などの非合法なものも対象になります。その他、対象になる物は、才能・富・権力・感覚・性質など様々です。

Too many nations already possess chemical weapons.

すでに化学兵器を持つ国が多すぎる。

She admitted possessing illegal drugs.

彼女は非合法ドラッグを所持していることを認めた。

possess 「所持する」

❶の文は「所持」していたことを表しているので **possess** を選びます：**He was arrested for possessing heroin.**（彼はヘロイン所持で逮捕された）

own は特に法的な手段によってあるものを獲得することで、所有権があること、つまり **ownership** を持っていることに焦点が当てられる語です。

This car is mine; I own it. この車は私のです。所有しています。

own 「所有する」

❷の文は **ownership** のことを言っているので **own** を使います：**He owns a large restaurant in Akasaka.**（彼は赤坂で大きなレストランを所有している）

keep は例えば、飲み屋でボトルをキープするように、他人が持ったり使ったりすることができないようにすることで、安全性や愛着を感じさせます。一時的・瞬間的に持っているというより、比較的長い期間保持しているイメージです。家畜を飼うのは **keep** ですが、ペットとして動物を飼うのは **keep** でなく **have** で表します。

He keeps a lot of money in a safe.
彼は金庫にお金をたくさん持っている。

❸はそれを持ち続けることなので **keep** を使います：**You can keep it. I don't need it.**（持っていていいですよ、私には必要ありませんから）

❹の文はペットを飼っている話なので **keep** でなく **have** を使います：**It's a lovely dog − how long have you had it?**（可愛い犬ですね、どのくらい飼っているのですか）

hold は「持つ」という意味のときは、対象となるのは財産や土地の場合が多いようです。実際に手で押さえているイメージが強く、他人に奪われないようにしっかり持っているというニュアンスがあります。

ABC Inc. still holds shares in the new company.

ABC社はまだ新会社の株を持っている。

holdには「放していると動いてしまうものを押さえておく」の意味があって、例えばエレベーターの「開」ボタンを押して友だちが走ってくるのを待っていたり（**hold the elevator**）、電話を切らずに待つ（**hold the line**）場合にも使います。また、似たような感じで、判定を保留する（**hold the judgement**）、発送を保留する（**hold shipment**）などのように、計画が動くのを止める場合にも使われます。

holdにはもうひとつ、「動かないものを抱えている」「持つ（開催する）」の意味もあって、バッグを持つ（**hold a bag**）や会議を持つ（**hold a conference**）などといいます。

hold

「押さえておく」

holdに「保留する」の訳語があるのを見ると、**hold a meeting**って「会議保留」かな？などと思いがちですが、「動いてしまうもの」を**hold**するなら「保留」、「動かないもの」を**hold**するなら「持つ」ですから、**hold a meeting**で「会を開催する」です。

解答 ❶ possessing ❷ owns ❸ keep ❹ had

48 延期、中止する | put off / postpone / call off / cancel / delay / defer / adjourn / suspend

適当な単語はどれでしょうか？

❶ They've decided to (call off / put off / suspend) the meeting until the following day.
（彼らは翌日まで会議を延期することを決定した）

❷ She had seriously considered (calling off / postponing / suspending) the wedding two days before her marriage.
（彼女は結婚の2日前に結婚式をやめようと真剣に考えていた）

❸ The trial was (postponed / called off / adjourned) till after lunch.
（裁判は昼食後に延ばされた）

put off は何か問題がある、今はしたくないという理由で計画していたものを後回しにするなど、「延期する」という意味の口語表現です。off という語は「離れている状態」と「離れるという動き」の両方を表しますが、ここでの off は「離れる動き」ですね。

The meeting was put off for a week. 会議は1週間延期された。

❶の文もこれと同様ですから put off を使います：**They've decided to put off the meeting until the following day.**（彼らは翌日まで会議を延期することを決定した）

このように、「まで」を表す場合には until を使います。

postpone はあらたまった場面で、計画していたものの時間を調整しながら後に変更することですが、特定の日時を決める場合も決めない場合もあります。

The game was postponed to the following day because of bad weather.

悪天候のためその試合は翌日に延期された。

post は「後」で **pone** は「置く」の意味ですから、**postpone** は「後ろに置く」、つまり「後の特定の日に置き直す」ことを表すわけです。

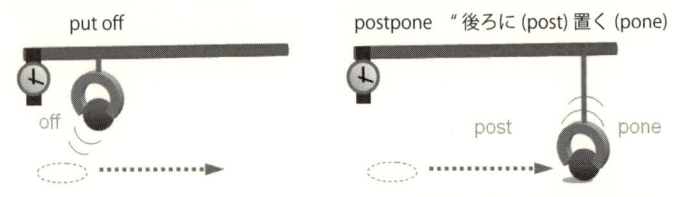

call off は自分がお膳立てした会議や行事がまさしく始まる直前にその開始をやめる、つまり「中止する」という意味の口語表現です。

If it goes on raining, we will have to call off the game.

雨が降り続ければ試合を中止しなければならないでしょう。

❷の文では自らの結婚式の話なのでこの **call off** が当てはまります：**She had seriously considered calling off the wedding two days before her marriage.**（彼女は結婚の2日前に結婚式をやめようと真剣に考えていた）

call の原義は「大きな声を出す（呼ぶ）」で、また **off** は「離れる動き」ですから、そこから **call off** のイメージがつかめると思います。

cancel は前もって予定していた会議・コンサート・試合などを中止したり、契約や注文を取り消すことです。

The party was canceled because he came down with flu.
パーティーは彼がインフルエンザにかかったため中止になった。

delay はタイミングを見計らって、予定の時間よりも遅らせて行ったり、進行を妨げる何らかの避けられない問題が生じた結果、ある行動を遅らせるということが基本です。また、うっかりしていたり、やる気がなかったりして予定していたことを適切な時間にしないことも表せます。

She delayed doing her homework until the last minutes.
彼女は最後の最後まで宿題をするのを延ばした。

delay の **de** は「離す」で **lay** は「緩める」の意味で、**relax** の **lax** や **loose** と同じです。つまり、「ずるずる緩んで伸びた」というセンスなので、**postpone** の「ポイと置く」「点から点へ移動する」イメージとは違います。電車運行の遅れや会議進行の遅れ、プロジェクトの遅れが **delay** で表されます。

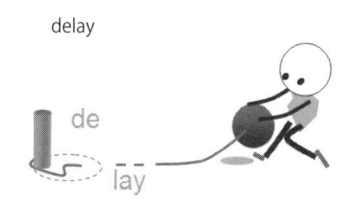

会議開催日や製品発売日の遅れは、ずるずると遅れる感じの **delay** も使われるようですが、特定日へのジャンプという感じで **postpone** も使われます。**schedule** を主語とするときには **postpone** も使えますが、どちらかというと「ずるずる」の **delay** と共に使われることのほうが多いようです。

defer はかたい言い方で、行動を意図的に延ばすことを暗示させる「遅らせる」です。

You can order the furniture now and defer payment until September.
今、家具を注文して9月まで支払いを延ばせます。

defer の **de** は「離れて」。**depart**（出発する、逸脱する）の **de** で、**fer** は「運ぶ」です。だから **defer** は「後ろに運ぶ」ということで「延期する」という意味になるのがわかります。**fer** がつく語、例えば **refer**、**offer**、**transfer**、**differ/different** は **fer** の持つ「運ぶ」「移動する」のセンスから、**from** と **to** との相性が良く、**defer** の場合も **until** のほかに **to** も使えます。

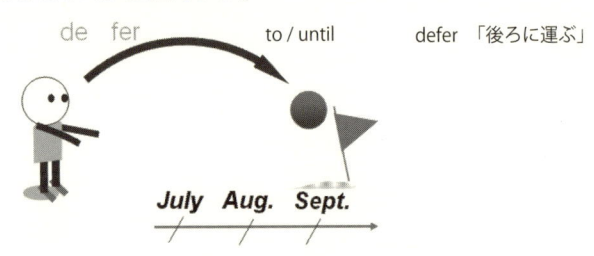

de fer　　　　to / until　　　defer 「後ろに運ぶ」

July　Aug.　Sept.

　adjourn は特に組織や団体などが行う会議や、法廷などの公式な集まりを、再開するのを前提に一時中断することです。
　They adjourned the meeting until after lunch.
　　彼らは昼食後まで会議を中断した。

　❸の文は裁判の話ですから **adjourn** が適切です：**The trial was adjourned till after lunch.**（裁判は昼食後に延ばされた）
　adjourn の **journ** は「日」の意味です。**journal** や **journey** の **journ** ですがイタリア語のあいさつ「ボン・ジョルノ（**good day**）」を思い浮かべたほうが「日」をイメージしやすいかもしれません。
　adjourn はもともと「別の日を当てる」の意味で「日の繰り延べ」の意味ですが、それが転じて「一時休止」「休会」を意味するようになったようです。

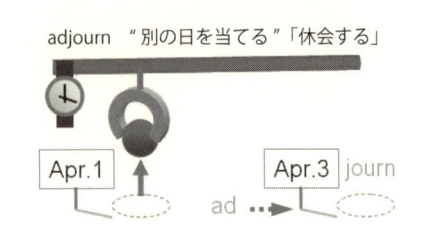

adjourn　"別の日を当てる"「休会する」

Apr.1　　　　Apr.3　journ
　　　　　　　ad

suspend はあらたまった場面で、法律・権利の効力・活動・機能などを一時的に中断する、法的な決定や承諾などを「保留する・延ばす」という意味です。

The student was suspended for smoking.

生徒は喫煙で停学になった。

　suspend は、**sus** は「下へ」で **pend** は「ぶら下げる」の意味。いってみれば「宙吊りにする」「棚上げにする」という感じです。

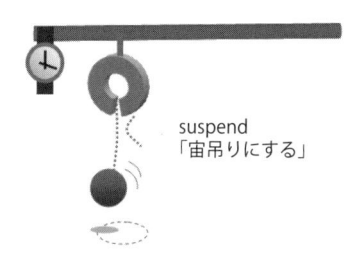

suspend
「宙吊りにする」

解答 ❶ put off ❷ calling off ❸ adjourned

49 笑う | smile / grin / laugh / giggle / chuckle / guffaw

適当な単語はどれでしょうか？

❶ She stood up and (smiled / laughed / giggled) at everyone around her.
（彼女は立ち上がって周囲のみんなに微笑みかけた）

❷ The audience (smiled / laughed / grinned) loudly at his funny performance.
（観客は彼の面白い芝居を観て笑った）

❸ The little girls (giggled / guffawed) at the funny picture.
（少女たちはそのおかしな絵を見てくすくす笑った）

❹ She remembered the funny story and (smiled / laughed / chuckled) to herself.
（彼女はそのおかしな話を思い出してひとりでくすくす笑った）

「笑う」と言っても様態にはいろいろあります。日本語では「うふふと笑う」「がははと笑う」などのオノマトペの表現で様態を表しますが、英語ではいくつかの違う動詞を使い分けて表現します。

smile は声を立てずに口の幅を広げて両隅を上げる行為、つまり「微笑む」という意味の最も一般的な語です。愉快で楽しい気持ち・自身に満ちた気持ち・好意的な気持ちなど肯定的な感情だけでなく、皮肉や嫌な気持ちなど否定的な感情を表すこともあります。例えば嬉しそうに笑うなら **give a happy smile / smile happily**、苦笑いをするなら **give a bitter smile / smile bitterly** です。歯を見せても見せなくても構いません。

I smiled at the baby and she smiled back.
私が微笑みかけたら赤ちゃんは微笑み返した。

❶の文は **smile** が相応しいですね：**She stood up and smiled at everyone around her.**（彼女は立ち上がって周囲のみんなに微笑みかけた）

grin の基本的な意味は **smile** とほぼ同じですが、違いは歯が見えるまで口を広げて笑うことで、「開いている」とか「歯をむき出しにする」ということが原義で、無理な笑いや不自然な笑いも表します。肯定的な意味なら、例えば、明日の初めてのデートのことを考えただけで「思わず、にこっと笑ってしまう」ような場合に使われます。否定的な意味では、激しい痛みに声を立てずにじっと耐えているような状況で使われます。

Stop grinning at me. 私を見てニヤニヤするのはやめてくれ。

laugh はおかしいものを見たり聞いたりした時に、体や顔を動かしながら声を立てて笑うことで、愉快で楽しい気持ちだけでなく、軽蔑の感情も表します。

I couldn't stop laughing at his funny face.
彼のおかしな顔をみて笑いが止まらなかった。

❷の文は **laugh** を選びます：**The audience laughed loudly at his funny performance.**（観客は彼の面白い芝居を観て笑った）

giggle は若い女性や子ども特有の甲高い声で、おかしいものやばかばかしいものを見たり聞いたりした時に、自分の感情を抑えられずに突然笑い出し、ひっきりなしに「くすくす笑う」ことです。お箸が転がっても笑う年頃の少女なら **a giggling girl** です。

Stop giggling, children – this is a serious matter.
くすくす笑うのはやめなさい、みなさん。これは深刻な問題ですよ。

❸の笑いはまさしく **giggle** です：**The little girls giggled at the funny picture.**（少女たちはそのおかしな絵を見てくすくす笑った）

chuckle は本を読んだりおかしなことを考えたりして、一人で低い声で満足げに笑うことです。

He chuckled as he read comics to himself.

彼は漫画を読みながらくすくす笑った。

❹は chuckle を選びます：**She remembered the funny story and chuckled to herself.**（彼女はそのおかしな話を思い出してひとりでくすくす笑った）

guffaw は大人の男性が大きな口を開けて、ゲラゲラと下品な馬鹿笑いをすることです。

A man behind us guffawed at every little joke.

私たちの後ろにいた男はつまらないジョークにいちいち大声で笑った。

語源ポイント

これらの多くもオノマトペからできています。

laugh を遡ると、インド・ヨーロッパ祖語の *kleg- に行き着きます。オノマトペ由来とされていて、ちょうど「ケラケラ」「ゲラゲラ」という感じかもしれません。

giggle や chuckle の le は「繰り返し」を表し「クスクス」とか「クックック」という感じだと思いますし、guffaw はちょうど「ガッハッハ」ですね。

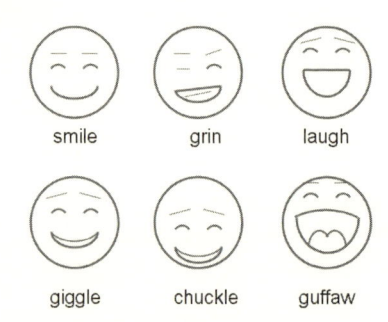

smile　grin　laugh

giggle　chuckle　guffaw

ちなみに、日本語の「微笑む」の「ほほ」は「頬」のことかと思いがちですが、実は「ホホホ」というオノマトペに由来するとも言われています。

解答　❶ smiled　❷ laughed　❸ giggled　❹ chuckled

50 案内する | show / guide / direct / lead / conduct

適当な単語はどれでしょうか？

❶ I'll (show / guide) you the garden.
（庭園を案内しましょう）

❷ The student (guided / directed / led) the visitors around the campus.
（その学生は訪問者を連れて構内を案内した）

　show は目的地まで一緒に行ったり、地図などを描いて案内することですから、友だち同士なら問題ありませんが、知らない人にいきなり **Could you show me the way to the station?** と聞くのは礼を欠くことになりますね。通りすがりの人に聞く場合は、**Could you tell me the way to the station?** というのが自然な聞きかたです。tell は情報を相手に伝えるというのが基本です。

We were shown into the living room.
　私たちは居間に案内された。

　guide は tour guide（観光ガイド）という語からも連想できるように、目的地まで一緒に行って、あれこれ案内するという感じです。ただし、この動詞は、他の類義語 direct、lead、conduct などと同じように、目的語を2つとることができないので、× **He guided me the way to the station.** とは言えず、**He guided me to the station.** と言いますから、注意してください。

He guided us to the top of the hill.
　彼は私たちを丘の頂上まで案内した。

guide は目的語を 2 つとらないので、❶の文は **show** になります：**I'll show you the garden.**（庭園を案内しましょう）

❷の方は **guide** が相応しいですね：**The student guided the visitors around the campus.**（その学生は訪問者を連れて構内を案内した）

direct は名詞形の **direction**「方向」という意味が暗示しているように、目的地までの道順を指示するだけで、一緒に行くという意味はありません。

Can you direct me to the station?
　駅までの道を教えてもらえますか？

lead は先頭に立って案内することに焦点が当てられますが、例えばお年寄りや目の不自由な人の手を引いて目的地まで案内するような場合にも使います。

The host led a guest to the function room.
　主催者は会場に客を案内した。

He led a blind man across the street.
　彼は目の見えない男性の手を取って通りの反対側に連れて行った。

conduct は **a conducted tour**（添乗員付きの旅行）という言葉から連想できるように、先頭に立って案内することですが、場所の案内だけでなく、例えばコンサートで **conductor** といえば「指揮者」というように、抽象的なものを導く意味にも使うことができます。

The guide conducted us around the castle.
　ガイドは私たちを連れて城の周りを案内した。

show　　　　　guide

direct

lead　　　　　conduct

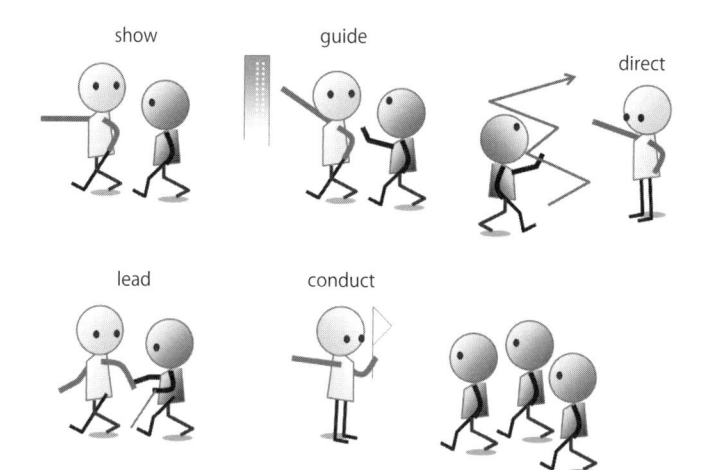

語源ポイント

conductのductは「導く」こと。「ダクト」（duct）は液体や気体などを導くものですよね。con（いっしょに）がつくと、「人々を導く」ことがイメージできます。音楽の指揮者も楽団を導きますね。「中に導く」のがintroduce（紹介する、導入する）です。これはproduce（生産する）やreduce（減らす）のduceでもあって、どれらも元々は「水を導く」ことに関係した語でした。

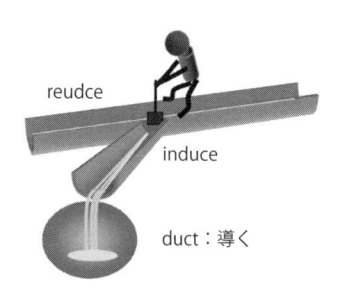

reudce

induce

duct：導く

前に（**pro**）導けば **produce**（生産する）／ **product**（製品）、中に（**in**）導けば **induce**（誘導する）、離れて（**ab**）導けば **abduct**（誘拐する）というふうに関連させてイメージできます。

解答　❶ show　❷ guided

51 つなげる、結合する | join / connect / link / unite / combine

適当な単語はどれでしょうか？

❶ Participants at the rally (joined/linked/combined) hands and encircled the building.
(集会の参加者たちは手をつないでそのビルを取り囲んだ)

❷ Please (join/connect/link) me to extension 102.
(内線 102 につなげてください)

❸ These chemical products may be (connected/linked) to the disease.
(これらの化学製品がその疾病につながっているかも知れない)

join は join hands「手をつなぐ」というように、2 つ以上のものが直接互いに接触し結合することです。

Join the two boards with glue.
2 枚のボードを接着剤でつなげてください。

❶の文は「手をつなぐ」ですから、**joined** を選びます：**Participants at the rally joined hands and encircled the building.**（集会の参加者たちは手をつないでそのビルを取り囲んだ）

connect は 2 つ以上のものを結合、接続させることで、特に何かの媒体を通してつながっていることに焦点が当てられます。

The printer connects to the computer.
プリンターがコンピュータに接続している。

A ferry connects the island to the mainland.
フェリーがその島と本土をつないでいる。

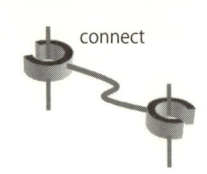

206

❷の文ように電話には **connect** を使います；**Please connect me to extension 102.**（内線 102 につなげてください）

link は **connect** よりも強く結合・連結させていることで、しっかり強くつながっていることに焦点が当てられます。

This is the only bridge linking the island with the mainland.

これは島と本土をつなぐ唯一の橋です。

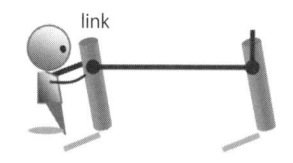

❸の文の場合は **link** を選びます：**These chemical products may be linked to the disease.**（これらの化学製品がその疾病につながっているかも知れない）

unite はラテン語の **unus**「１つ」から派生した語で、２つ以上のものが結合するプロセスが完了し、その結果新しいものが出来上がったことに焦点が当てられます。

The thirteen American Colonies united to form a new nation.

アメリカの 13 州は結合して新しい国を作った。

combine は２つ以上の物質が結合するとそれらが混じり合って１つのものを作り出しますが、**unite** と違ってその結果にではなく、そのプロセスに焦点が当てられます。

His strength combined with his skill made him Japan's number one baseball player.

強さと技術が結合して彼は日本一の野球選手になった。

combine

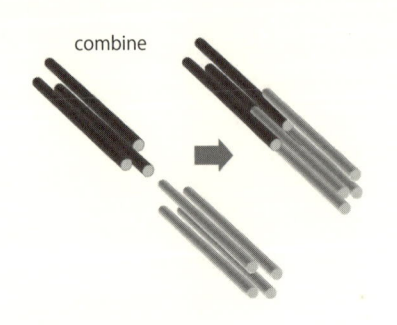

🆎 語源ポイント

connect の **nect** は「結ぶ」。**needle**（編むもの＝針）や **net**（網）、**knit**（編む）や **knot**（結び目）が **nect** の仲間だと考えられ、そこに **con**（ともに）がつくと、「つながり」がイメージできます。

unite の **uni** は「1」を表します。**unit**（ユニット）、**uniform**（ユニフォーム）、**unique**（独特な）、**union**（団結、連邦）など、日本語になっている語もたくさんあります。

combine の **con** は「ともに」で **bine** は「2」を表します。**bi** は **bicycle**（二輪車）や **bilingual**（バイリンガル、二カ国語を話す）の **bi** ですね。**combine** は「2つをいっしょにする」ことを意味します。

解答 ❶ joined ❷ connect ❸ linked

52 勝つ | win / beat / defeat

適当な単語はどれでしょうか？

❶ I (won/beat) our tennis match today.
（私たちは今日のテニスの試合に勝った）

❷ I (beat / won) him at chess.
（チェスで彼に勝った）

win はレース・試合・大会・選挙などで、競い合う相手に勝ち、その結果、賞などを勝ち取ることを言います。目的語には game や match、victory、award、medal や prize などが来ます。

We won a victory over the team from New York.
　私たちはニューヨークから来たチームに勝利した。

❶の文は match（試合）が目的語なので won が適切です：I won our tennis match today.（私たちは今日のテニスの試合に勝った）

beat は「何度も何度もたたく」が原義ですが、相手チームや選手を打ち負かすことです。

He beat the opponent by two points.
　彼は敵に 2 ポイント差で勝った。

He beat his own record.
　彼は自身の記録を負かした
　（自己記録を更新した）。

beat

defeat は beat よりもあらたまった場面で主に書き言葉で使われ、相手のチームや選手を打ち負かす以外に、別の国や軍隊との戦争に勝つことも表します。de は否定の意味で feat は factory や fiction

の fac や fic と同じで「作る」ことを意味します。ですから「何もできないくらいに打ちのめす」というのが defeat の語源です。

Many people think the governor will defeat the opponent.
　　知事は対立候補に勝つと多くの人が思っている。

　win という単語は使い方に注意が必要です。beat や defeat の目的語には「相手」が来ますが、win の場合は違います。win の目的語には「勝ち取るもの」がきます。つまり beat や defeat は「○○に勝つ」なのですが、win は「○○を勝ち取る」で、目的語には競技・試合・戦争・選挙または賞・賞金などがきます。× win chess や× win tennis にはなりません。ですから❷の文では beat が正解です：**I beat him at chess.**（チェスで彼に勝った）

　"**How to win friends and influence people**" という書があります（日本語版は「人を動かす」）が、この How to win friends は「友だちに勝つ」ではなく、「仲間を得る」、「味方を作る」という意味になります。

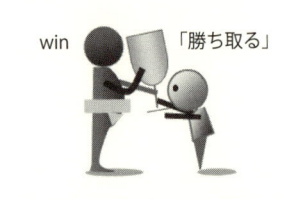

defeat
「打ちのめす」

win　　「勝ち取る」

解答　❶ won　❷ beat

53 許す | forgive / excuse / pardon / overlook / allow

適当な単語はどれでしょうか？

❶ She couldn't (forgive / excuse / allow) her husband for forgetting her birthday.
（彼女は夫が誕生日を忘れていたことを許せなかった）

❷ Please (excuse / overlook / allow) my bad manners.
（無作法をお許しください）

❸ He was (pardoned / excused / allowed) after serving his sentence.
（彼は服役の後、許された）

❹ You are not (forgiven / allowed) to share this file with external users.
（このファイルを外部ユーザーと共有することは許されていません）

forgive は悪いことをしたり、気分を害するようなことをしたことに対して、怒りの感情を抑え、罰を与えたりとがめることをしないというニュアンスで、直接、個人と個人のレベルで思いやりの気持ちを持って許すことです。

I cannot forgive someone who has treated me so badly.
私にそんなひどい扱いをした人を許すことはできません。

❶の文では forgive を選びます： **She couldn't forgive her husband for forgetting her birthday.** （彼女は夫が誕生日を忘れていたことを許せなかった）

excuse はエチケットを守らなかった時など、それほど大きくない罪や無礼に対して怒らずに許すことです。

Please excuse me for being late. 遅れてすみませんでした。

❷の文では excuse が適切です：**Please excuse my bad manners.**（無作法をお許しください）

pardon はあらたまった場面で、例えば大統領が恩赦を与えるように、処罰する権限のあるものが公にその罪を許すというニュアンスです。

He could never be pardoned for the things he had said.
彼はその発言について許されることはなかった。

❸の文の答は pardoned です：**He was pardoned after serving his sentence.**（彼は服役の後、許された）

overlook は「大目に見る」ことで、過失や過ちはわかっているけどそれに目をつぶったり、またはうっかり見落としてしまうことです。
Please overlook my mistake this time.
今回は私のミスを大目に見てください。

allow は「許可をする」という意味での「許す」ですので、**forgive** などのように過去の行為を「許す」というのとは意味が異なります。❹の文の「許す」は **allow** の方ですね：**You are not allowed to share this file with external users.**（このファイルを外部ユーザーと共有することは許されていません）
My father allowed me to study abroad.
父は私に留学することを許してくれた。

語源ポイント

excuse の **ex** は「外へ」で **cuse** は「非難の元」といった感じの意味です。**cuse** は **cause**（原因）と同源です。**excuse** は「非難の元」を表に出して逃れてしまうという意味ですね。

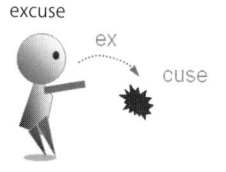

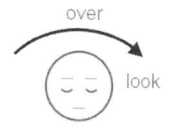

pardon の **par** は **perfect** などの **per** のことで「徹底的に」の意味です。**don** は「施す」とか「授ける」「与える」という意味で、**donor**（ドナー）の **don** です。仏教用語として日本に来た「壇」と同じ語源です。檀家や檀那の「檀」ですね。

overlook は「**look** しないで通過させる」ととらえると理解しやすいと思います。

解答 ❶ forgive ❷ excuse ❸ pardoned ❹ allowed

54 決める、決心する | decide / determine / settle / make up one's mind / fix

適当な単語はどれでしょうか？

❶ I can't (decide / determine) it now.
（今すぐ決められません）

❷ The committee has (determined / fixed) the next meeting for July 1.
（委員会は次回会議を7月1日と決めた）

decide は同意に達していない状態を断ち切って、決断を下すというニュアンスです。決定する行為やすでに決定されていることに焦点が当てられます。

Have you decided what to wear to the party?
パーティーに何を着ていくか決めましたか？

determine は、諸事情を熟慮・調査の結果、確信を持って決定することで、その決定に至るまでのプロセスに焦点があります。**be determined to** はその決意が固いことを表します。

The price of the product has not been determined yet.
その製品の価格はまだ決まっていません。

❶の文は「即決」のことを言っているので、熟慮のプロセスに焦点のある **determine** との組み合わせは不自然で、「決断」に焦点のある **decide** の方が自然です：I can't decide it now.（今すぐ決められません）

settle は、中に **set** があることからわかるように、「置く」「座らせる」が原義で、「落ち着かせる」ということです。議論などのように

話が揺れ動いているものに関して言うときは、その決着をつけることです。**decide** 以上に問答無用で決定することで、前置詞の **for** を取る場合は多少不本意な決定を暗示させます。

That settles it! もうそれで決まり！

I had wanted to spend two weeks in London, but settled for one week.

私は2週間ロンドンにいたかったけれど1週間に決めた。

settle 「置く、落ちつかせる」

make up one's mind は口語的な表現で、長い間考えた末に絶対にやると決めることを暗示させます。

He has made up his mind to forget the past and make a fresh start.

彼は過去を忘れて新たな気持ちでスタートしようと決めた。

fix の「固定する」という意味から、ものごとの「配置を決める」という意味で **fix** も使われます。日時、場所、価格などを「決めて固める」という意味合いですね。

They fixed the date for the meeting. 彼らは会議の日程を決めた。

The price was fixed at 1,000 yen. 価格は1,000円に決定した。

❷の文は fixed が適切です：**The committee has fixed the next meeting for July 1.**（委員会は次回会議を7月1日と決めた）

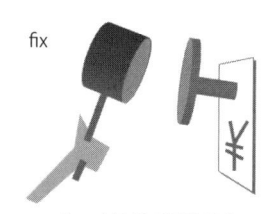

fix "決めて固める"

🄰🄰 語源ポイント

　decide の **de** は **off** の意味で、**cide** は「切る」ですから、「切り離す」ということです。**cide** は **scissors**（はさみ）の **cis** と同じで、また **suicide** は「自分（**sui**）を切る（**cide**）」なので「自殺」です。**cide** の「断」とか「切る」のイメージが持てると、**decide** の「スパッと決断する」の意味が理解できると思います。

　determine の **term** は映画 **Terminator** や **terminal**（ターミナル、終点）の **term** です。**term** の語源は「端っこ」「境界」「限界」の意味で、**terminate** は「限界にする＝終わりにする」という意味です。時間的な「境界」を考えると **term** は「期間」の意味になりますし、ことばの「境界」を定義することを考えれば「用語」の意味になります。ですから **determine** は、「限界を見極める」という意味なので、じっくり考えるプロセスに焦点があって、白黒の境界を見極めて決定するという意味を持つわけです。

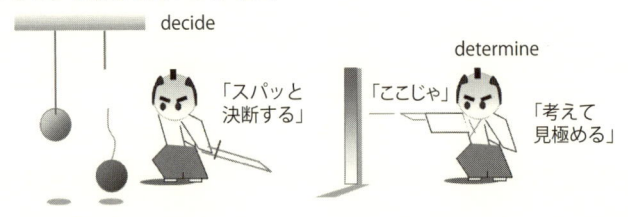

decide
「スパッと決断する」

determine
「ここじゃ」
「考えて見極める」

解答　❶ decide　❷ fixed

55 保存する、とっておく | preserve / reserve / conserve / save / store / maintain

適当な単語はどれでしょうか？

❶ **The committee suggested the ways to (preserve / reserve) historically important buildings in the city.**
（委員会は市内の歴史的に重要な建造物の保存方法を提案した）

❷ **I have to (preserve / reserve / conserve) time to meet with special guests.**
（特別なお客様に会うための時間を取っておかなければなりません）

❸ **Recycling helps (preserve / reserve / conserve) natural resources.**
（リサイクルは天然資源を守るために役立ちます）

❹ **My mother (preserves / reserves / saves) receipts for years.**
（母はレシートを何年も取っておきます）

preserve の pre は「前」で、serve は「守る」というような意味ですから、preserve は「先々まで保存する」という意味の「とっておく」で、「保存する」や「保護する」という訳語があてられます。史跡の状態を保存したり、自然や、絶滅が危惧される動物を保護したりするように、特に価値の高いものを変化させることなく、そのままの状態でとっておくことを言います。また、食品の品質をそのままの状態でとっておく場合にも使われます。

Salt has been used to preserve food from decay.
食物を腐らせずに保存するために、塩が用いられてきた。

❶の文は「そのままの状態でとっておくこと」ですから **preserve** が適切です：**The committee suggested the ways to preserve historically important buildings in the city.**（委員会は市内の歴史的に重要な建造物の保存方法を提案した）

reserve の **re** は「後」で **serve** は **preserve** と同じで「守る」。つまり「後々のために確保する」という意味での「とっておく」の意味で、「備蓄する」「貯蔵する」「予約する」などの訳語があてられます。いざという時のため、またはある目的のために、時間枠をとっておいたり、場所や席や部屋をとっておいたりすることです。商品などを取り置きする場合は **keep** を使います。

These seats are reserved for persons with disabilities.

これらの席は障害のある方々の優先席です。

❷の文は「後々のための確保」ですから **reserve** を選びます：**I have to reserve time to meet with special guests.**（特別なお客様に会うための時間を取っておかなければなりません）

conserve は、**con**（ともに）＋ **serve**（守る）で、「変わらないように守る」というような感じです。天然資源や史跡などを保全・保護することや、資源を大切に使うこと、価値の高いものを温存することを表します。

Everyone needs to make effort to conserve water.
全ての人が努力して水を大切に使わなければならない。

❸の文は天然資源の温存を言っているので **conserve** を選びます： **Recycling helps conserve natural resources.**（リサイクルは天然資源を守るために役立ちます）

save は **conserve** と同じく一度失ったら取り戻せないことを暗示させますが、より口語的です。料金や時間、エネルギーを「節約する」という意味でも使います。**save** は **safe** と同源ですから「安全なものにする」という原義であることがわかります。

She decided to save the wine for Christmas.
彼女はクリスマスまでそのワインをとっておくことにした。

❹の文では **save** を選びます：**My mother saves receipts for years.**（母はレシートを何年も取っておきます）

save は、コンピュータ上の「データの保存」に使いますね。「名前をつけて保存」のコマンドは英語では **save as** です。

Save the template to your hard drive.
テンプレートをハード・ドライブに保存してください。

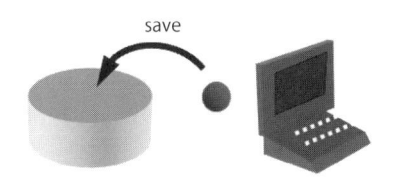

save は保存する際の作業・動作を表しますが、同じ「保存する」という訳語でも、情報を「格納する」「保存しておく」「保管している」という「状態」を表すには **store** が使われます。

Passwords can be stored in the memory.

パスワードはメモリに保存できる。

He conceived a new method to store data magnetically.

彼は電磁的にデータを保存する新しい方法を思いついた。

store

ものを保存しておくときにももちろん **store** は使われます。その場合、**preserve** と違って **store** は価値のあるなしに関係なく、大きくて扱いにくいものを保存することを表して、将来のために備えるという目的はあってもなくても構いません。

We store the garden tools in a shed.

私たちは小屋に庭いじりの道具を保管している。

Store this medicine at room temperature, away from heat and moisture.

この薬は高温多湿を避けて常温で保存してください。

maintain は日々コツコツと努力を重ねて一定のバランスを取りながら保存することで、注意深く使用したり、正しく整備や補修をし続けることを暗示させます。必ずしも価値の高いものだけでなく、良い状態に保っておいた方が良いと思われるものを維持・保存することです。機器の「メンテナンス」として日本語としても使われますね。

A large house costs a lot to maintain.

大きな家は維持するのにお金がかかる。

語源ポイント

preserve、**reserve**、**conserve** というように、**serve** がつくことばが出てきました。**serve** の「守る」という感覚は **observe**（観察する、見守る）を思い浮かべると理解しやすいと思います。日本語の「まもる」の「ま」も「見る」が変化した形だそうで、「見る」と「守る」が結びつく感覚は、日本語でも英語でも似たものなのだと思います。

serve

serve 「守る」

conserve は **conservative** という形容詞（「保守的な、保守党の」「伝統的な」「けちな、堅実な」）の方がなじみがあるかも知れません。日本語では最近、「コンサバ」などとも言われます。

maintain の **main** は「手」のことで、**manual**（手動の）や **manuscript**（手書原稿）、**manner**（マナー、手さばき）、**manufacture**（製作する）の **man/manu** です。人間の手を加えて維持するのが **maintain** です。ちなみに、機械の適切なメンテナンスにはマニュアル（手引書）が必要ですが、この **manual** はもともと手引き書を意味するラテン語の **liber manuals** の **liber**（書）の部分が省略されたものだそうです。

解答 ❶ preserve ❷ reserve ❸ conserve ❹ saves

56 置く | put / set / place / lay

適当な単語はどれでしょうか？

❶ He (put/set) his hands on his head.
（彼は両手を頭の上に置いた）

❷ He (put/set) the pan on the stove.
（彼は鍋をコンロに置いた）

❸ (Put/Place/Lay) the box in the correct position.
（箱を正しい位置に置いてください）

❹ They (put/set /laid) flowers on the grave.
（彼らは墓に花をたむけた）

　put は「何かをあるところに位置させる」ということで、それ自体は意味が広くて弱いので、put を補強することばを添える必要があります。put のあとに目的語として対象物を置いた後、on、in、into や through、それから under、back、down、off や out などを添えることで、置く場所や状態を表します。そうすることで、日本語で言えば「置く」のほかに「付ける」、「入れる」、「通す」、「動かす」、「みなす」、「置き換える」、などの意味を表すことができます。

She put a cup of coffee on the table.

　彼女はコーヒーをテーブルに置いた。

He put the key in my pocket. 彼は私のポケットにキーを入れた。

The police officer put the suspect into the police car.

　その警察官は容疑者をパトカーに乗せた。

　❶の文では put が適切です：**He put his hands on his head.**（彼は両手を頭の上に置いた）

一方 **set** は「定められた位置に据える」ということです。無造作に置くのでなく、あるべき位置にきちんと置くことです。

She set the vase on the corner of the executive desk.
彼女は花瓶をその高級な机の角に置いた。

❷の文では **set** を選びます：**He set the pan on the stove.**（彼は鍋をコンロに置いた）

不思議に日本語の音と対応していることに気づきます。**put** のコアのイメージは「手に持っているものをどこかに置く」ということで、日本語で表現するなら「ポイと置く」「ポンと置く」のように **P** の音が合います。**set** のほうは「設定する」「据えつける」「定める」「そっと置く」「整頓する」という感じで、どれも **S** 音（さ・し・す・せ・そ）で始まり、また「**set**」の音の感じと似ていますね。そんな「慎重さ（**S**）」「周到さ（**S**）」が **set** にはあります。日本語にも英語にも **S** の音には「慎重さ」「周到さ」があって、**P** の音にはそうではない気軽さ・無造作さがあるように思えます。

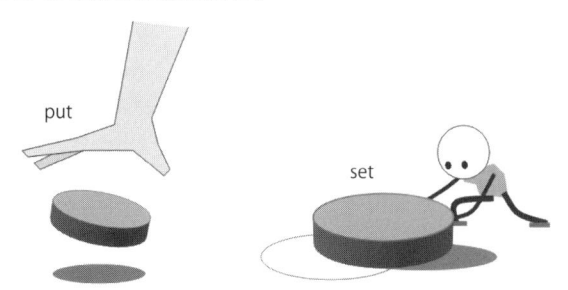

place は、決まった場所にきちんと置くことです。名詞の **place** が動詞化したことからわかるように、置く「場所」に焦点があります。

He placed the file back in the folder. 彼はファイルをフォルダーに戻した。
She placed the chair next to the window. 彼女はイスを窓の隣に置いた。
Place the paper in the tray. トレーに用紙をセットしてください。

Place the document on the scanner glass.
書類をスキャナーのガラス上に置いてください。

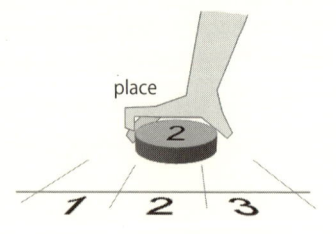

❸の文では **Place** を選びます：
Place the box in the correct position.（箱を正しい位置に置いてください）

lay は何らかの目的に適するように、きちんと面に置いて動かさないニュアンスがあります。また、優しく置くことも暗示し、人が対象となる場合には **place** でなく **lay** を使います。
He laid the box on the floor. 彼らは床に箱を置いた。

❹の文では **lay** が適切です：**They laid flowers on the grave**（彼らは墓に花をたむけた）

語源ポイント

set と同じ語源の仲間は「座る」の意味に由来する、**sit**、**seat**、**site**、**situation**、**session**、**settle**、それから **asset**、**residence**、**possession** などたくさんあります。どれも「座る」「据える」「居座る」の感じがします。

lay に関してですが、昔「決まりごと」を低いところに掲示したそうです。それならば、**low** や **lay** が **law**（法）と結びつきます。決まりごととして「置いたものに従う」の感覚は、日本語の「おきて（置きて）」に通じますね。

解答 ❶ put ❷ set ❸ Place ❹ laid

57 確認する | check / make sure / confirm / learn / identify / detect / verify / double-check

適当な単語はどれでしょうか？

❶ Please (make sure / confirm / verify) your seatbelt is securely fastened.
（シートベルトがしっかり締まっていることを確認してください）

❷ Let me just (confirm / verify / learn) that the money has arrived in your account
（あなたの口座に入金されたか確認させてください）

❸ They (confirmed / identified / detected) abnormal data.
（彼らは異常なデータを確認した）

　仕事の中で「はい、確認しておきます」などとよく言いますが、「確認する」は英語でなんと言うでしょうか。わかり難いのは、日本語の「確認する」にはたくさんの意味があるからです。

　まず、「本当か・真実かを（簡単に）確かめる」、「それが良い状態かどうかをみる」という意味があります。これが最も一般的な「確認する」かも知れません。この意味では、広い意味を持つ **check**、または **make sure** が良さそうです。check はチェスの「王手」が原義のようで、最終的に「詰める」という感じです。

Check your calculations. 　計算を確認してください。

Turn the tap off and check for leaks.
蛇口を閉めて漏れがないか確認してください。

Please make sure all the shipping information is correct.
すべての配送先情報が正しいことを確認してください。

I wanted to make sure you were all right.
あなたが無事であることを確認したかった。

225

❶の文では make sure が自然です：**Please make sure your seatbelt is securely fastened.**（シートベルトがしっかり締まっていることを確認してください）

「上司に確認してお返事します」など、「真実か、問題ないかを誰かに訊いて確かめる」という意味で言うこともありますね。

Check with your doctor before going on a diet.
ダイエットする前にそれが問題ないことを医者に確認してください。

「あるべき状態であることの念を押す」という意味の「確認する」は **confirm** がふさわしいでしょう。**con** は「すっかり」という意味で、**firm** は「しっかり」の意味ですから、**confirm** は「確固なものにする」という意味です。

I want to confirm my reservation.
予約の確認をしたいのですが。

confirm

「あるべき常態かの念を押す」

❷の文では confirm が適切です：**Let me just confirm that the money has arrived in your account.**（あなたの口座に入金されたか確認させてください）

「ある事実を認識する」という「確認する」もあります。知らなかったことを「知る」ということですから、これは「念押し」の意味の「確認」とは意味が違いますね。この場合は **learn** が使えます。

You can learn more about the status on the website.
ウェブサイトでもっと状況を確認できます。

「一致を認識する、原因などを特定する」という「確認」もあります。それなら **identify** です。未確認飛行物体の「確認」は **identify** です。**iden** は「同じ」ということで、**identify** で「照合する」または「特定する」などという意味です。すでに判っているものや、知識の中

226

にあるものと「照合する」、「一致させる」というのが **identify** です。未確認飛行物体の **UFO** は **Unidentified Flying Object** です。

We identified the cause of the problem.

私たちは問題の原因を確認した(特定した)。

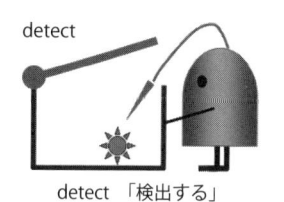

detect

detect 「検出する」

また、「検知する（把握しにくかったことを検出する）」という意味の「確認」は **detect** です。**detect** の **tect** は **protect** の **tect** で「覆う」です。**detect** で、「覆いがとれて検知する」ということですね。「（わからなかったことが）認識できた」という意味で日本語では「確認する」と言ったりします。

❸ の文では **detected** があてはまります：**They detected abnormal data.**（彼らは異常なデータを確認した）

「予測などが合っていることを見つける」の意味の「確認」には **verify** が使えます。**ver** は「真実」の意味で、

verify 「照合する」

very（とても）の **ver** です。同じであるはずのもの同士がちゃんと同じであることを「照合」する意味で「確認する」と言います。データを転送するときなどに、**verifying** と表示が出ることがありますが、あれはデータが正しいかを照合しているものです。

「念には念を入れて」の感覚で **double-check** を使うこともあります。
Double-check your schedule. 日程を再確認してください。

日本語の「確認する」にはたくさんの意味があって、それには各々別の英単語が相当します。

解答 ❶ make sure ❷ confirm ❸ detected

58 保つ、維持する | maintain / keep / hold / keep up / sustain / retain

適当な単語はどれでしょうか？

❶ The company has (maintained/kept/sustained) the high level of quality.
(その会社は高い品質レベルを維持してきた)

❷ She (maintains/keeps/retains) her room clean.
(彼女は部屋を清潔に保っています)

❸ We have enough food to (maintain/keep/sustain) life.
(私たちには生命を維持するだけの十分な食物がある)

maintain は、何かの状態や関係などを維持するという意味の一般語です。健康や評判や人間関係、または機械や道路・建物などを、手を加えながらある通常の状態に「保守・維持」することを表すときに使われます。

「維持する」

You need to maintain good relations with the people you work with.
あなたは共に働く人との良好な関係を保つ必要がある。

In order to properly maintain the building, this area is now closed for regular cleaning.
建物を適切に維持するため、このエリアは定期清掃のために閉鎖中です。

❶の文は **maintain** が適切です：The company has maintained the high level of quality. (その会社は高い品質レベルを維持してきた)

keep は「自分の監視下で保持している」というのが原義で、そこから「そのままにしておく」「維持する・管理する」の意味も持ちま

す。**keep + O + C** の形が使えて、**keep it clean** は「きれいな状態に保つ」、**keep it unchanged** は「変えないでそのままにしておく」です。

「そのままにしておく」

They kept the price unchanged. 彼らは価格をそのままにした。

❷はこの **keep + O + C** の形です：**She keeps her room clean.**（彼女は部屋を清潔に保っています）

keep は「じっと保つ」感じですが、何かをやりくりしながらターゲットを「維持」していくなら **maintain** がよさそうです。

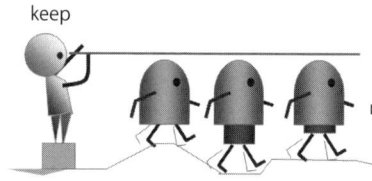

maintain 「やりくりしながら維持する」

keep と少し違うのが **hold** で、**hold** の方は放っておくと動いてしまうようなものを、そうならないように保持しておくことを表します。

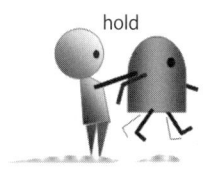

通話を切らずに保持しておくのは **hold on** ですし、エレベーターのドアが閉まらないように押さえておくのも **hold** です。

Hold the position for a few seconds.
その姿勢を数秒間保ってください。

「放っておくと動いてしまうものを保持しておく」

keep up は手入れや修理をしながら「良い状態」に保つ、「良好な関係」「高い水準」を維持することで、「努力しながら続ける」、などの意味を含みます。

Keep up the good work. そのまま頑張ってください。

sustain は人の興味や生命、また環境や事業などを「持続させる」ことです。長い期間、高い水準で維持する意味を含みます。

Infrastructure development is needed to sustain the economic growth.

経済成長を維持するためには、インフラ開発が必要だ。

❸の「生命を維持する」は **sustain** です：**We have enough food to sustain life.**（私たちには生命を維持するだけの十分な食物がある）

retain も「持ち続ける」ですが、かたい言い方で、物や態度や気持ち、ポジションなどを「失わないで持ち続ける」という意味です。

He seems to want to retain his position as the president.

彼は社長の立場を維持したいようだ。

retain

「失わないで持ち続ける」

🅰🅐 語源ポイント

maintain、**sustain**、**retain** の中には **tain** が入っています。この **tain** は「保つ」という意味です。**t** ではじまる語には「手」に関係した語が多いですが、これもそのひとつです。**maintain** の **main** は「手」のことですから、「手を加えて保つ」ということです。**sustain** の **sus** は **suspect** や **support** の **sus** や **sup** と同じで「下から」の意味です。「下から支えて高いレベルを持続させる」の感覚がつかめます。**retain** は「元のままに保持する」ですから「失わずに持つ」ということです。

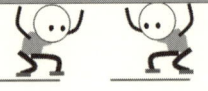

sustain

sustain　下から支えて高いレベルを持続させる

解答　❶ maintained　❷ keeps　❸ sustain

59…1 料理する | cook / make / prepare / fix

適当な単語はどれでしょうか？

❶ I think I'll (cook / make / prepare) a salad.
（サラダを作ろうと思います）

❷ These potatoes aren't properly (cooked / fixed / prepared).
（このじゃがいもはちゃんと調理されていません）

❸ She spent all day (fixing / preparing) the meal.
（彼女は1日かけてその食事を作った）

❹ I can (cook / fix / prepare) you a sandwich if you're hungry.
（お腹が空いているのでしたらサンドイッチができますよ）

「料理する」を表す最も一般的な語は **cook** です。これは、必ず火を使うことを前提としていますので、サラダやサンドイッチや刺身などをつくる時には、**cook** ではなく、**make** を使います。

Who cooks breakfast on Sundays? 日曜は誰が朝食を作りますか？
Mother made us some sandwiches.
お母さんが僕たちにサンドイッチを作ってくれた。

cook

❶は「サラダを作る」ですから火は使わないので、**cook** ではなく **make** を使います：**I think I'll make a salad.**（サラダを作ろうと思います）

逆に❷では「火が通っていない」という意味を言っているので、**cook** が適切です：**These potatoes aren't properly cooked.**（このじゃがいもはちゃんと調理されていません）

prepare は「準備する」という意味があることからもわかるように、時間・労力・技術を必要とするような料理を作ることを暗示させますが、主に改まった書き言葉として使われます。

She had prepared a delicious meal when I got home.

私が帰宅すると彼女は美味しい料理を作ってくれていた。

fix は主にアメリカ英語で、あり合わせの物で簡単にすぐにできるものを用意することです。ですから、招待した大切なお客さんに向かって **I fixed today's dinner for you.** と言うのは礼を欠いた表現となりますね。

It's too late for supper, but I'll fix you some scrambled eggs.

夕食には遅い時間だけど炒り卵を作ってあげましょう。

❸は時間をかけた **prepare** が、❹はちゃちゃっと作る **fix** が合いそうです。

She spent all day preparing the meal.

彼女は１日かけてその食事を作った。

I can fix you a sandwich if you're hungry.

お腹が空いているのでしたらサンドイッチができますよ。

（解答は(59)…2 の最後にあります）

59 …2 料理する | boil/steam/fry/bake/toast/roast/grill/broil

適当な単語はどれでしょうか？

❺ **Do you want me to (boil/steam) some eggs?**
（卵をいくつかゆでましょうか）

❻ **She (roasted/baked/fried) some chicken.**
（彼女はチキンを油で炒めた）

❼ **She (grilled/toasted/baked) some potatoes in the oven.**
（彼女はポテトをオーブンで焼いた）

❽ **Please (bake/toast/fry) three slices of bread.**
（パンを3枚きつね色に焼いてください）

❾ **(Bake/Roast/Broil) the beef in the oven.**
（オーブンでビーフを焼きなさい）

 boil は、後にくる目的語の種類によって様々な訳語が当てられています。目的語が water ならば「沸かす」、eggs ならば「ゆでる」、rice なら「炊く」などに変化しますが、boil の基本は、水と一緒に高い温度で調理することです。ですから❺は boil です：**Do you want me to boil some eggs?**（卵をいくつかゆでましょうか）

I boiled some potatoes for dinner. 夕食にジャガイモをゆでました。

 steam は、日本語の「蒸す」や「ふかす」に一致する語です。例えば steamed potatoes「ふかしイモ」です。

Steam some potatoes for one hour. ジャガイモを1時間ふかしてください。

 fry は、油を入れたフライパンや鍋を火にかけ、肉や魚や野菜を入れて料理することです。日本語の「いためる」や「揚げる」に相当

しますが、天ぷらや豚カツなどを揚げる場合、つまり、材料がすっぽり多量の油の中につかってしまうような場合は、**deep-fry** と言います。

Fry the onions until they are golden.

黄金色になるまでタマネギを炒めてください。

「イカの天ぷら」は、**deep-fried squid** です。フライドポテトは、正しくは、**fried potatoes** ではなく、**French fried potatoes** か **French fries** と言います。イギリスでは **fish & chips** で知られる **chips** です。焼きそばは **fried noodles**、チャーハンは **fried rice** です。

fry の他に、「焼く」という意味の英語はたくさんあります。**bake** は、パンやケーキやクッキーなどを直火に当てずオーブンで焼くこと、**toast** はパンなどをこんがりきつね色に、ぱりぱりになるまで焼くこと、**roast** は、直火やオーブンで魚や肉などを焼くこと、**grill**（アメリカ英語では、**broil**）は、魚や肉などを網を使って強火で焼くことを表します。

Roast the turkey for three hours in the oven.

オーブンで七面鳥を３時間焼いてください。

Broil the steak for about five minutes on each side.

ステーキの両側をそれぞれ約５分間焼きなさい。

日本人は「焼く」というとすぐに **burn** という動詞を思い浮かべ、**burn the toast** とか **burn the meat** とつい言ってしまいそうですが、それではパンや肉を焦がすという意味になってしまいます。

「焼く」を表す❻❼❽❾はこうなります：

She fried some chicken.（彼女はチキンを油で炒めた）

She baked some potatoes in the oven.

（彼女はポテトをオーブンで焼いた）

Please toast three slices of bread.
(パンを3枚きつね色に焼いてください)

Roast the beef in the oven. (オーブンでビーフを焼きなさい)

bake

解答 ❶ make ❷ cooked ❸ preparing ❹ fix ❺ boil
❻ fried ❼ baked ❽ toast ❾ Roast

60 我慢する、耐える | bear / stand / withstand / endure / put up with

適当な単語はどれでしょうか？

❶ He can't (stand / bear / endure) people smoking while he's eating.
（彼は食事をしている時に誰かがタバコを吸うことには我慢がならない）

❷ He (stood / bore / endured) three years in prison for his religious beliefs.
（彼は宗教的信仰のために3年間の投獄に耐えた）

　大学入試では **put up with** 〜という語句の同義語として **stand/bear/endure** などの動詞を選ばせる問題が出題されることがありますが、相互を簡単に入れ替えることはできず、正しくコミュニケーションを成り立たせるためには、それぞれの微妙な意味の違いや語法の違いなどに注意を払う必要があります。

　bear と **stand** は、ともに、助動詞の **can/could** を伴って、通例、否定文や疑問文で使われます。ある人が物や事柄に対して極度にイライラする、不快であると感じながらも不平を言わずに「辛抱する・我慢する」ことです。

　さて❶の文の場合、**stand** でも **bear** でも両方正解ですが、**stand** の方がより口語的で、**bear** は、主に、書き言葉で使われることが多いようです：He can't stand/bear people smoking while he's eating.（彼は食事をしている時に誰かがタバコを吸うことには我慢がならない）

　stand は「立っている」という意味から「耐える」の意味に派生していますが、これに「対して」を意味する **with** がついた **withstand**

は、他人からの攻撃や批判に耐えて反撃したり逆らったりする意味や、人や植物や物が外力に持ちこたえる能力を持つ、という意味を持ちます。

The bridge was built to withstand major earthquakes.

その橋は大きな地震にも耐えるように作られた。

なお、参考までに、動詞 **bear** は、いろいろな意味を持ついわゆる多義語の一つです。語源的には「（重みに耐えて）運ぶ」で、「耐える」の他に「運ぶ・支える・持つ・抱く・産む」などの意味がありますが、妊婦をイメージされるとわかりやすいと思います。まずは、妊婦が胎児を子宮内で支えている状態を思い浮かべてください。それから、胎児がだんだんと大きさを増しながらも、妊婦はその圧迫に耐え、最後にはその圧迫に耐えきれなくなり、胎児を外に放出する、つまり出産する、という一連の流れをイメージしてください。

This board is not strong enough to bear her weight.

この板は彼女の体重を支えるほど頑丈ではない。

Cherry trees bear cherries. 桜の木にはサクランボがなる。

After having five daughters, she hoped to bear a son.

5人の娘を生んだ後、彼女は男の子を産むことを望んだ。

endure は、苦痛や不快な状況に長時間（期間）「じっと耐える」ことを表します。**endure** の **dure** は「持続する」の意です。

durability（耐久性）、**during**（〜の間）を思い浮かべると「状態の持続」がイメージできます。**en** は「その状態にしている」ことを表します。

❷の文は、3年間という期間を耐えたわけですから **endured** を選びます：**He endured three years in prison for his religious beliefs.**（彼は宗教的信仰のために3年間の投獄に耐えた）

put up with は、「（人の言動や事柄に対して不愉快を感じながら）その状態を仕方なく受け入れる」という「我慢する」です。**up** は「上」の意味のほかに「中心に近く」の意味があるので、「何かを放り出さずに近くに置き続ける」と考えると **put up with** の意味のイメージをつかむことができると思います。

We had to put up with his childish behavior.
　　私たちは彼の子供っぽい態度に耐えなければならなかった。

解答 ❶ stand/bear　❷ endured

61 始める、始まる | start / begin
終える、終わる | end / finish

適当な単語はどれでしょうか？

❶ **The engine (began / started) suddenly.**
（突然、エンジンがかかった）

❷ **The fire (began / started) in the kitchen.**
（その火事は台所から出た）

❸ **The story (starts / begins) in a London suburb.**
（物語の始まりはロンドンのとある郊外からです）

　start と begin はとても似ていて、start の方がくだけた言い方であるものの、区別なく使われる場合も多くあります。ここではその違いについて説明します。

　「雨が降り始めた」は、**It began to rain.** と **It started to rain.** のどちらで表してもかまいませんが、微妙な違いがあります。それは、start が、雨が降るという行為を第三者的にとらえ、begin は、当事者としてとらえるという、視点の違いにあります。つまり、屋外での野球の試合の最中に雨が降り出した場合、テレビで見ている人（第三者）の視点であれば、start を、実際に野球の試合をしている選手（当事者）の視点であれば、begin を使うというわけです。野球場で試合を観戦している人にとっても、雨が降れば自分も濡れてしまうわけですから、当事者視点で begin を使うことになります。

begin 当事者　　start 第三者

　機械の動き始めは **start** で表されますが、そういった客観的視点で考えるとそれが理解できます。

　また **begin** は、当事者の「行動開始」「一歩目を踏み出す」の意味で、**Let's begin.**（はじめましょう）のようにも使われます。その意味で考えると、例えば、英会話を習い始めた人は **beginner** と言い、初めて競馬をやって運良く当てた人の幸運は **beginner's luck** ということが理解できます。

begin　行動開始

begin

　その他の見方としては、**begin** も **start** も、その時まで静止状態にあった物や事（柄）が活動状態になるという意味では同じですが、**begin** が、連続活動の「始点」という時間的な部分に焦点が当てられているのに対し、**start** は、「静から動」というように「活動状態への移行」の運動に焦点があり、時に突発性を表すのが特徴です。もっと簡単に言えば、**start** には「動き出す」「始動する」という動作のイメージがあるということです。「よーい、ドン」の「ドン」ですね。

100m走で「スタートをうまくきる」のは、**start well**、マラソンで「出だしの遅い人」は、**slow starter**、「出発点」も **starting line**（日本語のスタートラインは和製英語）です。

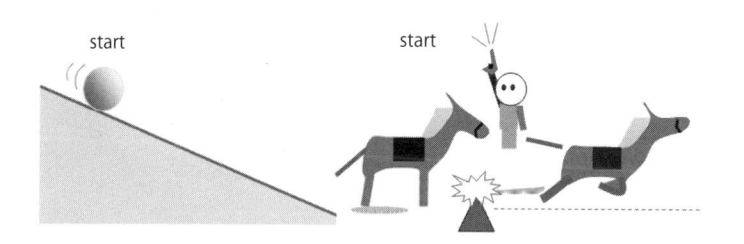

以上のように考えれば、❶❷の文のように、突然エンジンがかかる、火事が起こる、というような場合には、**start** が使われるというのが理解できると思います：

❶ **The engine started suddenly.**（突然、エンジンがかかった）

❷ **The fire started in the kitchen.**（その火事は台所から出た）

❸は、連続活動の始点に焦点が当てられる **begin** を選びます：
The story begins in a London suburb.（物語の始まりはロンドンのとある郊外からです）

適当な単語はどれでしょうか？

❹ **They decided to (end/finish) their relationship.**
（彼らは関係を終わらせようと決心した）

❺ **The road (ends/finishes) here.**
（道路はここで終わっている）

❻ **I haven't (ended/finished) yet.**
（まだ終えていません）

❼ **Two of the runners failed to (end/finish).**
（2人のランナーがゴールに到着できなかった）

「始まり」に対する「終わり」を表す英語に、**end** と **finish** がありますが、これは、**begin** と **start** の関係をそのまま当てはめて考えてください。つまり、**begin** が活動状態の開始時に焦点が当てられているのと同様に、**end** は、活動状態の終了時に焦点が当てられるということです。「道路の行き止まり」は、**dead end** で、英会話のCDの「Disk A の終わり」が、**the end of Disk A** となります。

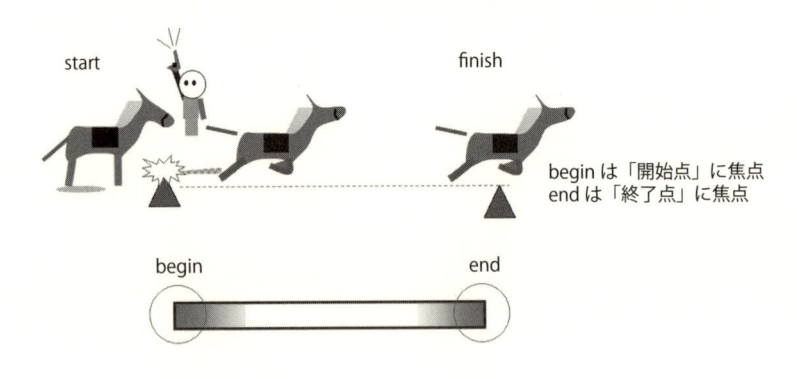

begin は「開始点」に焦点
end は「終了点」に焦点

一方 **finish** は、運動性を表す **start** がその目的を果たし、終了状態になることを表しています。**end** は単に状態や行為などの終了を、つまり「終わりにする」を表してその達成度は問題にしませんが、**finish** は予定のことを成し遂げたことを含有します。ですからこんな文もあり得ます。

The meeting ended before he finished the discussion.
彼がその議論を終える前にミーティングは終わってしまった。

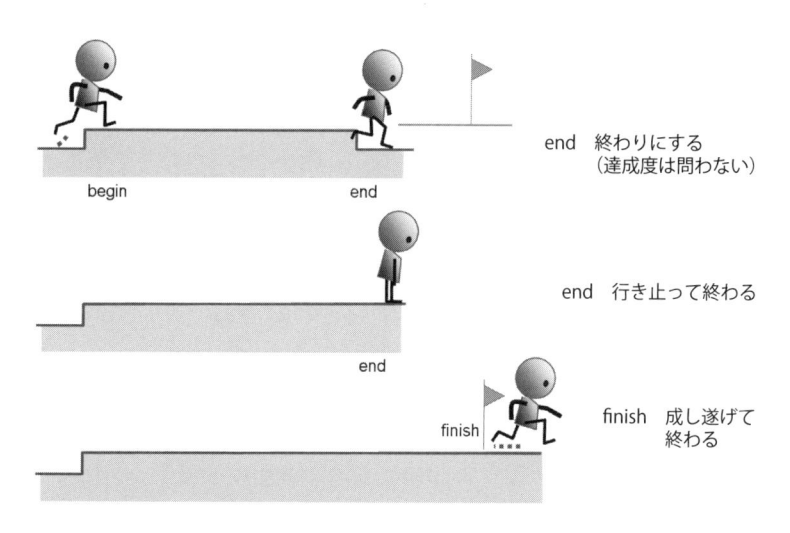

end 終わりにする
（達成度は問わない）

end 行き止って終わる

finish 成し遂げて終わる

start に対して単に「動から静」への移行をいうときには、**stop** を使います。

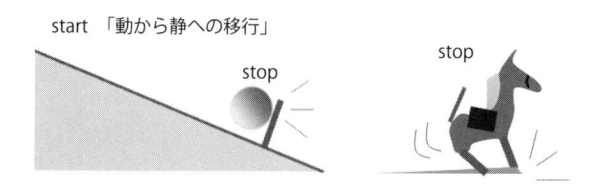

Stop talking. We have to finish the task.

おしゃべりはやめなさい。課題を終わらせなければなりません。

stop は動から静への移行なので、成し遂げた前でも後でも **stop** することはあります。

「始めから終わりまで」は、**from beginning to end** で、「(始めから終わりまで) 終始一貫して」は、**from start to finish** で表します。

❹の文は「終わりにしよう」というふうに「終了点」を表し、❺の文は場所としての「終点」を表すので、どちらも **end** を選びます: **They decided to end their relationship.** (彼らは関係を終わらせようと決心した) **The road ends here.** (道路はここで終わっている)

❻と❼の文はどちらも終了状態になったかどうかをきいているので **finish** の方を選択します。**I haven't finished yet.** (まだ終えていません) **Two of the runners failed to finish.** (2人のランナーがゴー

ルに到着できなかった)

　なお、**finish** と同じような意味でも、「終える」ということより、最初から最後までの積み重ねた結果としての「完全性」に焦点がおかれると、**complete** が使われます。**com** は **con** の異型で「すっかり」「完全に」で、**plete** は **full** と同語源で「満たす」の意味ですから、**complete** の「完全性」の意味が読み取れます。

解答　❶ started　❷ started　❸ begins　❹ end　❺ ends
　　　　❻ finished　❼ finish

62 修理する | mend / repair / fix

適当な単語はどれでしょうか？

❶ He (repaired/mended) a hole in his sock with a needle and thread.
（彼は針と糸で靴下の穴を直した）

❷ I'll have to get the car (repaired/mended).
（車の修理をしてもらわなければ）

「修理する」という意味の動詞ですが、イギリスとアメリカで多少違いはあるようですが、基本的には、それほど大した技術を必要とせず、素人の手でも十分に修理のきくものには、**mend** を使います。特にアメリカ英語では、**mend** は、布製品や靴やフェンスなどの修理に限定されて使われる傾向にあります。また、**mend** は、動詞としても名詞としても、病気や元気が回復するという意味もあります。

「簡単なものを直す」

My friend is on the mend after his auto accident.
　私の友達は自動車事故後、回復に向かっている。

一方、構造が複雑で特別な技術を必要とするものや大きなものには、**repair** が使われる傾向が強いようです。**mend** が、例えばつぎあてなどをすることで使えるような形にまで修繕するのに対して、**repair** は、完全な形に戻すことに重点が置かれるという点が大きな違いです。

The road is now under repair.　その道路は工事中です。

「修理する（技術を必要とする）」

　修理の複雑さを考えれば、❶❷の答がわかります：**He mended a hole in his sock with a needle and thread.**（彼は針と糸で靴下の穴を直した）**I'll have to get the car repaired.**（車の修理をしてもらわなければ）

　fix は、ある物をしかるべきところにしっかりと固定させるという原義から転じて、物を修理するという意味が生まれましたが、**mend** と **repair** の両方の意味を持つ動詞です。また、**fix** は、会合の日時や場所を決めたり、視線を一カ所にじっと向けたり、特に、アメリカ英語では、身なりや場所を整えたり、食事のための準備をするなどの意味を持ちます。

My watch needs fixing.　私の時計は修理が必要だ。
We fixed the date of the meeting for Friday.
　私たちは会議を金曜日に決めた。
I'll just go and fix my hair.　ちょっと髪を整えてきます。
Let me fix supper for you.　夕食の用意をさせてください。

語源ポイント

mend は実は **amend** の **a** が消失したものです。**amend** は、「(法律などを) 修正する、改正する」「(文書・発言などを) 訂正する」の意味ですが、この **a** は **ex** (外に) の意味で、**mend** は「欠陥」ですので、「欠陥を外す」ということですね。名詞形の **amendment** は、法律や公的な文書の「修正」「改正」という意味でよく目にします。

repair の **pair** は **prepare** の **pare** と同じで「きちんと並べる」「備える」の意味です。つまり **repair** は「再び (re) 備える」ということですから「きちんと直す」の感じをつかむことができます。なお、この **pare/pair** は、「対」「ペア」の意味の **pair** であり、**compare** (「ともに (con) 並べる」→「比較する」) の **pare** でもあります。

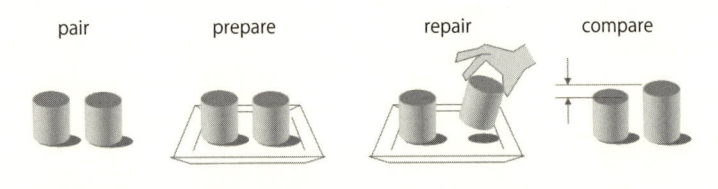

| pair | prepare | repair | compare |

解答 ❶ mended ❷ repaired

63 助ける | assist / help / save / rescue / support

適当な単語はどれでしょうか？

❶ **Come and (help/assist/save) me lift this box.**
（こっちに来て、この箱を持ち上げるのを手伝ってください）

❷ **They (saved/rescued) the child from drowning.**
（彼らは子どもがおぼれているのを助けた）

❸ **Firefighters managed to (help/save/rescue) the children trapped in the burning house.**
（消防士たちは炎上する家に閉じこめられた子供たちをなんとか救助した）

❹ **The doctor (helped/saved/rescued) his life.**
（その医者は彼の命を救った）

　サッカーで、ゴールにつながるシュートに適したボールを味方がパスすることをアシスト（**assist**）と言いますね。**assist** は、もともと「そば（**as**）に立つ（**sist**）」という意味から、改まった状況で「補助する」とか「手伝う」という意味を持つ語です。テレビやラジオの司会者の横でお手伝いする人がアシスタント（**assistant**）で、ディレクターの補佐役が **AD**（**assistant director**）です。

　assist は、**help** と同様に誰かの作業をより楽にするために手を貸すことですが、比較的重要でない作業や簡単な作業でお手伝いすること、補佐することを言います。主体は助けられる人の方です。

assist

比較的重要でないことでお手伝い

help のほうは、かなり主体に立ち入った内容で助けることです。例外的に、お店で店員が「いらっしゃいませ」の意味で、**May I help you?** と言うことがあるように、**assist** のような軽い意味もあります。しかし基本的には、当事者だけではできないようなことを手助けして可能にすることです。

　❶の文はこの手助けにあたるので **help** を選びます：**Come and help me lift this box.**（こっちに来て、この箱を持ち上げるのを手伝ってください）

　help は、特に命令文では、緊急で差し迫った状況を暗示させる語です。死ぬか生きるかというような困難に遭遇したら迷わず、**Help!** と叫びます。赤ちゃんに **help** を与えないと、**helpless**（自分ではどうすることもできない）状態になってしまうわけです。

主体に立ち入った内容で助ける

What will help my upset stomachache?
　　調子の悪いお腹には何が効くでしょうか。

Help was sent to the hurricane victims.
　　ハリケーンの被災者に救援が送られた。（**help** は名詞）

　help よりも、もっと差し迫った状況で、危険や困難から救い出すことを表すのが **save** と **rescue** です（しかし、助けを求める時は、**Help!** です）。両者の違いは、**save** が、救出の結果の安全性に焦点が当てられているのに対して、**rescue** は、迅速に救出する行為や組織的な行動による救出という点に焦点が当てられているところにあります。

　❷の文では、この点で微妙な意味の違いはありますが、**save** も **rescue** も使えます：**They saved/rescued the child from drown-**

ing.（彼らは子どもがおぼれているのを助けた）

❸では組織的に消防士が救助したわけですから **rescue** を使います：**Firefighters managed to rescue the children trapped in the burning house.**（消防士たちは炎上する家に閉じこめられた子供たちをなんとか救助した）

❹のように医者が命を救う場合は **save** を使います：**The doctor saved his life.**（その医者は彼の命を救った）

save one's life は、文字通り「人の命を救う」という意味のほかに、比ゆ的に次のように使うこともできます。

Thank you for doing that. You saved my life.
　どうもありがとうございます。助かりました。

save は **safe** と同源であることを考えれば「安全にする→救出する」の意味が理解できると思います。

反対に、ゆるい方の「助ける」としては **support** があります。サッカーでいえば「サポーター」のように、精神的、または資金的に「支援」「援助」「支持」することですね。

She worked part-time to support her family.
　彼女は家計を助けるためにパートで働いた。

解答　❶ help　❷ saved/rescued　❸ rescue　❹ saved

251

64 許す、許可する | allow / permit
禁止する | forbid / prohibit

適当な単語はどれでしょうか？

❶ The visa (allows/permits) you to stay for three weeks.
（そのビザでは3週間の滞在が認められています）

❷ No one is (allowed/permitted) to pick flowers in this park.
（この公園では誰も花を摘むことは許されていません）

❸ The children are not (allowed/permitted) to watch violent TV programs.
（子供たちは暴力的なテレビ番組を観ることを許されない）

❹ We mustn't (allow/permit) the situation to get any worse.
（私たちは事態をさらに悪化させてはいけない）

　allow と permit の違いの前に、助動詞、can と may の違いを考えてみます。両者には微妙な意味の違いがあり、一般に、can は「それができる能力・権力を持つ」ことを表し、may は「そうするという選択肢が与えられている」「することに関して妨げがない」というような意味を表します。下のイラストでいうと、can は障害を乗り越えるパワーがあることを表し、may は「通れる途（選択肢）がある」、「許されている」ことを表します。

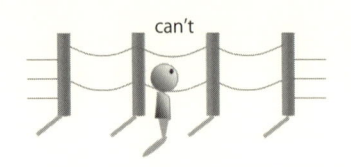

can できる能力・権力を持つ 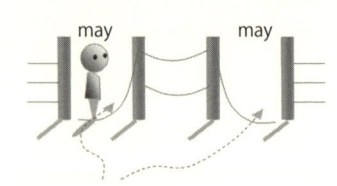　　may 選択肢が与えられている

「許可」を表す場合、**may** は個人的な許可について用いられ、**can** は公的権利や一般的許可について用いられることが多いです。

You can (not) park here.
You may (not) park here.

ここでの **can** を使った文の場合は、例えば警察当局が特に駐車禁止の指定区域になっていない（いる）ので「ここに駐車してもかまいません（駐車してはいけません）」ということを表し、一方、**may** を使った文の場合は、話し手の個人的な裁量や判断で「ここに駐車してもかまいません（駐車してはいけません）」ということを表しています。

さて、本題の **allow** と **permit** の話に戻ります。許可を与える動詞 **allow** と **permit** は、相互に交換可能な場合も多いのですが、厳密には、**can** と **may** と似たような関係があります。

permit は **per**（通して）＋ **mit**（送る）＝「通過させる」が原義で、「積極的に相手に許可を与える」というのが基本です。特に、法律や規則など公的な許可を与える場合に用いられることが多い語ですから、改まった状況で使われるのが普通です。「滞在の許可」、「営業の許可」、「コンピュータへのアクセスの許可」、「通行の許可」などが、**permit** が使われる例です。

The use of mobile phones is not permitted inside the aircraft.
飛行機の中では携帯電話の使用は許可されません。

❶の文は「公的な許可」を言っているので、**permit** を選択します：**The visa permits you to stay for three weeks.**（そのビザでは3週間の滞在が認められています）

❷も同様です：**No one is permitted to pick flowers in this park.**（この公園では誰も花を摘むことは許されていません）

また、必ずしも改まった状況でなくても、次のような表現もあります。

I'll come tomorrow, weather permitting. 天気が許せば明日来ます。

If time permits, I will visit my uncle in Miami.

時間が許せばマイアミのおじさんの所へ行きます。

permit の反意語が **prohibit** で、法律や規則などで公的に禁止することを表します。

Soviet citizens were prohibited from travelling abroad.

ソビエト国民は海外旅行を禁止されていた。

これに対し、**allow** は、消極的に、または、暗黙のうちに相手に許可を与えるというのが基本で、個人の判断で非公式に許可を与える、つまり「容認する」、そして時には「黙認する」というニュアンスを持つ語です。レストランの入り口に、**No pets allowed.** と書かれていたら、店主の判断で「ペット持ち込み不可」ということになります。次の文は、**permit** と **allow** 両者の違いをうまく言い表しています。

The teacher allowed me to drink a glass of beer, though it was not permitted.

（規則では）禁止されているが、先生はビールを一杯飲ませてくれた。

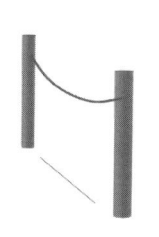

allow　個人の判断の非公的な許可　　　permit　公的な許可

I'm not allowed to drive my father's car.
父の車を使うことを許されていません。

The mother only allowed her children to play video games on Sunday.
その母親は日曜日にだけ子供たちにテレビゲームをさせてあげた。

これらの例と同様、❸の文では教師・親などの判断で許すかどうかのことなので **allow** を選択します：**The children are not allowed to watch violent TV programs.** （子供たちは暴力的なテレビ番組を観ることを許されない）

また、**allow** は、次の例のように、自分の力量不足か怠慢のために良からぬ事態の発生を阻止できない状態を表すこともあります。❹の文がその例です：**We mustn't allow the situation to get any worse.** （私たちは事態をさらに悪化させてはいけない）

先ほどの助動詞との関係で言えば、**You cannot park here.** は、**You are not permitted to park here.** となり、**You may not park here.** は、**You are not allowed to park here.** となるわけです。

allow の反意語が、**forbid** です。これは、**prohibit** と同じように、公的に禁ずる意味でも使われることはありますが、基本的には、次のように、個人的に直接禁ずることを表します。

You may not go to the party. I absolutely forbid it.

あなたはパーティーに行ってはいけません。絶対にだめです。

解答　❶ permits　❷ permitted　❸ allowed　❹ allow

似ている英単語使い分けBOOK

第2章 形容詞・副詞編

65 大きい | large / big / huge / enormous / vast / great

適当な単語はどれでしょうか？

❶ How (large / big) is Tokyo?
（東京の大きさはどれくらいですか）

❷ How (large / big) is the population of Tokyo?
（東京の人口はどれくらいですか）

❸ A (large / big) number of people attended the concert.
（多くの人たちがそのコンサートに参加した）

❹ He had a (large / big) decision to make.
（彼は重大な決定をしなければならなかった）

❺ A (large / vast / enormous) plain extends beyond the river.
（川の向こうに広大な平野が広がっている）

large は客観的な目で見た物理的な物の「大きさ」や「広さ」を表し、主観や感情の要素は含まれません。一方、big には主観的・感情的な要素がプラスされています。

Oh! It's too big for me.
　大きすぎて食べられないよ。（食べ物を頼んだら大きすぎて）

I want to live in a big house.　大きな家に住みたいなあ。

Don't cry. You're a big boy now.
　泣かないのよ、もうお兄ちゃんなんだから。

Your baby's getting big!　あなたの赤ちゃん、大きくなったわね。

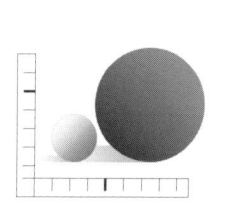

large「客観的に見た物理的な大きさ」　　big「主観的、感情的な大きさ」

big は **large** と違って、物質以外を含めて感覚的に大きいことを示すときにも使えます。ですから、**a big hug** となりますし、**a large chance** よりも **a big chance** と言われます。

数の大きさを言うときには主観的な **big** でなく客観的な **large** を使い、逆に程度を言うときには客観的な **large** でなく主観的な **big** を使います。

実際の使用例をみると、**large** が修飾するのは、**number(s)**（数）、**amount(s)**（量）、**quantity** ／ **quantities**（数量）、**part**（部分）、**scale**（スケール）、**proportion**（割合）、**population**（人口）などです。一方、**big** のあとに出てくるのは、**hit**（ヒット）、**difference**（違い）、**deal**（取り引き）、**problem**（問題）、**impact**（インパクト、影響）、**business**、（ビジネス）、**picture**（展望、全体像）、**mistake**（間違い）、**money**（金）、**play**（プレー）、**trouble**（トラブル）などで、「やったー」とか「困った」とか「すっごい」というような「感情」が入りそうなことばが多いです。「**Yazawa** は **big**」というのも、客観的な大きさでないことはわかりますね。感情が入るというのは「ビックリ」と覚えたらどうでしょう。

❶の文の場合、**large** でも **big** でも正解なのですが、**How large is Tokyo?** の文では、客観的に東京の

big「感情的な大きさ」

面積または人口だけを聞いているのに対し、**How big is Tokyo?** では、例えば政治的・経済的機能などの、プラスアルファとなる諸要素を含めて聞いていることになります。逆に、人口、数量、割合など、客観性が強い場合は **large** で表すのが普通です。❷の場合は前に挙げた使用例でわかるように、**large** が使われます：**How large is the population of Tokyo?**（東京の人口はどれくらいですか）

❸の文も客観的な数字のことを言っているので **large** が適切です：**A large number of people attended the concert.**（多くの人たちがそのコンサートに参加した）

❹の文の場合は、主観的な重大性を言っているので **big** が適切です：**He had a big decision to make.**（彼は重大な決定をしなければならなかった）

huge は語源的には「山」とか「丘」という意味です。**large** と **big** の誇張表現が **huge** と考えてください。形やかさが巨大であるだけでなく、数量や割合が膨大であることを表します。

Then we saw a huge monument.
　　その時、私たちは巨大なモニュメントを見た。

The concert was a huge success.　　コンサートは大成功だった。

He came in, with a huge bunch of flowers.
　　彼はすごく大きな花束を持って入って来た。

huge「巨大な」「膨大な」

enormous も **huge** と同様に **large** と **big** の誇張表現ですが、**norm**「規準」から外れている（**e** = **ex**）ことが原義で、形が異常に大きく、数量や割合が膨大であることを暗示させる語です。「正常な範囲を超える」ということから、「極悪な」とか「無法な」という意味で使われることもあります。

I've never seen such an enormous mosquito.

そんなに巨大な蚊を見たことがない。

He has an enormous amount of work to finish before Friday.

彼は金曜日前に終わらせなければならない仕事が山ほどある。

vast は「邪魔するものは何もない」が原義で、形やかさが大きいのではなく、平面的な広さを表します。加えて、数量や割合が「膨大な」の意味もあります。

Vast areas of the Amazon rainforest have been destroyed.

アマゾンの広大な熱帯雨林が破壊されている。

A huge palace was constructed at vast public expense.

膨大な公費で巨大な宮殿が建設された。

vast の語源は「何もない」で、「だだっ広い」「広大な」という感じを与える語です。**vain**（空の、無駄な）、**void**（空の、空虚、真空）、**vacancy**（空き、空き地、空虚、放心）、**vacuum**（真空、掃除機で掃除する）などが同源で、これらからその「何もなさ」がイメージできます。

vast 何もない「だだっ広い」

❺の文は「何もない」の意味ですから、この **vast** が適切です：**A vast plain extends beyond the river.**（川の向こうに広大な平野が広がっている。

「大きい」の意味では **great** も使われます。**great** は物事の規模が大きく立派で、敬意の意味を含みます。多くの場合、**big** と同じように主観的にプラスの意味を表します。

例えば **great** が修飾する名詞には　**success**（成功）、**influence**（影響）、**importance**（重要性）、**pleasure**（よろこび）、**achievement**（達成）、**deal**（程度、取り引き）、**power**（パワー）などがあります。これらは主観的に大きさを表す代表例です。

She had a great success with this project.
　彼女はこのプロジェクトで大きな成功をおさめた。

解答　❶ large / big　❷ large　❸ large　❹ big　❺ vast

66 小さい | little / small / compact / minute / tiny / fine

適当な単語はどれでしょうか？

❶ He was too (little / small) to be a sumo wrestler.
（彼は小さすぎて相撲取りになることができなかった）

❷ They had to live on a (small / little) income.
（彼らは少ない収入で生活しなければならなかった）

❸ What a sweet (little / small) animal !
（何て可愛らしい動物なんでしょう）

❹ She was wearing a nice (small / little / fine) dress.
（彼女は素敵な可愛いドレスを着ていた）

❺ They live in a beautiful (small / little / tiny) village.
（彼らは美しい小さな村に住んでいる）

small は「小さい」、「狭い」、「少ない」、「取るに足らない」。
little は「小さい」、「可愛い」、「年下の」、「取るに足らない」。

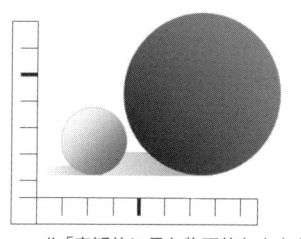

small「客観的に見た物理的な小ささ」

little 主観や感情を込めて「小さい」「かわいらしい」

little が主観や感情を込めて「ある物や人が小さい」ことを表すのに対して、**small** は客観的な目で見て、「ある物や人が小さい」ことを示します。つまり、主観が入る「大きい」を意味する **big** の反意語が **little** で、客観的な「大きい」を意味する **large** の反意語が

small という感じです。

His office was a small room at the top of the building.

彼の事務所はそのビルの最上階にある狭い部屋だった。

big が large のプラスアルファであるように、little は small のプラスアルファだと考えることができます。単に小さいだけでなく、主観的にプラスの意味を込めた「小さくてかわいらしい」というイメージを表します。beautiful（美しい）、pretty（可愛い）、nice（すてきな）、sweet（優しい）などの形容詞と一緒に使われることが多いです。ですから、客観的な大きさを示す small には smaller や smallest といった比較級や最上級があるのに対して、主観が入る little には、「小さい」の意味では比較級も最上級もありません。比較級や最上級を言いたいときは smaller、smallest で言い換えます。

What a sweet little baby! 何て可愛らしい赤ちゃんでしょう。

She's the smallest baby ever born at the hospital.

彼女はその病院で今まで生まれた中で、最も小さな赤ん坊です。

自分の子供時代を表現するとき、**My parents died when I was a little child.**（両親は小さい頃に亡くなりました）などと言うと、little には「かわいらしい」の感覚があるので、不自然に聞こえてしまう可能性があります。自分に「かわいらしい」というのはおかしいので、**a small child** とした方がよいでしょう。

ただ、プラスのイメージしか持たないかというとそうでもなく、「取るに足らない」「重要じゃない」という意味を表すこともあります。

You worry too much about little things.

君はつまらないことを心配しすぎです。

「取るに足らない」という点では small も使えますが、little の持つプラスのイメージによって、little のほうが small よりもやや丁寧

な響きが感じられることになります。

　日本語でも、少し意味を弱めて遠慮して言うときに「ちょっと」をつけることがありますが、そのような場合には little のほうがいいでしょう。**I have a little problem.**（ちょっとした問題がありまして）

　small と little には語法の違いもあるので注意してください。**little** は「小さい」という意味では、常に名詞の前で使われ（限定用法）、叙述用法として使われることはありません。例えば **It's a little town.** とは言えますが × **That town is little.** とは言えません。

　❶の文は体の物理的な大きさを言っているので small が適切です：**He was too small to be a sumo wrestler.**（彼は小さすぎて相撲取りになることができなかった）

　❷の文は収入のことを言っているので small が入ります：**They had to live on a small income.**（彼らは少ない収入で生活しなければならなかった）

　❸、❹の文には感情が含まれますから little を選びます：**What a sweet little animal!**（何て可愛らしい動物なんでしょう）、**She was wearing a nice little dress.**（彼女は素敵な可愛いドレスを着ていた）

　❺の文にも、主観的な感情が読めますから、little を選びます：**They live in a beautiful little village.**（彼らは美しい小さな村に住んでいる）

　compact は、**a compact engine**、**a compact camera**、**a compact city** のように、小さいながらに、あるべき機能がきっちりと詰まっていることを表します。**compact** の **pact** は、**impact**（衝撃）や **package**（包み）の **pack** で「詰まった」の意味、**con** は「すっかり」ですから、ただ小さいだけじゃない **compact** の意味がわかります。

compact "小さいながらも機能がきっちりつまっている"

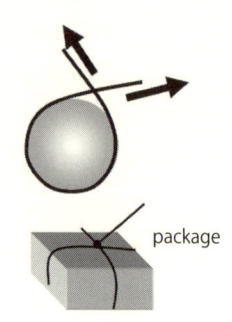

package

　minute（発音に注意 [maɪnjúːt]）も小ささを表しますが「微細な」、「細かい」の意味です。時間の「分」を表す **minute** ですが、もともとは「細かく刻まれた」が原義で、**small** や **little** よりもさらに小さく、時に見えないくらいの「小ささ」を暗示させます。

There's a minute difference between the two words.
　そのふたつの単語には微妙な違いがある。

Her writing's so minute that it's difficult to read.
　彼女の字は細かすぎて読みにくい。

　tiny は「ちっちゃな」、「ごく小さな」の意味ですが、**minute** のくだけた言い方で、同種のものと比べて極端に、または驚くほど小さいことを表します。

He lives in a tiny cottage.　彼はちっぽけな小屋に住んでいる。

She was holding a tiny little baby in her arms.
　彼女は腕にちっちゃな赤ちゃんを抱いていた。

　fine は細い、細かい、という意味ですが、固体や液体や気体が非常に細かいことを表します。例えば「粒の細かい砂」なら **fine sand**、霧雨は **fine rain** です。

tiny "驚くほど小さい"

The thread is too fine to see.　その糸は細すぎて見えない。

A fine rain is falling.　霧雨が降っています。

語源ポイント

minute をじっと見ているとその中に min(i) が見えてきます。miniskirt の mini、つまり小さいという意味です。miniature（ミニチュア）もそうですし、最上級の「最も小さい」の意味の minimum、比較級の意味の minor（より小さい）、動詞にすると minimize（最小限にする）、それから minus（より小さくする＝マイナス）も仲間です。原義は「細かく刻む」ですが、その意味で mince は小さく刻んだ肉＝挽肉（メンチ）です。

時間を表す「分」の意味の minute は、「一時間より小さく刻んだ単位」の意味です。じゃあ秒は？というと、「それよりもうひとつ小さい単位」＝ second minute だったのですが、やがて minute がとれてしまって second になりました。

「ちょっとまって」の **Wait a minute.** の minute は「一分間待って」と言っているわけではなくて、「短い時間待って」のことですね。

minutes はほかにも「議事録」という意味でも使います。これがどう関係するかというと、「小さな書き物」「ちょちょい書き」という意味が「議事録」になったということです。

解答　❶ small　❷ small　❸ little　❹ little　❺ little

67 高い | tall / high

適当な単語はどれでしょうか？

❶ **He is six feet (high / tall).**
（彼の身長は6フィートです）

❷ **The shelf is so (tall / high) that I can't reach it.**
（棚が高すぎて手が届きません）

❸ **The corn grew (waist-high / waist-tall) in the fields.**
（畑のコーンは腰の高さまで成長した）

❹ **Everest is one of the (tallest / highest) mountains in the world.**
（エベレストは世界で最も高い山の一つです）

　tall は視線が下から上へ線状に連続的に向けられる場合に、**high** は視線が高いところのみに向けられている、というのが、両者の基本的な違いです。

　「背が高い」は、下から上へ視線を向けて考えるので **tall**。ただし、立てない赤ちゃんの場合は **long** で表現されます。

　❶は **tall** ですね：**He is six feet tall.**（彼の身長は6フィートです）

　❷の文では **high** が適切です：**The shelf is so high that I can't reach it.**（棚が高すぎて手が届きません）。手を届かせようとする視線が棚の高い部分に向けられているイメージが持てると思います。

　❸の文も同様に、コーンの先端の高さを腰の位置で表現しています：**The corn grew waist-high in the fields.**（畑のコーンは腰の高さまで成長した）

　山は下から上へ視線を向けるイメージも持てますが、視線は線状に向けるわけではありません。幅や奥行きがあるものについては、

視線が上のところだけに向けられる **high** を使います。

A：**How high is Mt. Fuji?**（富士山の高さは？）
B：**It is 3,776 meters high.**（3776 m です）

ですから❹の文は **high** が適切です：**Everest is one of the highest mountains in the world.**（エベレストは世界で最も高い山の一つです）

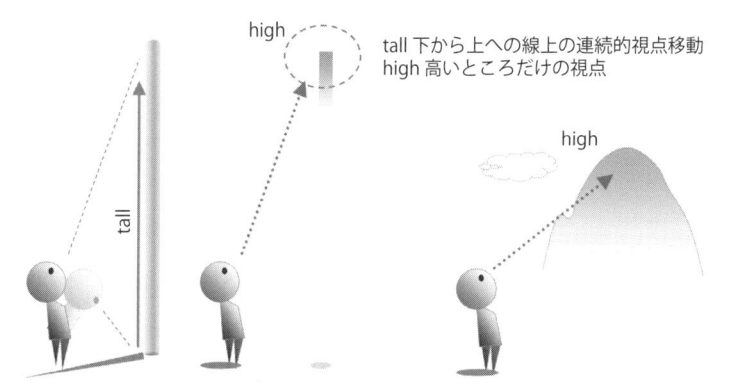

高いビルは、**high** の場合も **tall** の場合もあります。下から見上げる場合は線状の視線なので **tall** で表し、高いところから見下ろす場合は、高いところに視線があるので **high** で表します。

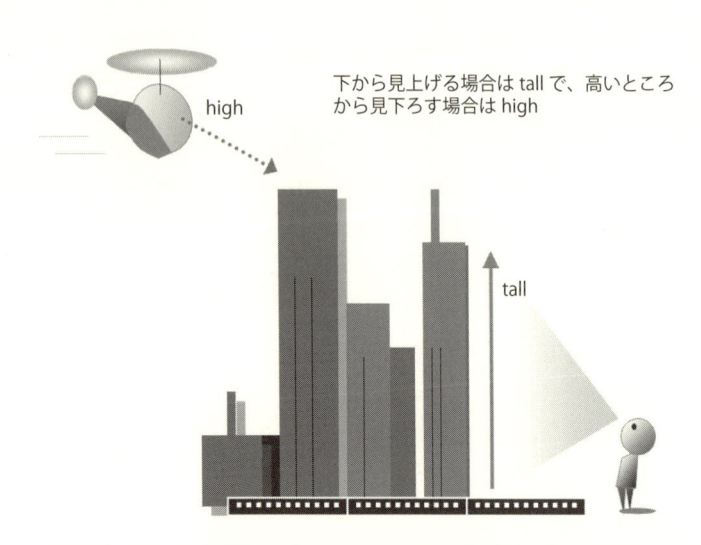

下から見上げる場合は tall で、高いところから見下ろす場合は high

この視線の考え方を使えば、**tall** と **high** の違いが明確になります。背が高いものは、**tall chimney**（高い煙突）、**tall glass**（普通より高さのあるグラス）などがあります。線状に視線が動くような形状、つまり「ノッポな」という感じの形状を **tall** で表します。

tall 形状として「ノッポな」

背が高い人は **tall** で形容されますが、「身長」は、視点が高いところ（身長計の目盛）にあるイメージですから **height** です。

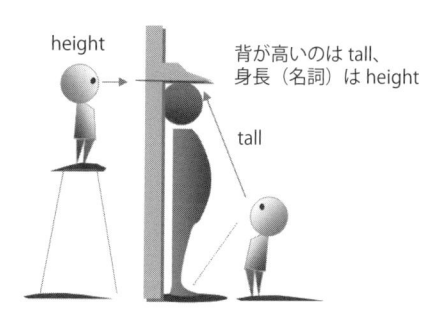

高いところにあるものは、**high window**（高いところにある窓）、**high ceiling**（高い天井）、**high shelf**（高い所にある棚）などのように **high** で表します。**high heels**（ハイヒール）も、かかとが普通より高いところにありますね。

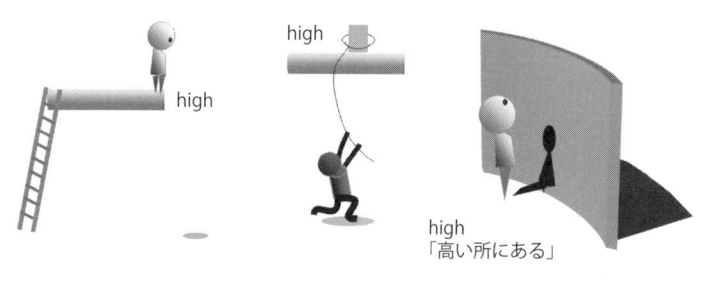

形がないものでも、**high price**（高い価格）、**high society**（上流社会）などのように抽象的な形容もできます。

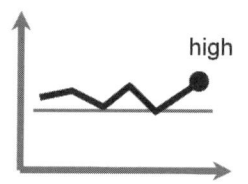

解答　❶ tall　❷ high　❸ waist-high　❹ highest

68 速い | fast / quick / rapid

適当な単語はどれでしょうか？

❶ **The horse was (fast / quick) but not a good jumper.**
（その馬は、足は速いがジャンプはうまくなかった）

❷ **She usually has a (fast / quick) lunch, because she is busy.**
（彼女は忙しいので、よく昼食を急いで食べる）

❸ **He responded (quickly / fast) to my letter.**
（彼はすぐに私の手紙に返事をよこした）

❹ **Juvenile delinquency has increased (quickly / rapidly) in recent years.**
（近年、少年犯罪が急速に増加した）

　fast は「速い」という意味では最も一般的な語で、たいていの場合ほかの類義語に置き換え可能ですが、基本的には、持続的・継続的な動作や運動の速度が「一定して速い」ことに重点が置かれる語です。形容詞では **fast car**（速い車）、**fast train**（速い列車）、**fast growth**（急成長）などのように使えます。

He's always driving too fast.
　彼はいつもスピードを出しすぎて運転している。

He ran home as fast as he could.
　彼はできる限り速く家に向かって走った。

　❶の文は持続的な速度のことを言っていますから **fast** を選びます：
The horse was fast but not a good jumper.（その馬は、足は速いがジャンプはうまくなかった）

quickは、速度というよりも「かかる時間の短さ」に重点があります。「瞬間的」「あっという間」というように、動作や行動に時間をかけずにすばやく敏速・敏捷であることを表します。決断（**decision**）や返事（**reply**）、反応（**response**）、行動（**action**）などが即座であることを表します。

He had a quick look at today's newspaper.
彼はすばやく今日の新聞に目を通した。

❷の文は **quick** が適切です：**She usually has a quick lunch, because she is busy.**（彼女は忙しいので、よく昼食を急いで食べる）

❸の文も迅速さ（時間の短さ）を言っているので **quick** を選びます：**He responded quickly to my letter.**（彼はすぐに私の手紙に返事をよこした）

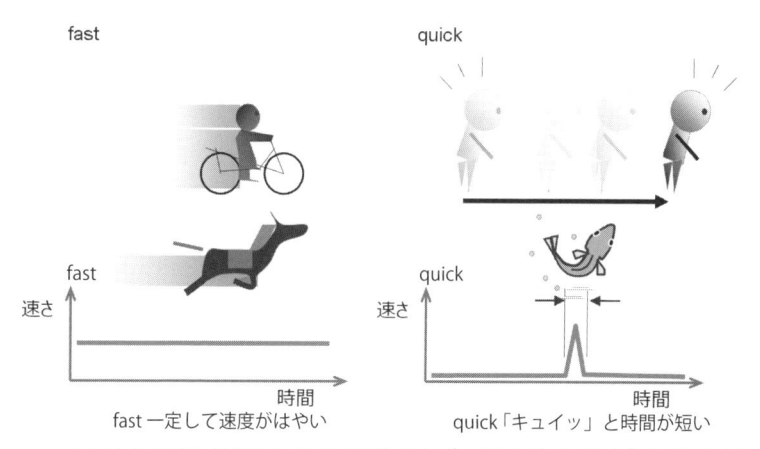

fast

quick

fast 一定して速度がはやい

quick「キュイッ」と時間が短い

rapid はやや堅い感じを与える語ですが、動きやその変化に焦点があって、短期間に急速に起こることを表し、その中に驚きを暗示させる語です。**rapid progress**（急速な進歩）、**rapid change**（急速な変化）などのように使えます。レム（**REM**）睡眠と言うのは、目が

小刻みに動く「高速眼球運動」(**Rapid Eye Movement**) を伴う睡眠です。また、**rapid train** は「快速列車」ですね。

He made a very rapid recovery. 彼はとても早い回復をみせた。

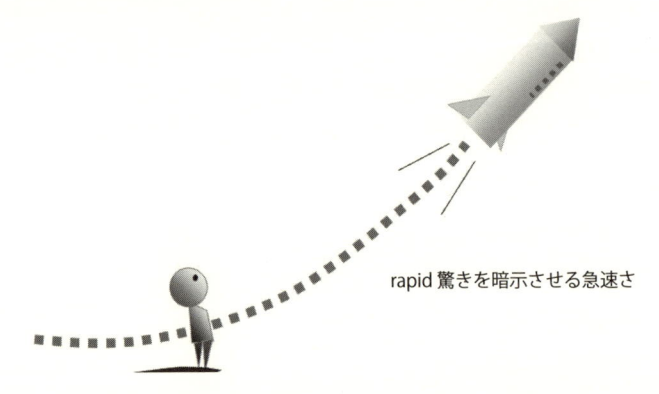

rapid 驚きを暗示させる急速さ

❹の文は変化の急激さを表しているので **rapid** が適切です：
Juvenile delinquency has increased rapidly in recent years.（近年、少年犯罪が急速に増加した）

解答 ❶ fast　❷ quick　❸ quickly　❹ rapidly

69 狭い | narrow / small / tight

適当な単語はどれでしょうか？

❶ **The alley is too (narrow / small) for the car to get into.**
(その路地は狭すぎて車が通れません)

❷ **Japan is a (narrow / small) country.**
(日本は狭い国である)

　「部屋が狭い」とか「道路が狭い」と言うように、日本語の「狭い」という形容詞は、面積の小さいことにも幅がないという意味にも使われます。しかし英語では、この二つをはっきり使い分けます。

　narrow は「細長く、幅がない」という意味での「狭さ」を表します。「面積」ではなくて「端から端までの距離の短さ」を形容します。ですから、**narrow room** と言ったら「（面積の）狭い部屋」ではなくて「幅の狭い部屋」を表すことになります。

narrow「幅が狭い」

The little village has very narrow streets.
　その小さな村にはとても狭い通りがいくつもある。

He led me through the narrow streets of the old city.
　彼は旧市街の細い通りを案内してくれた。

❶は通れないほど狭いわけですから **narrow** を使います：**The alley is too narrow for the car to get into.**（その路地は狭すぎて車が通れません）

「面積が狭い」という意味の「狭い」は英語では **small** で表します。

This room is too small for us two to live in.

この部屋は私たち二人が住むには狭すぎる。

❷の文は日本の国土の面積のことを言っているので **small** を使います：**Japan is a small country.**（日本は狭い国である）

また、**narrow** は知識・範囲・心が狭いことも表します。**narrow-minded** という形容詞で「心が狭い」を意味し、その反対は **broad-minded** です。

「きつい」という感じの狭さは **tight** で表します。

I parked into a tight spot. 私は狭いところに車を停めた。

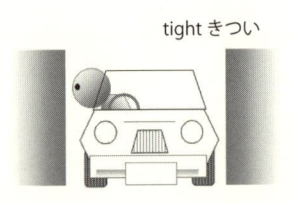

解答　❶ narrow　❷ small

70 広い | wide / large / broad

適当な単語はどれでしょうか？

❶ At this point the river is over one mile (wide / broad).
(川はこの地点では1マイル以上の幅がある)

❷ Open your mouth (broad / wide).
((歯医者さんで) 大きく口を開けて)

❸ His room is very (wide / broad / large).
(彼の部屋はとても広い)

　端から端までの距離を客観的に見たときの長さを表すのが **wide**、つまり「幅が広い」ことを表す形容詞です。「端から端までの間隔」「距離」を表すので、**broad** よりも端と端に意識があったり、端と端が明確な場合に使われる傾向があります。面積の意味の「広い」を表す場合は、**large** を使います。

The door is wide enough to get the piano through.

　戸口はピアノを通すに十分な広さだ。

　❶の文には「端から端までの距離」に意識があるので、**wide** を選びます：**At this point the river is over one mile wide.** (川はこの地点では1マイル以上の幅がある)

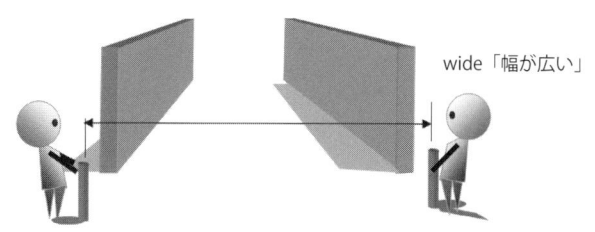

wide「幅が広い」

large 面積が広い

目・口・戸が大きく開いている状態も表し、**wide eyes** と言ったらびっくりしたような大きく開いた目を意味します。切れ長の目のことではありません。目は縦に開くので、その幅が広い状態を言い表します。

He stared at the sight with wide eyes.

彼は目を丸くしてその光景を見つめた。

❷の文は「口を大きく」ですから **wide** が適切です：**Open your mouth wide.**（(歯医者さんで)大きく口を開けて）

big eyes　　wide eyes

考えや文化の違いなども日本語で「かけ離れた」というように、英語でも距離にたとえて表現されます。

There are wide differences between the two parties.

双方には大きな違いがある。

❸は面積のことを言っているので **large** が適切です：**His room is very large.**（彼の部屋はとても広い）。**a wide room** と言えば普通は「間口の広い部屋」という意味になりますから、「(面積の) 広い部屋」を言うときは **a large room** か **a big room** と表現します。

broad は、**wide** と同様に「幅が広い」ことを表す形容詞ですが、**broad** は **wide** にプラスアルファしたものと考えてください。つまり単に「幅が広い」ことだけでなく、「広々とした平面的な幅の広さ」または「魅力的な広さ」を暗示させるのが **broad** です。**wide** の「間隔」「距離」という明確さに対し、**broad** には感覚的・情緒的な意味があるということです。**wide** と違って端と端に焦点が当てられないほど「広々とした」が **broad** です。**broad street** は「広々とした通り」という感じになります。通信で使うことば、「ブロードバンド」は、電波や電気信号、光信号などの周波数の帯域の幅が広いことを言いますね。通り道が広々としている感じです。

　「魅力的な広さ」という意味では、広々とした田舎の自然の風景を表す場合は **a broad river**（川幅のある川）とか **a broad stretch of meadowland**（広々とした牧草地）のように表します。

　また、「広い肩幅」**broad shoulders** や「広いおでこ」**broad forehead** のように、体の一部の広さを言うときにも使います。広い意味を表すときは日本語の「大まかな」のように、「端と端を感じさせないような」広さを表します。

　wide には種類の多さや選択の広さの意味もあり、種類の多さを表す場合は **broad** ではなく **wide variety** といい、「選択の幅」という意味では、**wide selection**、**wide choice** という言い方が多く使われます。**range**（範囲）の幅を表す場合は **wide**、**broad** どちらも使われます。面積の意味の **area** を「広い」という場合は **large area** となりますが、「広域」「広範囲」という意味では **wide area**、**broad area** という言い方をします。

broad 感覚的、情緒的な広さ。端と端を感じさせない。

　knowledge（知識）の幅としては **wide**、**broad** どちらも使われ、「意味」や「意識」の意味の **sense** の場合は、**broad sense** というように「感覚」の意味が強い **broad** の方が使われます。

She has a wide（= broad）knowledge of birds.
　彼女には鳥に関する幅広い知識がある。

　space という語には「場所」「空間」を表す意味のほかに「間隔」の意味もあります。「間隔」の意味では **wide space** と言い、場所や空間が広い場合は **large space** と言います。
　「間隔」が **wide**、「感覚」が **broad** と覚えたらいいかも知れません。

解答　❶ wide　❷ wide　❸ large

71 汚い | dirty / messy / filthy

適当な単語はどれでしょうか？

❶ Look how (dirty / messy) your hands are !
（何て汚い手をしているの）

❷ The kitchen's (dirty / messy).
（キッチンが汚い）

dirty は、ほこり・ゴミ・泥などで表面が汚れている状態を表す意味では最も一般的な語です。タオルやシャツが汚れている状態が dirty というのは、「土」「泥」の意味を考えれば直感的に理解できますね。食後の洗っていない食器のことも dirty dishes （汚れた皿）というのは直感的にはわかりにくいので、意識しておぼえましょう。

He left his dirty towels on the floor.
　　彼は汚れたタオルを床に置きっ放しにした。

We cleared away the dirty dishes. 私たちは汚れた皿を片付けた。

dirty は他にも本（**book**）・雑誌（**magazine**）・映画（**film/movie**）などにつけて「下品な」とか「わいせつな」という意味も表します。「卑劣な」の意味の「汚い」も dirty で表します。

messy は、「散らかった」の意味で、部屋や机の上など、整理整頓ができてなくて乱雑に散らかっているような汚い状態を表します。「部屋が汚い」と言いたい場合、「汚い」という日本語に引っ張られてつい **My room is dirty.** と言ってしまいがちです。しかし dirty だと泥やほこりが堆積した汚さを表してしまいますから、そこは **My room is messy.** と言うべきでしょう。

Clean up this messy desk. この散らかった机をきれいにしなさい。
His house is always messy. 彼の家はいつも汚い。

名詞としては次のように使います。

My brother's bedroom is always in a mess.
　弟の寝室はいつも散らかっています。

The room was a mess of clothes and paper which had been scattered all over the floor.
　その部屋は床に散乱した服と紙で散らかっていた。

dirty   messy

dirty「汚れた」   messy「散らかった」

　❶の文は泥か何かで汚れている状態なので、**dirty** が適切です：
Look how dirty your hands are!（何て汚い手をしているの）

　一方、❷の文はおそらく「散らかっている」という意味でしょうから、**messy** を選びます：**The kitchen's messy.**（キッチンが汚い）

　filthy は、「汚い」、「不潔な」の意味で、あか・すす・煙などが徐々にたまって、**dirty** よりもさらに汚く、不快感を与えるほどの汚さを暗示させます。**dirty** と同様に「下品な」とか「わいせつな」という意味もあります。

Wash your hands - they're filthy. 手を洗いなさい。汚いですよ。

🅰🄰 語源ポイント・音象徴ポイント

　messy の名詞形は **mess**。「散らかっている状態」を表して、そんな状態でいると、**What a mess！**「なんて散らかっているの！」などと叱られます。

　mess の語源は、「食卓に出された食事」。もともとは食卓に「置く」意味で、**mis**（送る）と同じ語源です。日本語の「メシ」やその語源の「召す」に通じるような気がします。英語の **mess** は後に食べ物を混ぜ合わせるようなセンスを持って、それが今では「散らかった状態」を意味することになりました。

　頭や気持ちが「散らかった状態」は **mixed-up** というふうに表現されますが、**mix** は **make** と同源で、**make** にはもともと「手でもんでこねて作る」というような意味があったので、**m** の音にはその感覚があるのかも知れません。ちなみに日本語の「揉む」は「もこもこ」という擬態（オノマトペ）に由来するようです。

解答　❶ dirty　❷ messy

72 やせた | thin / slender / slim / skinny / lean

適当な単語はどれでしょうか？

❶ He looked (thin / slender) after his illness.
（彼は病気をしたのでやせて見えた）

❷ You always look great. How do you stay so (thin / lean / slim)?
（いつもすてきね、どうやったらそんなにほっそりしていられるの?）

❸ I was really (thin / slender / skinny) when I was a teenager.
（私は10代の頃は本当にがりがりでした）

❹ He was (slim / slender / lean), tall, and muscular.
（彼はやせて背が高く筋肉質だった）

　同じ「やせた」を表す語でも、プラスのイメージを与える語と、反対にマイナスのイメージを与える語があるので、注意が必要です。

thin は、「やせた」、「やせこけた」の意味で、身長の割に体重が平均以下であること、つまり「やせている」ことを表す最も一般的な語で、**tall thin man**（背が高くやせた男性）のように客観的で中立的なイメージと、**He looked pale and thin.**（青白くやせて見えた）というようにマイナスのイメージの両方を持つ語です。**thin** の反意語は **fat** です。

He was tall and thin, with dark hair.
　彼は背が高くて痩せていて、黒みがかった髪をしていた。

Most high school girls say they want to be thinner.
　たいていの女子高生はもっとやせたいと言う。

She was looking pale and thin.　彼女は青白くやせて見えた。

❶の文では、病気によって「やせこけた」というマイナス評価ですから、thin を選びます：**He looked thin after his illness.**（彼は病気をしたのでやせて見えた）

slender は「やせた」という意味では thin と同じですが、特に女性には「ほっそりとした」、「すらりとした」というふうに、細くすらっとしていて均整がとれたという魅力的なイメージが伴われます。

She is slender and attractive.
 彼女はほっそりとしていて魅力的だ。

Regular exercise is the best way to stay slender.
 規則的な運動はやせるのに一番の方法です。

slender はやや堅苦しさを感じさせるので、略式の slim が一般的には使われます。

slim は「ほっそりとした」、「スリムな」という感じで、男女両方に使えるプラスイメージの語です。

He is slim because he eats no meat and runs five kilometers a day.
 彼がスリムなのは、肉を食べずに一日に５キロ走るからです。

She had a beautifully slim figure.
 彼女はみごとにほっそりとした体型だった。

You're looking slimmer – have you lost weight?
 ほっそりしてきたね、体重減ったの？

❷の文ではプラスイメージの話をしていますね。ですから slim を選びます：**You always look great. How do you stay so slim?**（いつもすてきね、どうやったらそんなにほっそりしていられるの？）

skinny は、マイナスのイメージを持つ語で、力がなく骨と皮だけで非常にやせていることを表します。「ガリガリ」の感じですね。

The skinny boy went through a small hole in the fence.

そのやせこけた少年は塀の小さな穴を通り抜けた。

❸ の文は **skinny** が適切です：**I was really skinny when I was a teenager.**（私は10代の頃は本当にがりがりでした）

lean も、人や動物がやせていることを表す語ですが、人について使う場合は、例えば体を鍛えたスポーツ選手のように、プラスイメージで「筋肉質でしまった体である」ことを暗示させる語です。**lean meat** といえば「脂肪のない赤身の肉」のことで、反対は **fat meat** で「脂肪の多い肉」です。

His brother is a lean athlete.

彼の弟は筋肉質のやせた運動選手です。

He was lean and tanned.　彼はやせて日焼けをしていた。

❹の文は **lean** が適切ですね：**He was lean, tall, and muscular.**（彼はやせて背が高く筋肉質だった）

| slim | slender | skinny | lean |

lean の語源を遡ってみると「そぎ落とした」という意味がうかがえます。「肉が抜けてしまった」のではなくて、「無駄なところをそぎ落とした」ということです。わかりやすい言い方をすれば「細マッチョ」です。

　「無駄をそぎ落とした」から、組織やもののやり方を「無駄なく非常に効率的な」という意味で形容するときにも **lean** が使われます。「細マッチョ」の感覚を持たずに、「やせた」という訳語だけで考えていると、最近ビジネスの世界でよく耳にする **lean organization** や **lean development** の意味が理解できなくなってしまいます。これらは「無駄を省いて効率的にした」の意味です。

解答　❶ thin　❷ slim　❸ skinny　❹ lean

73 恥ずかしい | ashamed / embarrassed / shy / shameful

適当な単語はどれでしょうか？

❶ She felt slightly (ashamed / embarrassed) at being the center of attention.
（彼女は注目の的になってちょっと恥ずかしかった）

❷ She was deeply (ashamed / embarrassed) of her behavior at the party.
（彼女はパーティーでの自分の振る舞いを深く恥ずかしく思った）

❸ It is (ashamed / shameful) for you to break a promise.
（約束を破るのは恥ずかしいことですよ）

　日本語の「恥ずかしい」には実は二通りの意味があります。ひとつは何か社会的、道徳的に悪いことをして、他人の軽蔑の対象になったり、自分のしたことに対して罪の意識を感じたときの恥ずかしさです。「顔向けできない」感覚、これは **ashamed** です。

　もうひとつの「恥ずかしさ」は、注目をあびてしまったり、へまをやって決まりが悪い思いをしたときの「恥ずかしさ」です。「穴があったら入りたい」「困惑した」というのが **embarrassed** です。

　これが、**ashamed** と **embarrassed** の違いです。英語ではふたつは別の語で表されるんですね。

embarrassed「決まりが悪い」

ashamed「罪の意識、顔向けできない」

ashamed に入るのは、例えば「テストでカンニングがばれた」、「数学で0点をとった」このような状況での「恥ずかしさ」です。

embarrassed に入るのは、「レジに行ったら財布がなかった」、「大勢の前で歌を歌ってと頼まれた」、「友だちに会ったとき名前をど忘れしてしまった」このような「恥ずかしさ」です。

この違いを理解すると❶❷の答えがわかります。

❶は「きまりが悪い思い」なので **embarrassed** ですね：**She felt slightly embarrassed at being the center of attention.**（彼女は注目の的になってちょっと恥ずかしかった）

❷は「罪の意識」なので **ashamed** です：**She was deeply ashamed of her behavior at the party.**（彼女はパーティーでの自分の振る舞いを深く恥ずかしく思った）

Being poor is nothing to be ashamed of.
　貧しいということは何ら恥ずべきことではない。

My husband looked embarrassed when I asked him where he'd been.
　どこに行ってたの、と聞いた時、夫は困ったようだった。

She looked embarrassed when she fell down the stairs.
　彼女は階段から落ちた時、恥ずかしそうだった。

彼女といるのを同僚に見られたら **embarrassed**、それが浮気相手だったら **ashamed**。うっかりズボンのチャックがあいていたら **embarrassed**、わざと見せていて捕まったら **ashamed**。こういう違いでしょう。

もうひとつ、**shy** は「照れくさい」といった感覚や性格を表します。知らない人に会ったり話したりするときに感じる「恥ずかしさ」です。

Please don't be shy.　恥ずかしがらないで。

shameful になると shame が ful(l) なわけですから、その人の行為や態度が「恥ずべき」、「けしからぬ」、「不道徳な」といったような意味になります。❸の答えは shameful です：**It is shameful for you to break a promise.**（約束を破るのは恥ずかしいことですよ）

His behavior was absolutely shameful.

彼の行動はまったく恥ずべきものだった。

なお名詞形の shame は、**I felt shame at having told a lie.**「うそをついたことを恥ずかしく思った」や **Shame on you！**「恥を知りなさい」などのように「恥」の意味で使われますが、次のように「残念な気持ち」を表すこともあります。

Isn't it a shame that the rain spoiled our picnic?

雨でピクニックが台無しになったのは残念でしたね。

What a shame you didn't win！ 勝てなかったのは残念でしたね。

語源ポイント

embarrassed は **em**（en の異型＝「囲まれる」）と **bar**（棒、木）から成ります。「横木で封鎖されてどうにもならずに困っている」状態が連想されます。日本語の「恥じ」の語源は「端」で、「端のほうに追いやられた感じ」を表したようで、**embarrassed** と通じる感覚があります。

bar がつく語はたくさんあり、**embarrass** のように行き場に困るような意味では、**barricade**（バリケード）、**barrier**（障壁）があり、ほかにも **barbell**（**bar+dumbbell** バーベル）、**barrel**（樽）などがあります。

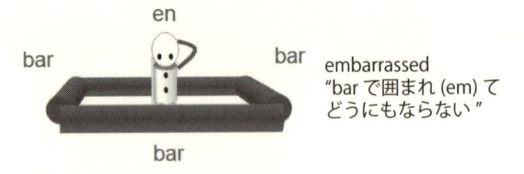

en
bar   bar
                            embarrassed
                            "bar で囲まれ (em) て
                            どうにもならない"
        bar

解答　❶ embarrassed　❷ ashamed　❸ shameful

74 面白い | interesting / funny / amusing / exciting / entertaining / fun / enjoyable / humorous

適当な単語はどれでしょうか？

❶ **A lot of students found the British Museum very (amusing / interesting / funny).**
（多くの生徒は、大英博物館はとてもおもしろいと思った）

❷ **Do you know any (interesting / exciting / funny) jokes?**
（何か面白いジョークを知っていますか）

❸ **I found Tokyo Disneyland very (amusing / interesting / exciting).**
（東京ディズニーランドはとてもおもしろかった）

❹ **A trip in a hot-air balloon sounds very (amusing / interesting / exciting).**
（熱気球での旅はとてもおもしろそうだ）

　歴史に興味がある人が博物館を見学したり、絵に興味がある人が美術館を見て歩くときに感じる面白さのように、知的興味や関心を引き起こすものを形容するのが **interesting** です。❶は **A lot of students found the British Museum very interesting.**（多くの生徒は、大英博物館はとてもおもしろいと思った）になります。

　interesting question（興味深い質問）、**interesting feature**（興味深い特徴）というように使います。

I found his latest novel very interesting.
　彼の最新の小説は読んだらとても面白かった。

It will be interesting to see how the team plays today.
　そのチームの今日のプレーを見るのは面白そうだ。

interesting「知的興味や関心を呼ぶ」

　funny は面白いジョークのようにコミカルでユーモアがあり、笑いを誘うような「面白さ」です。ですから、興味深い話は **an interesting story** で、お腹をかかえて笑ってしまうような話は **a funny story** です。
　This is the funniest story I've ever heard.
　　これは今までに聞いた中で一番面白い話です。

　❷の文は **funny** が適切ですね：**Do you know any funny jokes?**（何か面白いジョークを知っていますか）

funny「笑いを誘う」

　amusing は **funny** プラスアルファと考えてください。つまり、笑いを誘うおかしさにプラスして楽しいことを表すのが **amusing** です。遊園地は **an amusement park**。遊園地で味わう感覚が **amusing** ですね。**an amusing story**（面白い話）、**an amusing joke**（面白いジョーク）という言い方もできます。
　The book is full of amusing stories about his childhood.
　　その本は彼の幼少時代にまつわる楽しい話にあふれている。
　His speech was amusing at first, but then it got really boring.
　　彼の演説は始めのうちは面白かったが、あとで実につまらなくなった。

❸の文であるようなおもしろさは一般的には **amusing** ですが、人によっては **exciting** と感じる人もあると思います：**I found Tokyo Disneyland very amusing / exciting.**（東京ディズニーランドはとてもおもしろかった）

　exciting は、面白さを表す形容詞の中では一番強い意味を持つ語です。怖くなったりぞっとさせるほどに、人に刺激や興奮やスリルを引き起こすほどの楽しさを表します。遊園地での体験は、**amusing** でしょうが、人によっては **exciting** と感じることもあると思います。ジェットコースター（**roller coaster**）は多くの人にとって **exciting** であって、人によっては **thrilling** という「面白さ」でしょうね。

I've got some exciting news for you.
　君をわくわくさせるようなニュースがあるよ。

It was really a very exciting experience.
　それは本当にわくわくする経験でした。

❹の文にあるような熱気球の旅も、大部分の人にとっては刺激や興奮やスリルを与えることになりますので、**exciting** を選ぶのが普通です：**A trip in a hot-air balloon sounds very exciting.**（熱気球での旅はとてもおもしろそうだ）

exciting「刺激や興奮やスリルを引き起こす」

「あの映画、面白かった？」「うん、面白かったよ」。それはもしかしたら **funny** でも **amusing** でも **exciting** でもない「面白かっ

た」かも知れません。思わず涙した映画。そんな感情も含めて、**entertaining** という語で表現することができます。

The movie was very entertaining. その映画はとても面白かった。

entertaining は名詞としてビジネス上の「接待」の意味でも使いますね。

スポーツをするのが「面白い」場合、これは「知的興味や関心」のことではないので、**interesting** は使わず、例えば **I never knew surfing could be so much fun.**（サーフィンがこんなに面白い（楽しい）とは知らなかった）というふうに表現します。

旅行（**trip**、**tour**）や経験（**experience**）、仲間との生活（**life**）などが楽しいのは **enjoyable** で表します。映画でもスポーツでも、「楽しい」の意味の「面白い」であれば、**Did you enjoy the movie?**（映画おもしろかった**?**）**It was really an enjoyable trip.**（本当に面白い（楽しい）旅でした）のように表現することができます。

humorous は日本語でも「ユーモア」というように、「ユーモアのある」、「おかしい」で、軽い内容でほほえみ程度の笑いを誘うことをいいます。

He always finds the humorous side of things.

彼はいつもものごとにユーモラスな側面を見出す。

📖 語源ポイント

interesting は、「興味や関心を引く」ことですが、語源としては **inter+est** で、**est** は「存在すること」。**interesting** はこの **est** に「二点間」の意味の **inter** がくっついたものなので、意味は「その対象が心とつながっている」というセンスです。したがって **interesting** は、「知的好奇心と連結してる」→「興味や関心を引く」といった意味の「面白い」を表わします。

「利子」の意味の **interest** は「二者間 (**inter** = **between**) の利害関係」ととらえれば、理解がつながりますね。

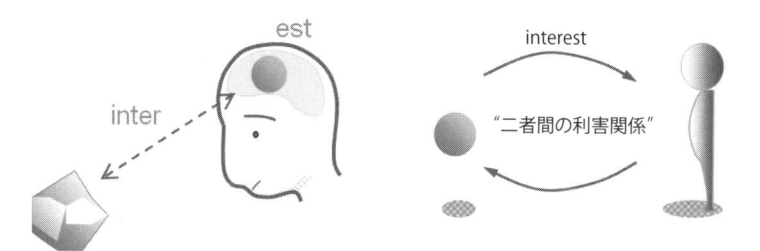

enjoyable の **en** は、「中に囲う」という感覚から、「その状態にする」の意味になります。**enable**（可能にさせる）、**enforce**（強制する）、**enlarge**（大きくする）などの **en** です。ですから、**enjoy** は「**joy** の状態にする」です。

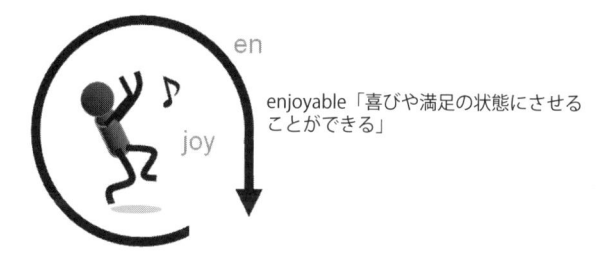

enjoyable「喜びや満足の状態にさせることができる」

その **joy** は「喜び」や「満足」で、**enjoy** は「喜びや満足の状態にさせる」＝「楽しませる」という意味の動詞です。**enjoy** は基本的には他動詞の使い方なので目的語をとります。ですから「自分自身を楽しませる」という意味で使うときは **enjoy myself** という言い方にします。形容詞の **enjoyable** は「喜びや満足の状態にさせることができる」の意味です。なお、**joy** は **jewel** と同源という説があります。女性には理解できそうな説ですね。

humor の語源は **humid**（湿気のある）と同じで、「ぬれている」「湿気のある」ことを表します。**dry** でなく温かみのある面白さを連想できますし、あたまに **h** が入る意味も理解できます。

解答 ❶ interesting ❷ funny ❸ amusing / exciting ❹ exciting

75 丁寧な、丁寧に | polite / civil / courteous / detailed / thorough / careful

適当な単語はどれでしょうか？

❶ She sent me a (polite / civil) letter thanking me for my invitation.
（彼女は丁寧に招待の感謝状を送ってきた）

❷ Although he often disagrees with me, he is always (polite / civil / courteous).
（彼はよく私と意見が合わないが、いつも思いやりがある）

❸ This book provides a (polite / courteous / thorough) explanation of the theory.
（この本はその理論について丁寧に（詳しく）説明している）

日本語の「丁寧な」には、よく考えると大きくふたつの意味があります。まずひとつめから。

polite はマナーを守る礼儀正しさを表す一般語です。人や言動、方法などが丁寧で思いやりがあり、敬意を示していることを意味します。ただ、ときには外面のみの礼儀正しさも暗示させます。

He is very polite to his superiors.
　彼は上司に対してとても礼儀正しい。

❶の文は敬意をもった礼儀正しさなので **polite** がふさわしいです：
She sent me a polite letter thanking me for my invitation. （彼女は丁寧に招待の感謝状を送ってきた）

同じ「丁寧」でも、**civil** は不作法にならない程度の、最低限の社会的礼儀を守ることを暗示させる語です。好意的でない表面的な丁寧さを表す語なので❶には合いません。

polite「思いやりがあって敬意を示す」

　courteous はもともと「宮廷（court）に仕えるのに適した」が原義で、積極的な意味で心からの深い思いやりや丁重さを表します。親しくない相手に対しても思いやりや気配り、敬意があるという意味を持ちます。

courteous「丁重な」

The receptionist is always courteous.
　　その受付係の方はいつも礼儀正しい。

　❷の文は courteous を選びます：**Although he often disagrees with me, he is always courteous.**（彼はよく私と意見が合わないが、いつも思いやりがある）

　以上がひとつめの「丁寧な」で、ここからはふたつめの「丁寧な」です。

　人物や態度を表す「丁寧」以外にも、日本語の「丁寧」には、ほかの意味もあります。つまり、「注意深く念入りであること。細かい点にまで注意の行き届いていること。」（大辞林より）です。このように、日本語では同じ語で表現するのに、英語ではまったく違う語が対応する場合には、特に注意が必要です。

　例えば、「Eメールは丁寧に書きなさい」というのは、言葉使いのことよりむしろ、例えば「相手が行動に移しやすいように、背景や意図を十分に伝え、期限がある場合は、急ぐ理由を丁寧に説明する」ということを意味します。理由も書かずに「どうか急いで対応なさってください」と書くだけのEメールは、文面は丁寧でも、内容は丁

第2章　形容詞・副詞

寧とは言えませんね。

　内容の丁寧さを表す語としては、「注意深く」、「念入りな」、「細かい点まで行き届く」などがあります。

　detailed は「細かい点まで行き届く」で、多くの詳細や役に立つ情報を含むことです。細部にわたって注意が払われていることを意味します。**detailed descriptions**（丁寧な描写）がその例です。**detail** の **tail** は「切る」の意味で、**de** は「徹底的に」。それで「細部にわたる」の意味が理解できます。

　Thank you for the detailed explanation.
　　丁寧な説明をありがとうございました。

　thorough は全域にわたって細部まで、ひとつひとつ「念入りに」注意が払われていることを表します。たとえば **thorough explanations**（丁寧な説明）というふうに言います。**thorough** は **through**（通して）に似ていますが、これは他人の空似ではなく、同源語だからです。**thorough** は **through** のもつ「端から端まで通して」の意味と通じます。

　❸の文の「ていねい」は、**polite** や **courteous** の「丁寧」とは違いますので **thorough** を選びます：**This book provides a thorough explanation of the theory.**（この本はその理論について丁寧に（詳しく）説明している）

　全体に渡っていてよく理解できる感じは **comprehensive** ですね。

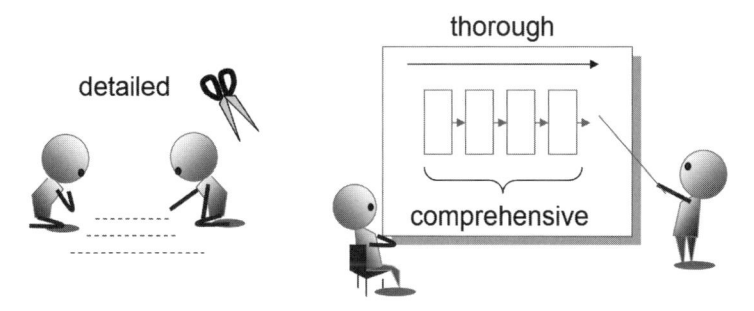

carefulは、考察や説明が「注意深く」慎重になされていることを表します。例えば careful study（丁寧な（慎重な）調査）などと言います。

The police officers made a careful examination of the wreckage.

警察はその残骸を丁寧に調査した。

careful「注意深く」

解答 ❶ polite ❷ courteous ❸ thorough

76 きれいな | clear / clean

適当な単語はどれでしょうか？

❶ [レストランで食事を終えてから]
 Can you (clean / clear) the table?
 （テーブルを片づけてください）

❷ **In some countries, the tap water is not very (clear / clean).**
 （水道の水があまりきれいではない国もあります）

clear も clean も、「きれいな」という訳語で表されることがありますね。でも意味は違います。

clear は見た目が澄んだ、きれいな、見た目では汚れていない、ほこりがついていない、といった意味の「きれいな」です。空気が澄みきった、また雲や霧がない空や、澄んだ海も clear です。

You can get a clear view of Mt. Fuji from here.
 ここから富士山がはっきり見えます。

I made it clear to him that he was no longer welcome here.
 彼がここではもはや歓迎されていないことを私ははっきりさせた。

clean は「汚れていない」「清潔な」「無菌の」「清掃された」「洗いたての」「真新しい」といった「きれいな」です。

例えば、**clear water** とは「澄んだ水」の意味で、透明な水ならなんでも clear なわけです。仮に人体に有害な物質を含んでいたとしても clear です。一方、**clean water** は人体に有害な物質を含まない「衛生的な水」のことです。ですから、❷は **In some countries, the tap water is not very clean.**（水道の水があまりきれいではない国も

あります）となります。

　また、レストランで、テーブルにおいてあるグラスに前の客がつけた口のあとがついていたら **The glass is not clean.** と言いましょう。

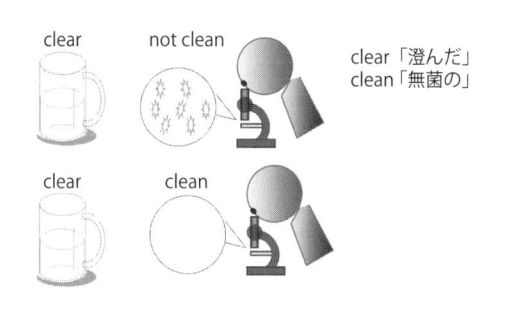

clear「澄んだ」
clean「無菌の」

　例えば、❶の文のように、レストランで食事が終わってから「テーブルを片づけてください」とウェイターに頼む時は **clear** を使います：
Can you clear the table?（テーブルを片づけてください）

　もし仮に、**Can you clean the table?** と言ってしまったら、「徹底的に清潔に」ということを意味してしまいます。

　clean は人や人の生活を形容して「きれいな」「清らかな」という使い方もします。「まっさらな」の意味では **a clean sheet of paper**（白紙）という言い方もします。

Let's start with a clean sheet of paper.　白紙から始めましょう。

　また **clear** を強調して **crystal clear**（一点の曇りもない）という言い方もよくします。

解答　❶ clear　❷ clean

77 静かな、穏やかな | silent / quiet / still / calm / tranquil / serene

適当な単語はどれでしょうか？

❶ The engine of his car is almost (silent / still).
（彼の車のエンジンはほとんど音がしない）

❷ It's so (silent / quiet / still) without kids here.
（ここには子供たちがいないのでとても静かです）

❸ Business is (quiet / still / calm / silent) at this time of the year.
（一年の今頃のビジネスは動きがない）

❹ Please keep (quiet / still / calm / silent) while I take your photo.
（写真を撮る時はじっとしていてください）

❺ It is important to stay (quiet / still / calm / silent) in an emergency.
（緊急時には平静にすることが大切です）

　silent は人が黙っていたり、場所や物などが音を立てていない状態を表す語です。予想外に静かであったり、無音を強調する場合に使われます。音がないことを表すので、動きがあっても構いません。**a silent movie**（無声映画）には音はありませんが動きはありますね。黙読は **silent reading** です。
　At dinner he was utterly silent.　食事中彼は全く話さなかった。

　❶の文は「音が無い」という表現ですので **silent** が適切です：
The engine of his car is almost silent.（彼の車のエンジンはほとんど音がしない）

quiet は「静かな」、「音を立てない」、「平穏な」、「地味な」の意味で、「静かな」状態を表す最も一般的な語です。quiet voice は「もの静かな声」「穏やかな声」。a quiet street（人や車の通りが少なくて静かな通り）や a quiet life（平穏な生活）のように、人や物の動きがないことや、余計な音や心の動揺などがないことを強調し、その静けさが永遠に続くことを暗示させる語です。

It was quiet and peaceful inside the church.

教会の中は静かで穏やかだった。

You'll have to be quiet so as not to wake the baby.

赤ちゃんを起こさないよう、静かにしなければいけません。

❷の文は quiet が適切です：**It's so quiet without kids here.**（ここには子供たちがいないのでとても静かです）

❸もビジネスの動きを形容していますが「平穏」を意味しているので quiet を選択します：**Business is quiet at this time of the year.**（一年の今頃のビジネスは動きがない）

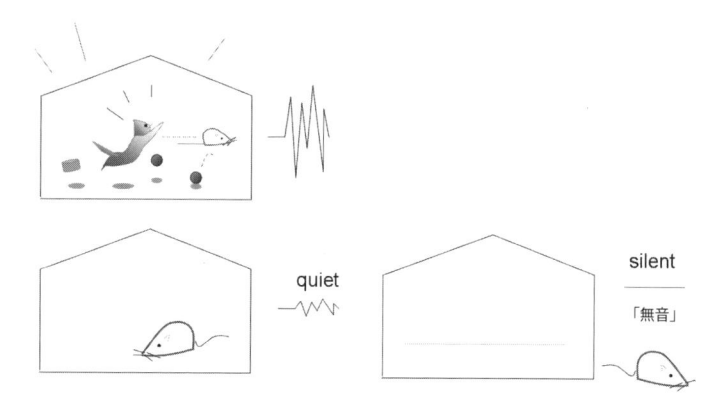

still は「静かな」、「じっとしている」で、音も動きもない静まり返った状態ですが、quiet と異なり、例えば嵐の前の静けさのように、長

く続く静けさでなく一時的であることを暗示させます。例えば **still picture**（静止画）、**still life**（静物画）などです。

There was no wind and the trees were completely still.

無風状態で木々には全く動きはなかった。

❹の文の場合は、動きを止めることですから、**still** を選びます：**Please keep still while I take your photo.**（写真を撮る時はじっとしていてください）

calm は「静かな」、「穏やかな」、「冷静な」の意味で、本来は海や天候を表す語で、風のない穏やかな天気・海や湖に波が立たずに穏やかな状態を表わします。また、人や心や態度を形容して、困難な状況にあっても取り乱さずに穏やかで冷静な状態であることを表します。

It was a calm, clear, beautiful day.

穏やかな晴れのすばらしい日だった。

Now keep calm, everyone. 皆さん、落ち着いてください。

ですから❺の文は **calm** が正解です：**It is important to stay calm in an emergency.**（緊急時には平静にすることが大切です）

calm「穏やかな」

tranquil は「静かな」、「穏やかな」、「平静な」の意味で、周囲の状況に関係なく、永続的な状態で落ち着いた穏やかさの中での平和な状態を表します。景色や雰囲気、または人生を形容するときに使われます。

She stared at the tranquil surface of the water.

彼女は静かな水面をじっと見た。

My grandfather lives in a small tranquil village.

私の祖父は静かな小さな村に住んでいる。

serene は「穏やかな」、「平静な」の意味で、calm と同様に主に空気や天候の静かさを表します。また、人の精神の気高い落ち着きも表します。困難な状況にあっても calm 以上に冷静でリラックスしており、俗念から開放されている状態を暗示します。

His house overlooks a serene mountain lake.

彼の家から穏やかな山の湖を見渡せる。

She has a lovely serene face.

彼女は美しく穏やかな顔をしている。

語源ポイント

quiet は形が似ている quit(やめる)と同源です。qui は「静かな」の意味で、quit は「静まる」→「手放す」「立ち去る」→「やめる」。「やめる」と「静か」は確かに通じます。quite(すっかり、かなり)も同源で、quit の「手放す」から「解放された」の意味になり、そこから「すっかり」の意味になりました。quiet の「平穏な」の意味にも通じます。

tranquil は trans+qui です。quiet の qui が入っています。trans の「横切って」「通して」の感覚がわかれば、「永続した状態」の穏やかさが理解できます。

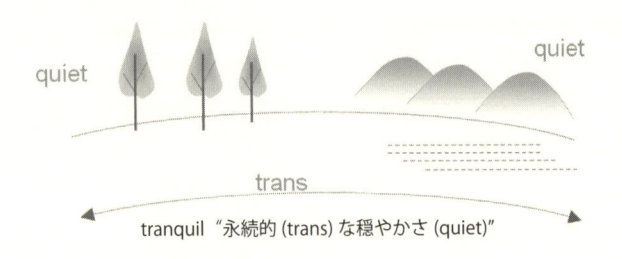

tranquil "永続的 (trans) な穏やかさ (quiet)"

still の **st** には「静止」の感覚があります。エンジンがストップしてしまうことを **stall**（ストール）と言います。そのストップ（**stop**）にも **st** がつきます。静止状態から始まる **start** にもやはり **st** がつきます。

動かない、安定状態を形容するのが **stable**。st+able（できる）という意味です。その仲間はほかに **static**（静止した）、**steady**（安定した）、**stative verb**（状態動詞）、**stationary**（据え置きの）などがあります。

なかなか動かないのが **stiff**（固い）、**stubborn**（頑固な）、**sturdy**（頑丈な）などで、視線が動かないのが **stare**（見つめる）、動かない恒星は **star** です。「静止の **st**」の感覚がつかめると語のイメージがつかみやすくなります。

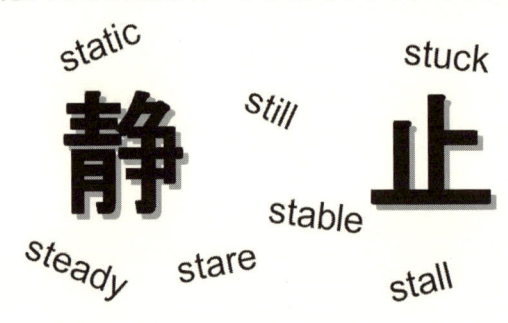

static　still　stuck
静　止
steady　stare　stable　stall

解答　❶ silent　❷ quiet　❸ quiet　❹ still　❺ calm

78 かたい | hard / solid / stiff / firm / tough / rigid

適当な単語はどれでしょうか？

❶ **The milk is frozen (solid / stiff / tough).**
（その牛乳は凍って固くなっている）

❷ **Arthritis makes your joints (solid / stiff / tough) and sore.**
（関節炎になると関節が固く痛くなる）

❸ **Keep a (hard / stiff / firm) grasp on your end of the rope.**
（ロープの端をしっかりつかみなさい）

❹ **The meat was (hard / stiff / tough) and stringy.**
（その肉は固くてすじが多かった）

hard は「かたい」、「難しい」。圧力・破壊・切断などに耐え、砕いたり削ったり潰したり、突き通すことができないような「かたさ」を暗示させる、「かたい」という意味の一般語です。

Concrete is hard and durable.
コンクリートは硬くて耐久性がある。

hard「削れない、つぶれない、へこまない、欠けない」

solid は「かたい」、「固体の」、「頑丈な」というような意味を表します。「液体の（**liquid**）」「気体の（**gaseous**）」に対して「固体の」を表しますが、びっしり詰まっていて、穴や空洞や割れ目がない固さを表します。構造が頑丈でびくともしないようなイメージです。❶のように凍って固いのは **frozen solid** です。固体を表すのが基本

307

ですが、**a solid cloud of smoke** のように「濃厚な」という意味では固体以外でも使います。抽象的には「手堅い」「確固たる」という意味で使われます。**solid reasoning** なら「根拠のある推論」、**solid evidence** なら「確かな証拠」などです。

During winter the lake became solid ice. 冬の間、湖は硬い氷の固まりになった。

They were drilling through solid rock.

彼らは堅い岩にドリルで穴を開けていた。

solid「びっしり、びくともしない」

stiff は「曲がりにくい」ことを意味し、弾力性がなく、容易に曲がらないことや容易に動かないことを表します。重労働をした後で、体全体が痛くて固くなり動かせないようなこわばった状態も表します。ドアや引き出しがかたくて開きにくいのも **stiff** です。また、態度や文体が堅苦しい場合にも使います。

Clean the shoes with a stiff brush.

硬いブラシで靴をきれいにしなさい。

I have stiff shoulders.

肩が凝っている。

❷の文は「曲がり難い」を表していますから **stiff** を選びます：**Arthritis makes your joints stiff and sore.**（関節炎になると関節が固く痛くなる）

stiff「容易に曲がらない、容易に動かない」

firm は「かたい」、「しっかり固定した」、「断固とした」を意味し、「強固な」が原義です。物や土台などが強固であったり、しっかり固定されていて、位置や形が容易には変わらないような確実さを表し

ます。ただ、クッションや筋肉や果物など、もともと硬くないものについては「カチンカチン」や「がっちがち」ではなく、「引き締まった」「しっかりしている」という状態を意味します。良い意味で使われることが多く、引き締まった筋肉や、ほどよくしっかりしたクッションなどを形容するときに使われます。

Mount the box on a firm base.

箱をしっかりとした土台に取り付けなさい。

Choose three firm peaches. かたくしっかりした桃を3個選びなさい。

❸の文は「かたくしっかり」の意味ですから、**firm** が適切です：
Keep a firm grasp on your end of the rope.（ロープの端をしっかりつかみなさい）

firm「しっかりした、容易に変わらない」

firm「しっかりした、引き締まった」

tough は、物が折れにくかったり、破れにくかったりすることを表します。また、**tender** の反意語で、肉などの食べ物が「かたい」、「噛み切りにくい」といったかたさも表します。

tough「折れにくい、破れにくい、噛み切りにくい」

The reptile's skin is tough and scaly.

は虫類の皮膚は硬くてうろこで覆われている。

This chicken is tough to chew. このチキンは固くてかめない。

❹は例文と同様ですから **tough** を選びます：**The meat was tough and stringy.** （その肉は固くてすじが多かった）

rigid は、**stiff** よりも硬いもの、例えば氷や鉄骨など曲がると折れてしまうような柔軟性のない硬さをもったものを形容する語です。しっかり固定された状態も **rigid** で表されます。

He follows the rules too rigidly.
　彼はがっちがちにルールに従いすぎる。

解答 ❶ solid　❷ stiff　❸ firm　❹ tough

79 変な | strange / odd / peculiar / queer / eccentric / curious / quaint / unusual / funny

適当な単語はどれでしょうか？

❶ She felt very (strange / odd / queer) among these people she had never met.
（彼女は今まで会ったことがない人たちの中で変な感じがした）

❷ She has an accent (strange / odd / peculiar) to this region.
（彼女にはこの地方独特のなまりがある）

❸ She's regarded as being (strange / eccentric / quaint) because she lives with her 40 cats.
（彼女は40匹の猫と暮らしているので変わり者と思われている）

❹ Alice is a very (strange / odd / unusual) name in Japan.
（アリスというのは日本ではとても変わった名前である）

　strange は「変な」、「不思議な」、「奇妙な」「見知らぬ」の意味で、「変な」の意味を表す最も一般的な語です。今までに見たことも聞いたことも経験したこともないために、なじみがなく、理解や説明がしにくい「奇妙さ」を暗示させる語です。**strange feeling** は普段経験しないような奇妙な感覚で、**strange noise** は「奇妙な音」、**strange man** は「見知らぬ男」です。

She picked up a strange and beautiful flower.
　彼女は見たこともない美しい花を摘んだ。

I heard a strange sound outside the door.
　ドアの外から変な音が聞こえた。

There is something strange about him. 　彼は何か様子がおかしい。

His accent is strange to me; where is he from?
　彼の訛りは私には耳慣れない。どこの出身だろう？

　❶の文はこれまで経験しないような感覚を言っているのでstrangeを選びます：**She felt very strange among these people she had never met.**（彼女は今まで会ったことがない人たちの中で変な感じがした）

　odd は「変な」、「奇妙な」、「半端な」、「奇数の」の意味で、**strange** よりも突飛な「奇妙さ」を暗示する語です。普通の価値観や状態から考えると奇妙に思えるような「変な」です。ですから、**strange person**が「知らない人（**stranger**）」の意味であるのに対して、**odd person** は「変人」の意味になります。また **odd** には「半端な」の意味もあって、**even number** が「偶数」を表すのに対して、**odd number** は「奇数」です。

There is something odd about him.
　　彼はどことなく奇妙なところがある。

The houses with odd numbers are on the right side of the street.　奇数の番号の家は通りの右側にある。

　peculiar は状況や物の性質などが、他のものとは異なり独特であることから感じられる「奇妙さ」です。「独特の」、「特有の」というような意味です。

　a peculiar form は「一風変わった形」、**peculiar feeling** は「妙な気分」です。
　時には不快な感じや、驚きの感覚も暗示します。

There is something peculiar about him.
　　彼はどこか他の人と違うところがある。

❷は「他とは違う独特さ」を言っているので、**peculiar** を選びます：
She has an accent peculiar to this region.（彼女にはこの地方独特のなまりがある）

　queer は、**odd** よりも強く、どこかいかがわしい点があることを暗示させる「奇妙さ」です。ただし、日常的には主に「ゲイ」の意味で使われることがあるので、誤解を避けるために「奇妙な」の意味では使われなくなってきています。
What a queer thing to say!　何て奇妙なことを言うのですか。
She gave a queer laugh.　彼女は妙な笑い方をした。

　eccentric は「変な」、「風変わりな」、「常軌を逸した」という意味です。**ex + center** の意味なので「中央から外れて」というのが原義で、主に人や考え、それから行動や服装などが風変わりで常軌を逸したことを表す語です。時にはプラスの意味で「非凡さ」を表します。
He is a little eccentric, but he's basically harmless.
　　彼はちょっと変わっているが、基本的に無害です。

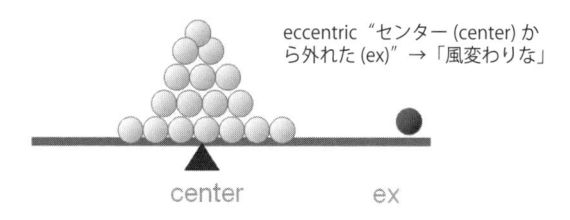

eccentric "センター (center) から外れた (ex)" →「風変わりな」

center　　ex

　❸の文は普通から外れていることなので **eccentric** を選びます：
She's regarded as being eccentric because she lives with her 40 cats.（彼女は 40 匹の猫と暮らしているので変わり者と思われている）

curious は「奇妙な」、「不可思議な」で、基本的には、物事の奇妙さを表します。好奇心をそそり、なんとなく調べてみたくなるような変わった点があることを暗示させる語です。

curious 好奇心をそそる

What is this curious animal?
この奇妙な動物は何ですか？

しかし、現代英語で最も一般的な使われ方は「(人が)好奇心が強い、知りたがり」という表現で、次のように使われます。

I'm curious to know who will be at the party.
パーティーに誰が来るのか知りたい。

quaint は風変わりで面白く、古風のある趣をもっていることを暗示させる語です。

We stayed at a quaint cottage. 私たちは古風な小屋に泊まった。

unusual は、「普通でない」「まれな」ことで、よい意味にも悪い意味にも使うことができます。

She has an unusual talent for playing the violin.
彼女にはバイオリンを弾く特別な才能がある。

It is unusual to find lakes of this size in Britain.
イギリスでこれくらいの大きさの湖を見つけることはまれである。

❹の文も同様に「普通でない」ということから **unusual** を選びます：**Alice is a very unusual name in Japan.**（アリスというのは日本ではとても変わった名前である）

unusual「普通でない」

funny も、物事がなにかおかしくて理解に苦しむような感じを表

すときに使われます。

His soup tasted funny. 彼のスープの味は変だった。

語源ポイント

このあと **strict** のところで説明しますが、**str** がつく語は、一般に「ピンと張った」ようなまっすぐなイメージを持ちます。でも、この **strange** は違います。**stranger** の意味のフランス語、「エトランゼ」という語をよく耳にしますね。**étranger** と書きますが、綴りをみると **stranger** と似ていることに気づきます。これはラテン語の **estrange** に由来します。**strange** はラテン語の **extraneus** に由来する語で、英語の **extra** と同源で、そこから **e** が欠落してしまった語が **strange** です。「外れている」の意味ですね。それが理解できれば、経験したことのない「奇妙さ」の感覚が理解できます。

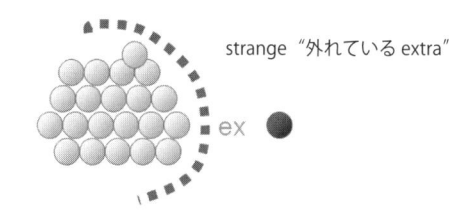

strange "外れている extra"

ex

解答 ❶ strange ❷ peculiar ❸ eccentric ❹ unusual

80 厳しい | severe / strict / tight / rigid / rigorous / harsh

適当な単語はどれでしょうか？

❶ In parts of Africa there is a (severe / strict) shortage of food.
（アフリカの各所には厳しい食料不足の問題がある）

❷ Mr. Shibuya is a very (severe / strict) teacher.
（渋谷先生はとても厳しい先生です）

severe は、「厳しい」の意味では、決められたことを厳格に守り、妥協や情状酌量を許さず、容赦のない冷徹さを暗示させる語で、処罰や批判が極めて厳しいことを表します。ほかにも、規則・天候・状況などの厳しさ、深刻さも表します。

That country faces severe economic problems.
　　その国は深刻な経済問題に直面している。

❶の文は状況の厳しさを表すので **severe** が適切です：**In parts of Africa there is a severe shortage of food.**（アフリカの各所には厳しい食料不足の問題がある）

strict は法律や規則に対して厳格で、人に対して厳しいことです。その意味での「厳しい先生」は **a strict teacher** です。**a severe teacher** と言ってしまうと、冷徹で非情な先生という意味になってしまいますね。

Japan has very strict laws against drugs and guns.
　　日本には麻薬と銃に対する非常に厳しい法律がある。

They are very strict with their children.
　　彼らは子供たちにはとても厳しい。

❷の文も同様です：**Mr. Shibuya is a very strict teacher.**（渋谷先生はとても厳しい先生です）

strict「法律や規律に厳格」　　severe「容赦ない」

統制や制限が厳しいのは **tight** です。**tight control**（厳しい管理）、**tight budget**（厳しい予算）、**tight schedule**（きつい日程）、**tight security**（厳しいセキュリティー）など、窮屈さを感じる「厳しさ」です。

rigid は批判する感情を含んで、規則・システムなどが簡単に変更できない「厳正さ」「厳格さ」を表し、また、人に関しては、「融通がきかない」、考えが「凝り固まった」という意味を表します。

The members were encouraged to trust their instincts rather than follow rigid rules.

そのメンバーたちは厳格なルールに従うより、彼ら自身の直感を信じるように奨められた。

rigid と同じ語源の語に **rigorous** があります。どちらも「かたさ」や「強さ」を意味する語を語源とします。**rigorous** は **severe** や **strict** を強調した意味も表し、訓練などが過酷なことや、研究や分析などで手順を省かず、注意深く正確な徹底性を示す「厳格さ」「厳密さ」「手堅さ」を表します。**rigorous training**（過酷な訓練）、**rigorous discipline**（厳しい規律）、**a rigorous analysis**（厳密な分

析)、**rigorous check**（厳しいチェック）、**rigorous assessment**（厳しい評価）のように使われます。

harsh も「厳しい」という意味で使われます。**harsh** は「毛深い」というのが語源です。ですから、外部刺激に対して身体が感じる「つらさ」「不快さ」「とげとげしさ」を表すのが原義で、天候や気候の厳しさ、音や色や味などの不快さ、受ける罰や批判のつらさや厳しさを表します。

人から受ける精神的辛さは、**harsh attitude**（厳しい態度）、**harsh words**（厳しいことば・きついことば）、**harsh criticism**（厳しい批判・酷評）などで、状況の辛さは、**harsh conditions**（厳しい状況・過酷な状況）、**harsh environment**（過酷な環境）、**harsh weather**（過酷な気候）、**harsh reality**（厳しい現実）などです。

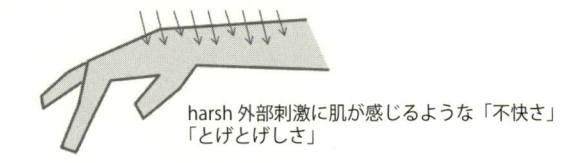

harsh 外部刺激に肌が感じるような「不快さ」「とげとげしさ」

語源ポイント

severe は、「容赦ない」というような意味です。**se** は「離れて」という意味で、「**separate**（離れて＋置かれた（**par**）＝分かれた）」の **se** であり、「**secret**（離して＋分ける）＝秘密」「**secure**（離して＋心配）＝安全な・確実な」などに使われています。**severe** の **vere** は「親切心、容赦」というような意味を持つようで、**severe** は「容赦から離れた」→「容赦ない」という意味を表します。

strict は、語源としては「ひもがぴんと張った」（**relax** の反対）で、ルールや規則を守らなければならないという意味での「厳しさ」「厳格さ」を表しています。ゆるいひもなら越えられますが、ぴんと張ったひもはまたいで越えるのは大変です。**straight** や **stretch**、**stress** などの語も、この「ぴんと張った」の **str** です。

この感覚から、**tight** と意味が近いことがわかります。

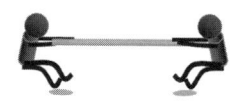

str "ぴんと張った"
stretch「引き伸ばす」
strain「引っ張る」

restrain「制止する」
distress「苦悩」

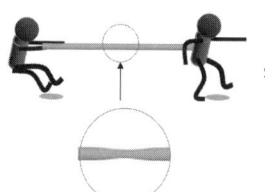

stress「緊張」

第2章 形容詞・副詞

解答 ❶ severe ❷ strict

81 本物の | genuine / authentic / real / true

適当な単語はどれでしょうか？

❶ He is a (genuine / real / true) Hawaiian.
（彼は生粋のハワイ人です）

❷ The letter is certainly (genuine / authentic / real).
（その手紙は（鑑定書付で）確かに本物です）

❸ Her (real / true) name is Alice.
（彼女の本当の名前はアリスです）

❹ All the rumors turned out to be (real / true).
（そのうわさは全部本当だった）

genuine は、純金や、ゴッホが描いた本物の絵、本人直筆の署名など、混ざりけがなく、偽物でないことの主張を暗示させる語で、「純潔の」「生粋の」という意味もあります。自動車やコンピュータなどの「純正品」は genuine parts です。

It was undoubtedly a genuine 18th century desk.
それは間違いなく本物の 18 世紀の机だった。

For years people thought the picture was a genuine Van Gogh.
何年もの間、人々はその絵が本物のゴッホだと思っていた。

❶の文は genuine が最適です：**He is a genuine Hawaiian.**（彼は生粋のハワイ人です）

authentic は、genuine とほぼ同じ意味ですが、偽造でないことを示す正式な証拠がある、文書などで証明されている、などの場合に使われるという点で異なります。例えば、ダイヤモンドの所有者が「こ

れは **genuine diamond** です」といった場合は、それが本物であるかどうかはわかりませんが、「これは **authentic diamond** です」と言えば、これは鑑定書付きの本物のダイヤモンドであるということになります。ということは、❷の答が **authentic** であることがわかりますね：**The letter is certainly authentic.**（その手紙は（鑑定書付で）確かに本物です）

I don't know if the painting is authentic.

その絵が本物かどうかはわからない。

This is an authentic Persian rug. これは本物のペルシア絨毯です。

real は「本物の」、「実在する」、「本当の」という意味で、物理的に存在するものに対して本物であり、外見が本質と一致することを暗示させる語です。空想したものではなく実在するものが **real**。例えば絵に描いたりんごではなく実際のりんごが **real** です。**the real world**（実社会）、**the real name**（本当の名前）、**real flowers**（本物の花）などのように使われます。

バーチャル・リアリティ（**virtual reality**）というのは「仮想現実」で、あたかも現実（**real**）であるようなことを言いますね。

Are those real flowers? あれは本物の花ですか。

All of the characters are based on real people.

登場人物は全員実在の人物に基づいている。

❸のように「実名」をいうときには **real** を使います：**Her real name is Alice.**（彼女の本当の名前はアリスです）

true は、「本当の」、「真実の」、「偽りのない」です。しばしば

genuine と **real** の意味で使われますが、これらと置き換えられない場合があります。例えば、「愛情」や「真心」を意味する場合は **true love** や **true heart** と表し、× **real love** や × **genuine love** とは言いません。別の日本語で言えば「まことの」という感じです。例えば、**a true story**（真実の話）／ **a real story**（実話）、**true happiness**（本当の幸せ）などです。

This movie is based on a true story.

この映画は実話に基づいている。

At last he found true happiness.

とうとう彼は本当の幸せを見つけた。

❹は **true** が最適です：**All the rumors turned out to be true.**（そのうわさは全部本当だった）

「人工的でない」といった意味では **natural** が使われます。例えば **natural hair color**（本当の髪の色）などです。

また「実際の」の意味なら **actual** ですね。**actual shape**（本当の形）のように使います。

🅰 語源ポイント

genuine は「生まれ」を意味する **gen** がつく語の仲間です。「生まれもっての才能を持つ」**genius**、「起源」を意味する **genesis**、その他、**genetics**（遺伝学）などが仲間です。これから、「混じり気のない本物」、「正真正銘」の感覚が理解できると思います。

real は短い単語ですが、分解するとおもしろいことがわかります。実は、**re+al**（形容詞を作る接尾辞）から成っているのです。**re** は「実態」を表すので、「想像や虚像でなく実在する」というのが **real** の意味です。**republic**（共和国）の **re** もこの **re** で、「人民の（**public**）＋もの（**re**）」の意味です。日本語の「リアルに感じられる」というのは、「想像でなく実際のものとして感じられる」「真に迫った」ということを表現していますね。

true は「忠誠」を意味します。「欺きでない真実」ということです。**true** の語源は実は **tree** で、古代ゲルマン人の樹木信仰に由来するようです。「木」に対す

る「忠実（**true**）」と、そこにある「真実（**true**）」を表す言葉のようです。**trust** も同源の語で、「誠」のイメージを与える語です。

　愛情や真心は、物理的に存在するような **real** ではありませんが、「まことの」の意味の **true** ではあるのです。

true まことの

解答　❶ genuine　❷ authentic　❸ real　❹ true

82 適切な、適当な | fit / suitable / proper / appropriate / right / good

適当な単語はどれでしょうか？

❶ This case is (fit / proper / appropriate) for an iPhone 6.
（このケースは iphone6 にちょうどいい）

❷ I am looking for a (fit / suitable / proper) partner for my daughter.
（私は娘にお似合いの相手を探しています）

❸ Please follow the (suitable / proper / appropriate) procedures for alien registration at the local office of the municipality in which you reside.
（お住まいの市区町村役場で、適切な外国人登録を行なってください）

❹ A golf bag is (a proper / an appropriate) gift for a golfer.
（ゴルファーにはゴルフバッグがふさわしい贈り物です）

　fit は、もともとは形がぴったりするイメージで、その特定の状況や役割に「ぴったりはまる」、「うってつけ」であることを表します。つまり、ある特定の目的・状況・要求などに対して適応性があり、また時として必要な資格や有能さも暗示させます。また、いつでも使える状態にあることも暗示させます。

This machine is fit for professional work.
　この機械はプロの仕事にうってつけです。

This is not a fit place for the party.
　ここはパーティーをするには適当な場所ではない。

　❶の文では **fit** がフィットします：**This case is fit for an iPhone 6.**（このケースは iPhone 6 にちょうどいい）

fit 状況や役割に「ぴったりはまる」「うってつけ」

　suitable は「適した」、「ふさわしい」という意味です。suit の語源は「続く」で、sequent（続いて起こる）の seq と同じです。服の suits やホテルの suite room が「続く」の意味を持つように、「その連続の流れの中に調和している」という意味があります。ですから suit はその周囲の状況の中で、あるべき状態で「いい感じ」に収まっていること、その場での必要な要件に合っていることを表し、「ふさわしい」、「向いている」、「状況に調和している」、「似合っている」「似つかわしい」といった意味です。

The movie is suitable for children.　その映画は子供向きです。

　❷の文では suitable が適切です：**I am looking for a suitable partner for my daughter.**（私は娘にお似合いの相手を探しています）

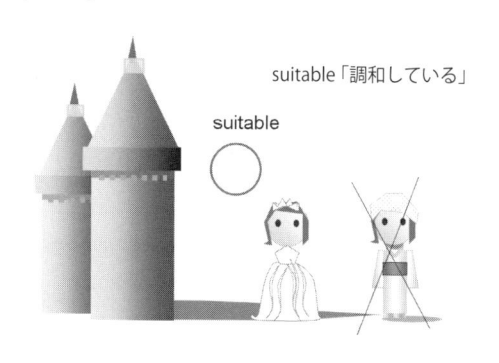

suitable「調和している」

「適切な」、「ふさわしい」の **proper** は、**property** という語から連想されるように「自分自身のもの」のセンスがあり、原義は「固有」です。「正しい」という訳語＝ **correct** があるように、「ここにはこれでしょ」というような感覚に合っていることを表します。「所定の」、「しかるべき」といった感覚です。基準に合っていることを表して、道徳的・倫理的、または理性的な判断を暗示させる語です。

He recovered completely with proper treatment.

　彼は適切な治療で完全に回復した。

Please deposit recyclables in the proper containers.

　再生可能物は所定の容器に捨ててください。

proper「ここにはこれでしょ」

❸の文では「所定の」の意味なので、**proper** が適切です：**Please follow the proper procedures for alien registration at the local office of the municipality in which you reside.**（お住まいの市区町村役場で、適切な外国人登録を行なってください）

appropriate は「適切な」、「ふさわしい」ですが、**appropriate** の **ap** は **ad** の異型で「向かって」の意味で、それに **proper** がつながっています。ですから「自分にふさわしいものにする」という意味からきている「適切な」です。**appropriate** は「きちんと適切に合っている」の意味で、**proper** のように「これじゃなきゃ」というのではなく、その状況にふさわしいものが複数の候補の中からよく熟考して選ばれたようなイメージです。

　at the appropriate time　しかるべき時に

take appropriate action　適切な行動を取る

an appropriate message　ふさわしいメッセージ

an appropriate attitude　適切な態度

Jeans are not appropriate for a job interview.

　　ジーンズは就職面接にはふさわしくありません。

❹の文では **appropriate** がふさわしいです：**A golf bag is an appropriate gift for a golfer.**（ゴルファーにはゴルフバッグがふさわしい贈り物です）

appropriate「きちんと適切」「しかるべき」
She is the most appropriate student for the award.
彼女はその賞に最もふさわしい生徒だ。

right は「適した」、「似合う」などと訳され、他の類義語の中でも最も口語的な語です。「正しい」とか「間違いない」という本来の意味からもわかるように、**proper** や **appropriate** の交互表現と考えてください。

We must put the right person in the right place.

　　適材適所を行なわなければなりません。

I think she's definitely the right person for the job.

　　絶対、彼女はその仕事に適任だと思います。

That jacket looks just right on you.

　　そのジャケットはとてもあなたに似合っています。

good は実は **get** や **gather** と同源です。「ふさわしいもの」として **get** されたり **gather** されたりするわけで、そういうものが **goods**（品物）になるわけです。

a good place for a rest　休憩に適した場所

It's a good day for a walk.　散歩にちょうどよい日和だ。

語源ポイント

suit は **sequence** と同語源で「続く」とか「揃う」の意味です。順序良く調和がとれて物事が並んでいるようなイメージで、ホテルの「スイートルーム」や、服の「スーツ」は、「ひと揃い」の意味ですね。つまり、**suitable** はひと続きの流れの中で、「そこにあってしかるべき」、つまり色や形、大きさが、そこにあってふさわしいということです。

fit は、「型に合う」が原義。サイズや形が「ぴったり」ということです。サイズや形の他にも **fit** するのは、「適性」や「カテゴリー」など、「一致」という意味合いがある語です。

解答　❶ fit　❷ suitable　❸ proper　❹ an appropriate

83 複雑な | complicated / complex / mixed

適当な単語はどれでしょうか？

❶ The machine is too (complicated / complex) to maintain.
(その機械は維持していくには複雑すぎます)

❷ The machine is (complicated / complex) and sophisticated.
(その機械は複雑で洗練されています)

complicated は、「互いに (con) 重なり合っている (plic)」から、「込み入っていて理解し難い、ややこしい」「複雑な、込み入った」の意味です。com (= con の異型) は「ともに」の意味で、plic は ply のことで「折り重ねる」。complicated は「何重にも折り重なり合っている」という複雑さで、解決や処理が難しく、理解しにくいことを暗示させる語です。

These rules are rather complicated to follow.

このルールは従うにはかなり複雑である。

A new method was used to solve the complicated problem.

その複雑な問題を解決するために新しい方法が使われた。

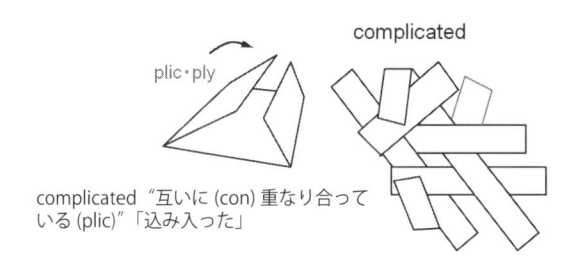

complicated "互いに (con) 重なり合っている (plic)"「込み入った」

complex の **com** も **complicated** の **com** と同じで「ともに」で、**plex** は「織る・重ねる」という意味です。ですから、「入り組んで重なった」の感じから、「仕組みや構造が複雑」という意味です。密接に関連した多くの要素から成り、理解するにはかなりの苦労と知識を必要とするほどの難しさを暗示させます。

　ただ、それが欠点になっているとか、理解しがたいものであることを表すものではありません。

　ものの構造やプロセスでいえば、「複合的」、「多くの部分から成る」という意味になります。また、嬉しさと不安など、いくつかの感情が重なったような複雑な感情も、**complex feelings** と表現できます。

There is a complex network of roads connecting the two cities.
　２つの都市をつなぐ複雑な道路網がある。

The forest ecosystem is complex.　森林の生態系は複雑だ。

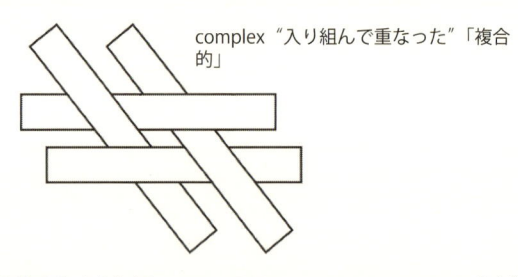

complex "入り組んで重なった"「複合的」

❶の文は「厄介さ」を言っているので **complicated** の方が適切です：**The machine is too complicated to maintain.**（その機械は維持していくには複雑すぎます）

　❷の文の方は仕組み・構造の複雑さを言っていると読めるので、**complex** が適切です：**The machine is complex and sophisticated.**（その機械は複雑で洗練されています）

mixed は「好き嫌いや悲喜などの入り混じった」という意味の「複雑な」を表して、気持ちや感情などを形容します。

He had mixed feelings about his friend's marriage.
彼は友達の結婚に関して複雑な気持ちだった。

📖 語源ポイント

com = con は「ともに」「一緒に」の意味の接頭辞で、いろいろな単語に使われています。**combine**（いっしょに束ねる）、**component**（いっしょに置く）など、たくさんの語に見られます。

plic は「重ねる」ですが、**re**（再び）がついて **replica** になれば「複製、レプリカ」で、**dup**（ふたつ）がつけば **duplicate** で「複製する、二重にする」。**ex**（外に）がつけば **explicit** で「重なりを外す」から「明白な」の意味になります。

plex は「織る」という意味ですが、**duplex** は「**du**（ふたつ）**+plex**」で「二重の」。**perplex** は「**per**（完全に）」がついて、「完全に困らせる」「当惑させる、複雑にする、混乱する」になります。

このように関連付けて覚えることができます。

解答 ❶ complicated ❷ complex

84 簡単な、単純な | simple / easy / effortless / plain

適当な単語はどれでしょうか？

❶ This situation is much more complex than that, but let's keep it (simple / easy) here.
（この状況はそれよりずっと複雑だが、ここでは簡単なままにしておこう）

❷ The question is (simple / easy / plain) to answer.
（その質問は簡単に答えられます）

simple は complicated の反意語で、複雑でなく込み入っていないこと。「頭で考えればすぐに理解できる」ことを暗示させます。

All you have to do is press the button. It's that simple.

　することはボタンを押すだけ。簡単です。

❶の文は複雑の反対、つまり単純であることを言っていますので、simple を選びます：**This situation is much more complex than that, but let's keep it simple here.**（この状況はそれよりずっと複雑だが、ここでは簡単なままにしておこう）

easy は「苦労がない」、「気楽な」。そんな、「容易な、たやすい」の意味の「簡単な」です。「努力する必要がない」ことを暗示させます。

It's easy to see why she likes him.

　彼女が彼を好きな理由を理解するのは簡単です。

❷の答は easy です：**The question is easy to answer.**（その質問は簡単に答えられます）

easy「苦労がない」「気楽な」

effortless は「努力を要することなく簡単」という意味で、一見簡単そうに見える行動に関して「楽々〜する」というニュアンスですが、その行為は「長年の訓練によって達成したものである」ことを暗示させます。

He made playing the guitar look effortless.

彼はギターの演奏を簡単にやって見せた。

plain は「平野、平原」の意味からわかるように、「疑問や邪魔などさえぎるものが無く平らな」「明白、はっきりわかる」という意味の「平易な」「簡単な」です。**plain English** は「プレイン・イングリッシュ」、つまりわかりやすい英語です。

Procedures must be written in plain language, and easily understood.

手順書は簡単なことばで書かれ、容易に理解できなければならない。

The structure of the temple is plain and simple.

その寺院の構造は簡素で単純です。

語源ポイント

simple の **sim** は **single** の **sin** と同じで「ひとつの」。**ple** は **complicated** の **plic** と同じで「折り重ねる」。つまり **simple** は重なりのない「一重」ということです。だから複数折り重なった **complicate** の反意語なのです。**multiple** は「重なり」が **multi**（複数）であることから、「多様な」「複合の」の意味ですので、関連させて覚えるのがよいと思います。「重なり」の意味で言えば、**pleat**（ひだ）も同源ですのでイメージしやすいと思います。

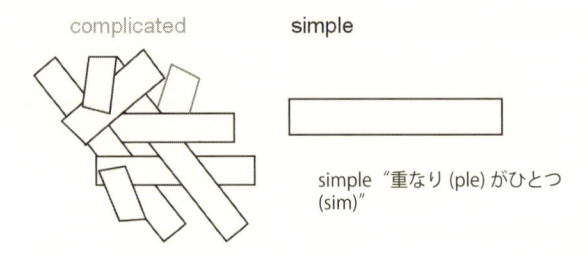

complicated　simple

simple "重なり (ple) がひとつ (sim)"

　plain のあたまに **ex** をつければ **explain**（説明する）。疑問などを「外へ（**ex**）排除する」ということです。

　plain のもととなったのは「平らな手のひら」の意味を持つ語で、「ペラ」という感じが日本語の感覚にも一致します。英語だと **palm**（手のひら）で、ほかにもここから **plate**、**place**、**plane** など、「平ら」を表すことばが出てきます。英語になる過程で **p** が **f** に変わってできた語としては、**flat**、**field**、**floor** などがあります。これらは日本語の「ひら」の感覚と一致します。こんな感覚を押さえると、単語の感覚が理解しやすくなります。

plain 平易な

平　ひら

「ひら」「ぴら」
plane 平面、板
place 場所、広場
plain 平らな
flat 平らな
field 野原
floor 床

解答 ❶ simple ❷ easy

85 明らかな | clear / plain / evident / apparent / manifest / obvious

適当な単語はどれでしょうか？

❶ **You need to make your position (clear / plain / apparent / obvious).**
（あなたの立場を明確にしなければなりません）

❷ **His attitude makes it (clear / obvious) that he doesn't like her.**
（彼の態度は彼が彼女を好きでないことを示している）

clear は、あいまいさが少しもなく、また疑う余地がないほどハッキリしていることで、他の類義語の中でも最も一般的な語です。透明感を感じる語ですね。例えば、**clear evidence**（明確な証拠）、**clear statement**（ハッキリした意見）、**clear understanding**（明確な理解）などと言います。

Have I made myself clear? 私の言っていることがわかりましたか？

It is becoming clear that I'm not suited to being a teacher.
　私が教師に向いていないことが明らかになってきた。

❶の文では **clear** が自然です。**You need to make your position clear.**（あなたの立場を明確にしなければなりません）

plain は「明白な」、「わかりやすい」、「平易な」。「簡単な」の項で説明したように、障害や複雑なものがなく、簡素・単純で、ものごとがハッキリしてわかりやすいことを表す語です。

The sign has to be plainly visible.
　標識ははっきり見えなければならない。

A group of wild horses was in plain view.

野生の馬の群がハッキリ見えた。

His intentions were plain to see. 彼の狙いは明白（見え見え）だった。

evident は「(証拠があって) 明白な」の意味です。「外に見える」が語源で、外に現れている事実から客観的に推論して、明白であることを表します。名詞の **evidence** は「証拠」の意味ですが、裁判で提出する証拠というより、「目に見える事物・事象」のことで、**evident** は「目に見えることに基づいて明白である」「誰が見たってそうだ」「簡単に気づく」ということです。

evident「目に見えるものに基づいて明白」

He made an evident mistake.

彼ははっきりとわかる間違いをした。

It quickly became evident that someone had broken in.

誰かが押し入ったのがすぐに明らかになった。

apparent は「明白な」、「見えたところ」で、派生語 **appear** の「現れる」という意味からも推測できるように、外面的な状況から、つまり客観的に「そうであることが明らかである」を表します。しかし、特に名詞の前では主観的に「そうだと思える」という意味もあるので、あいまいさを避ける時には **evident** を使います。

The alarm goes off without any apparent reason.

警報器が、はっきりとした理由がないのに鳴り出します。

There is no apparent connection between the two murders.

その2つの殺人には見たところ関連はないようです。

また副詞の **apparently** は「見たところ～らしい」「どうも～らしい」「外見上は」の意味で使われ、「明らかに」の意味で使われることはありません。

I wasn't there, but apparently it was a good party.
　その場にはいなかったが、いいパーティーだったらしい。

　manifest は「明白な」、「ハッキリした」「一目瞭然の」という意味です。外に現われている事実から明白であるという点では **evident** と同じですが、推論や判断を必要としないという点で異なります。したがって **evident** よりも明白である場合に使います。
　選挙のときの政党の選挙公約の声明のことを「マニフェスト」と言うようになりましたね。政党の方針や意図を「明確」に示すためのものです。

There was no manifest vision at that time.
　当時は明確なビジョンというものがなかった。

　obvious は「明白な」、「見てすぐにわかる」。隠れている部分が少なく、際だっているので、誰が見てもすぐにわかるように明白なことです。
　例えば、**obvious reason** は「明白な理由（見え見えの理由）」、**obvious sign** は「明白な兆候」という意味になります。
　❷の文は **obvious** が自然です：**His attitude makes it obvious that he doesn't like her.**（彼の態度は彼が彼女を好きでないことを示している）

It's pretty obvious that he's crazy about you.

彼が君に夢中であることはかなり明らかだ。

clear と **obvious** の両方に共通するのは「見え見えである」という感覚です。しかし、**clear** は **make it clear** というように、積極的に「見えるようにされている」ことであるのに対して、**obvious** は積極的にするというよりむしろ、「見え見えになってしまっている」というイメージです。

clear は「透明な」。くもったガラスを積極的に磨いてよく見えるようにした「スケスケ」「見え見え」で、一方 **obvious** は「どでんと目の前に出ている」といった「見え見え」「ばればれ」の状態です。

The answer is obvious. 答は明白だ。(わかりきっている＝見え見えだ)

He gave a clear answer. 彼ははっきりとした答えを提示した。

obvious 見え見え

clear スケスケ

🄰🄰 語源ポイント

evidence という語には「証拠」という訳語がつきます。日本語で「証拠」といえば、裁判所や警察署が扱う「証拠」、例えば「動かぬ証拠」とか、「証拠物件」などをイメージします。でも、**evidence** は日本語の「証拠」では表現できないようなことまで含みます。**evidence** を分解すると、**e(x) + vid**。**ex** は「外に」で、**vid** は「見える」= **vision** や **video** の **vid**。「外に見えている」ということですから、「形跡」「兆候」なども現します。「証（あかし）」という日本語は「あかるみ」「あからさま」などと同じでしょうから、これが **evidence** の意味に近いと思います。

ですから、形容詞の **evident** は、「はっきり見えている」という意味の「明らかな」「明白な」で、副詞の **evidently** は「明らかに」、「明白に」、「見たところでは」という意味を表します。

plain は「平らな」の意味で、障害物が何もないようなことを意味します。**explain** は「難しいことを排除（**ex**）して平たくする」という意味です。.

obvious は **ob+vi+ous** に分解できます。**ob** は「**against**」の意味です。**vi** は、「道」の意味で、**way** や **vey** と同じです。ですから、**obvious** は「向かう道の上にどでんと出ている」の意味です。そんな「露骨な」「見え見え」なのが **obvious** です。

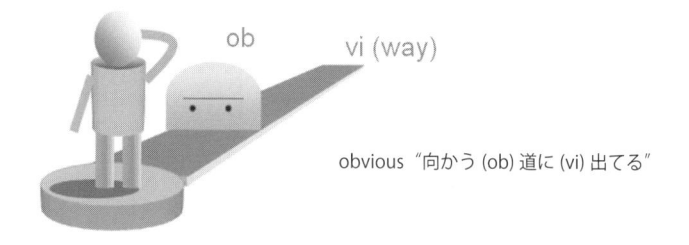

ob
vi (way)

obvious "向かう (ob) 道に (vi) 出てる"

解答　❶ clear ❷ obvious

第2章　形容詞・副詞

86 強い | strong / stout / sturdy / tough / robust / intense / powerful

適当な単語はどれでしょうか？

❶ I don't have a (strong / tough / powerful) opinion on that matter.
（その件について強い意見は持っていません）

❷ He is mentally (tough / intense / powerful).
（彼は精神的に強い）

❸ He suffered (robust / intense / powerful) pain for years.
（彼は何年も激しい痛みに耐えた）

❹ He is the most (robust / sturdy / powerful) person in this country.
（彼はこの国で最も影響力の強い人だ）

strong は「強い」という意味の最も一般的な語で、たいていの場合は他の類義語に置き換えができます。自らが強い力を持っていたり、または外力に対して頑丈であることを表します。例えば、**strong wind**（強い風）、**strong feeling**（強い感情）、**strong influence**（強い影響）は自らが持つ、または出す「強い」を表し、**a strong material**（頑丈な素材）は外力に対する「頑丈さ」を表しています。

He's strong enough to lift a car.
　　彼は車を持ち上げるほど強い力がある。
　　（自らが強い力）

The house has strong walls.
　　その家は強い壁を備えている。
　　（外力に対して強い）

strong「自分が強い」または「外力に対して頑丈」

340

❶の文では **strong** が適切です：**I don't have a strong opinion on that matter.**（その件について強い意見は持っていません）

stout は「強い」、「頑丈な」、「太った」。主に書き言葉で、作りや構造などが頑丈で、耐久力や抵抗力があることを暗示させる語ですが、しばしば、**fat**（デブの）の婉曲的な表現としても使われます。

He built a stout fence to protect his flower beds.
　彼は花壇を守るために頑丈な塀を作った。

sturdy は「頑丈な」、「たくましい」で、簡単には壊れない強さや、精神的または肉体的な強靭さを意味します。たくましく、頑強であることを表すプラスイメージの語で、内にこもる活気や決意を暗示させます。

He is a sturdy young man. と言えば「彼は頑強な若者である」ということですが、この文からは彼が健康的であることがうかがわれます。

That ladder doesn't look sturdy enough to hold you.
　そのはしごはあなたを支えるほど頑丈にできているように見えない。

tough は「丈夫な」、「たくましい」。物については、表面や覆いがかたくて、たたいても凹んだり損傷することがないことを表します。人については、少々のことではへこたれない体力やスタミナがあり、困難な状況にも対処できる強さを暗示させます。また **a tough guy** といえば「ごついやつ」というように、時に野蛮さも暗示させる語です。

The cover is made of tough material.
　カバーは丈夫な材料でできています。

tough「損傷しない」
「へこたれない」

❷の文では **tough** を選びます：**He is mentally tough.**（彼は精神的に強い）

robust は「強健な」、「がっしりした」の意味で、人が見るからにがっしりしていて、健康的でたくましいことを表す語です。物なら、壊れそうにない頑丈さを表します。抽象的には組織や制度、立場などが「揺るぎない」ようなことを表します。

He is over 80 but still robust.　彼は 80 歳を越しても壮健だ。

技術用語で「**robustness**（ロバスト性）」といえば、ものやシステムが、外力や環境の変化などに影響されにくい性質のことをいいます。

intense は、熱・圧力・光などが強烈であることを表します。語源は「ぴんと張られた」であり、線のイメージを感じさせる「強さ」です。肌に受けるような痛みや光の刺激、心に受ける強さや集中を表します。例えば **intense pain**（激しい痛み）、**intense interest**（強烈な関心）などと言います。物理量の強さをいうこともあり、地震の強さは **earthquake intensity**（震度）です。

研修などの短期集中講座は **a five-day intensive course**（5 日間集中コース）のように言います。

intense "熱や光などの強烈さ"

❸の文では「痛み」を表すので **intense** が適切です：**He suffered intense pain for years.**（彼は何年も激しい痛みに耐えた）

powerful は、影響力が強大なことを表します。しばしば、社会的権力・権威の意味を含みます。

a powerful leader（影響力のあるリーダー）、**powerful influence**（強い影響力）などと表現されます。

また、能力が高い人や物、強力な仕組みや強い根拠なども **powerful** で表します。**a powerful tool**（強力なツール）、**a powerful reason**（納得いく理由）などです。

powerful "影響力が強大"

❹の文では **robust** も **sturdy** も成り立ちますが、訳文ではたくましさや屈強さではなく、「影響力の強さ」としているので **powerful** を選択します：**He is the most powerful person in this country.**（彼はこの国で最も影響力の強い人だ）

解答　❶ strong　❷ tough　❸ intense　❹ powerful

87 普通の | common / usual / ordinary / regular / normal / typical

適当な単語はどれでしょうか？

❶ It is (common / usual) for him to come late.
（彼が遅れてくるのはいつものことだ）

❷ It's just (a common / a usual / an ordinary) house on (a common / a usual / an ordinary) street.
（それは普通の通りにある、普通の家です）

❸ Doctors say he is a perfectly (regular / normal / typical) child.
（医者たちは彼がまったく正常な子供だと言います）

common は、いろいろな時代、場所、人や集団の間で共通する一般性のことです。common の語源は「共に持つ」ということですから、「共通の」とか、みんなが持っている、すなわち「普通の」「ありふれた」という意味になります。

It's common to see children often playing with tablets.

子どもたちがタブレット端末で遊んでいる光景は普通に見られる。

common「ともに (com) 持つ」

communism（共産主義）、community（共同社会）も同じ意味からきています。common sense は「常識」と訳されることがありますが、「一般常識」の意味ではなく、「良識」です。つまり、「みんなが共通して持っている普通の感覚（sense）・判断力」のことです。「みんなが持っているはずの知識」という意味の「常識」は common knowledge です。「知識をともに持つ」ための手段が communication ですね（「ともに持つ」＝「共有する」→互いに知らせあう）

　common がそこかしこで見られる「普通」であるのに対して、usual はその状況などが高い頻度で起こる「いつもの」「よくある」ような「普通」です。頻度を表す副詞 usually の感覚でとらえれば理解しやすいかも知れません。

　❶の文の「普通」は「そこかしこ」の普通でなく、「いつもの」という普通を表すので、usual を選びます：**It is usual for him to come late.**（彼が遅れてくるのはいつものことだ）

　ordinary は、order＝順序 から来ているので、きちんと並んだというところから、奇抜じゃなくて「平凡な」というイメージの「普通」という意味です。ものの良し悪しに関係なく、単に「ほかと変わらない」という意味です。その「並」「平凡」から外れた（extra）のが extraordinary（非凡な）です。

He can do it. He is not an ordinary man.
　　彼ならできる、彼は普通の男じゃないからね。

　❷の文では「ありふれた」普通ですので、ordinary を選びます：**It's just an ordinary house on an ordinary street.**（それは普通の通りにある、普通の家です）

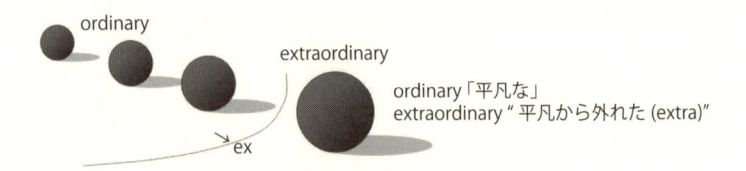

ordinary「平凡な」
extraordinary "平凡から外れた (extra)"

regular の **reg** は「ものさし」が語源で、ものさしで測ったような「規則的な」「一定の」「不変の」「いつもの」「通常の」または「定期的な」「定例の」という意味です。

Please send it by regular mail. 普通郵便で送ってください。

regular の reg はものさし

normal の **norm** も「ものさし」というのが語源で、「標準的な」、または異常ではなくて「正常な」のような意味を表します。平均や基準から外れない、規格内の感じのものが **normal** です。

I now live a pain-free normal everyday life.

今は痛みのない普通の生活を送っています。

It is quite normal for us to feel some sort of negative emotion.

何かしらのネガティブな感情を持ってしまうことは、ごく普通のことです。

normal「規格内」

❸の文では「標準的」の意味で **normal** を選びます：**Doctors say he is a perfectly normal child.**（医者たちは彼がまったく正常な子供だと言います）

typical は「ごく普通の」「典型的な」「いつもの」という意味です。見てわかるように **type** のファミリー語ですから、「判で押した」というイメージが持てます。

I was a typical girl in my junior high school days.
　私は中学校では普通の女の子でした。

I typically leave for work at 7:00 and get home around 5:00.
　私は普通、7 時に会社に向かい、5 時頃帰宅します。

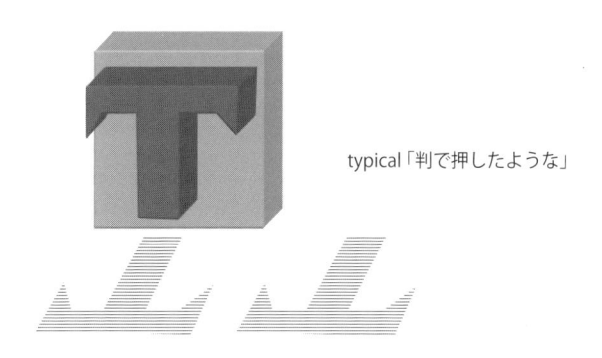

typical「判で押したような」

解答　❶ usual　❷ an ordinary、an ordinary　❸ normal

88 十分な | enough / sufficient / adequate / ample / satisfactory

適当な単語はどれでしょうか？

❶ There is (enough / sufficient) food for everyone.
（みんなに行き渡る十分な食料があります）

❷ They finally managed to secure (adequate / ample) funding for the project.
（ようやく彼らはプロジェクトに足りる資金をなんとか確保できた）

enough は、必要や目的を満たすのに数量的に十分なことを表す意味の、最も一般的な語です。必要な数量や程度を満たすことを意味していて、日本語の「十分な」が持つような「たっぷり」を表すものではありません。enough は名詞を修飾する場合、その名詞の前に置いても後ろに置いてもかまいません。他の類義語と異なり、supply（供給）、amount / quantity（量）、number（数）の前に置くことは基本的にはできません。

There are enough apples to make a pie.

パイを作るのに十分なリンゴがある。

There aren't enough chairs for everyone.

みんなが座れるほどイスが十分にない。

enough
「必要な数量を満たす」

sufficient は少し上品な言い方で、改まった場面で **enough** の代わりに使われる語ですが微妙な意味の違いがあります。**sufficient** には要求や必要を満たすだけの十分なというニュアンスがあります。❶の文章では、**enough** も **sufficient** も使えますが、**There is sufficient food for everyone.** とすれば「みんなに行き渡る十分な食料がある」から、「そんなにがっついて食べなくてもいい」という含みがあります。**There is enough food for everyone.** にはそういうニュアンスはありません。

The money should be sufficient for one month's travel.
　1カ月の旅行にはそのお金で十分のはずです。

There is sufficient reason for her to do so.
　彼女にはそうする理由が十分にあります。

　adequate は、「足りる」、「適切な」、「まあまあの」、「なんとかかろうじて十分」の意味で、最低の必要を満たすのに足りているということを表し、数量の他に質についても用いられます。また、必要最低限を満たしていることから「適切な」とか「まあまあの」という意味でも使われます。

Your work is adequate but I'm sure you could do better.
　君の仕事はまあまあだけど、もっとうまくできると思います。

His income is adequate for his livelihood.
　彼の収入は暮らしていくには足りる。

　❷の文は「なんとかギリギリ確保できた」のようなので **adequate** を選びます：**They finally managed to secure adequate funding for the project.**（ようやく彼らはプロジェクトに足りる資金をなんとか確保できた）

　ample は「(余るほど) 十分な」の意味で、必要な数量よりも余分にあることを表します。

There's ample storage space in the new house.

新しい家には収納スペースが十二分にある。

adequate　　　enough / sufficient　　　ample

質的に十分という意味では **satisfactory** が使われます。「納得いく」「満足いく」という感じですね。

We have satisfactory evidence.　私たちには十分な証拠がある。

語源ポイント

sufficient の **suf** は「下」を意味する **sub**、つまり **subway**（地下鉄）や **submarine**（潜水艦）の **sub** と同じなのですが、これには他にも **support**（下から支える）、**sustain**（持続する）のように「下から上へ」というような意味もあります。「下から上へググッと上がる」感じが **supply** やこの **sufficient** です。**supply** は「供給する」の意味ですが、必要な数量を下回らないように、下から支えるように供給することを表します。

ample の **ple** は実は **supply** の **ply** と同じで「満たす」の意味で、ほかにも **plenty**（豊富な）や **complete**（完全な）の中にも見られ、「たっぷり」を表しています。実はこの **ple** は **full** の語源でもあります。**p** の音が **f** に変わっているものなのです。これがわかると **ple** の「たっぷり感」が納得できます。

adequate の **quate** は **equal** の **qua** と同じ「等しい」の意味です。**ad** は「向かって」の意味なので、その目的の必要レベルに「向かっている」ということで、「多すぎず少なすぎず」という感覚が理解できます。

解答　❶ enough / sufficient　❷ adequate

89 早い | soon / early

適当な単語はどれでしょうか？

❶ **Please come as (soon / early) as you finish the work.**
（その仕事が終わり次第すぐに来てください）

❷ **The train arrived one hour (sooner / earlier) than usual.**
（列車はいつもより1時間早く到着した）

soon は「距離＝短さ」。記号で言えば「←→」という感じです。
early は「時期の早さ」。記号で言えば「←」という感じです。
soon は、ある時点（現在、またはある出来事）からの「時間的近さ」で、**early** は、時間枠の中やある線上の「時期的早さ加減」を表します。
soon が表す時間的な近さは、例えば

soon after birth　生後間もなく（生まれた時からの時間的な近さ）

He sold the house soon after his wife died.
　彼は妻の死後まもなく家を売った。（亡くなったときからの時間的な近さ）

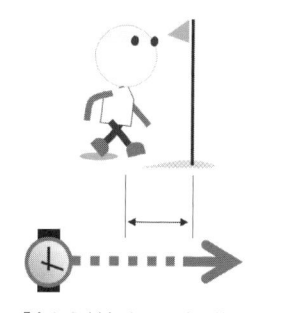

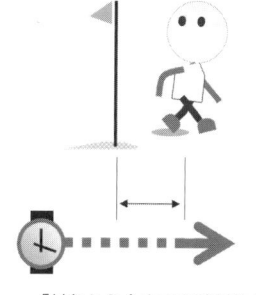

soon「今から対象までの時間的な短さ」　　soon「対象から今までの時間的な短さ」

early は、時間の線上の早い方のことで、遅いほうは **late** です。

early は、何かの基準（通常の事柄、予定、期待など）より早いことを表します。

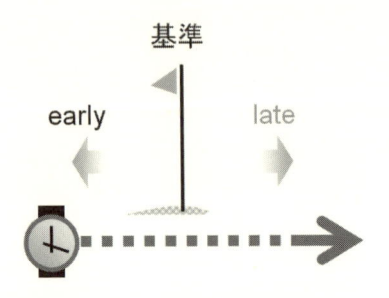

例えば

early retirement 早期退職（普通より早い退職）

go home early （普通より）早く帰宅する

early detection 早期発見

また、何かの時間枠の中の早い側も表します。

例えば

early morning 早朝

early in the morning 早朝に

early April （4月はじめ）

early stage 初期段階

the early 1980s 1980年代前半

時間枠

early　　　　　　　　late

❶の例では、「仕事が終わる」というその時点からの時間的な近さ加減を言っているので **soon** を選びます：**Please come as soon as you finish the work.**（その仕事が終わり次第すぐに来てください）

❷ の文では基準（この場合はいつもの時間）よりも早いことを表すので、**earlier** を選びます：**The train arrived one hour earlier than usual.**（列車はいつもより1時間早く到着した）

解答　❶ soon　❷ earlier

90 ほとんど、約 | almost / nearly / about / around / approximately

適当な単語はどれでしょうか？

❶ Our cat understands everything - he's (almost / nearly) human.
(うちの猫は何でも理解でき、ほとんど人間のようです)

❷ (Almost / Nearly) no one believed him.
(ほとんど誰も彼の言うことを信じなかった)

❸ (About / Around / Approximately) 18.8% of the population is Chinese.
(人口の約 18.8% が中国人です)

「ほとんど」を意味する **almost** と **nearly** は多くの場合、置き換えが可能です。

I've almost / nearly finished my homework.

宿題はほとんど終わった。

Your answer is almost / nearly perfect.

あなたの答はほぼ完璧です。

ただし、両者には微妙な違いがあるので、使い分けが必要な場合があります。

almost の場合、話者は到達点の側から見ていて、「そこまで来ているけどまだ少し足りない」という感じです。一方 **nearly** の場合、視点は到達点から離れたところにあって客観的に、「もう少しで届くけど届かない」ということを暗示させます。そんな感覚から、ある数字に近いことを表す場合、到達点に視点のある **almost** の方が、よりその数字に近い感覚です。どちらも、「もう少しで」のセンスなの

で、到達はしていないし、超えてもいません。**nearly 100 people** は 99 人を超えてはいません。

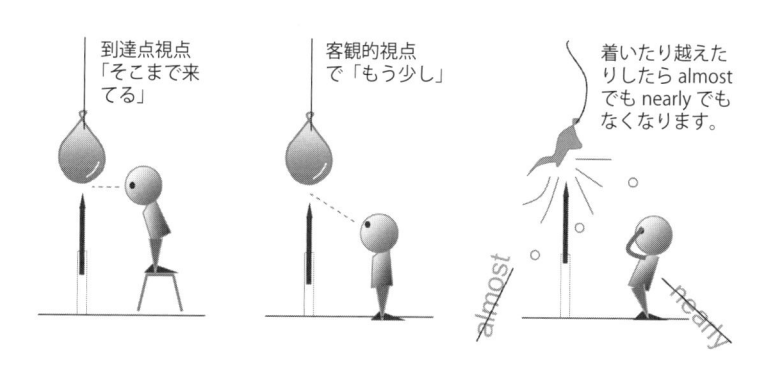

| 到達点視点「そこまで来てる」 | 客観的視点で「もう少し」 | 着いたり越えたりしたら almost でも nearly でもなくなります。 |

具体的な数値などで表す場合には、**almost** も **nearly** も使えますが、感情や主観的な感覚を表す「近さ」の場合、例えば **believe**、**want** などの動詞や **afraid**、**certain** などの形容詞を修飾する場合は、**almost** だけを使います。到達点視点で主観的にみるのが **almost** ですから。

❶は抽象的な近さを表すので **almost** が適切です：**Our cat understands everything — he's almost human.**（うちの猫は何でも理解でき、ほとんど人間のようです）

また、**all**、**every**、**always** の前では、**almost all / nearly all** のようにどちらも使えますが、**no**、**none**、**never**、**nothing**、**anybody**、**anything** のような否定語を修飾するときは **almost** だけを使います。また、**in-**、**un-** などで始まる否定的形容詞を修飾するときも **almost** を使うのが基本です。「ゼロ」かどうかをよーく見ているのが **almost** の感覚でしょう。

My wife is almost never at home.　妻はほとんど全く家にいません。
My wife is almost/nearly always at home.

妻はほとんどいつも家にいます。

It's almost impossible.　それはほとんど不可能だ。
Almost no one came to the party.

ほとんど誰もパーティーに来なかった。

❷の文は **no** がつくので答は **Almost** になります：**Almost no one believed him.**（ほとんど誰も彼の言うことを信じなかった）

almost と **nearly** ともに、段階的な形容詞、つまり **very** で修飾できない形容詞（**perfect**、**dead**、**impossible** など）を修飾することはできますが、その意味の性格上、**good** や **bad** などの形容詞を修飾することはできません。

数字の近さでは、「約」と訳される **about** や **around**（主にアメリカ英語）も使うことができますが、これは「おおよそ」「その前後の」という意味なので、その数値を超えているかも知れないという点が、**almost** や **nearly** とは異なります。

This watch cost around $1,000.　この時計は約 1000 ドルした。

about「そのへん」「おおよそ」

approximately は「約」の意味で改まった場面で使われ、about に比べると正確な値に非常に近いことを強調します。小数点がついた数値の場合には about でなく approximately を使います。

The plane will be landing in approximately 20 minutes.

飛行機は約 20 分後に着陸します。

❸は小数点がついた数値で表されているので Approximately を選びます：**Approximately 18.8 % of the population is Chinese.**（人口の約 18.8％が中国人です）

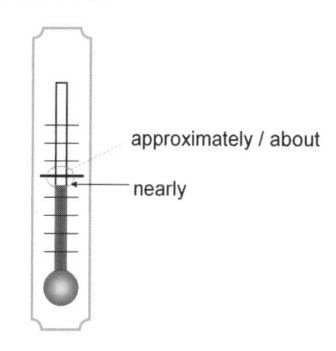

approximately / about
nearly

🄰🄰 語源ポイント

実はもともと **near** は **nigh** という言葉の比較級でしたが、それが独立してしまったものです。聞き慣れない言葉ですが **nigh** という言葉は今でもあって、辞書をみると「【副】ほとんど、近く、【形】近い、直接の、けちくさい、【前】～の近くに」と、**near** と同じような意味を持つことがわかります。

next は音の響きでも感じられるように、その最上級です。「最も近い」から「次の」「隣の」という意味を表します。形容詞で使われるときはたいてい **the next ...** として定冠詞がつくのも納得できます。

neighbor もその **nigh** の仲間で、**bor** は「住むところ」を意味していて、「近くに住む」から「近所、近隣」ということになります。

approximate は **ap** と **proximate** に分けられます。**pro** は「前」を表しますが、ラテン語の **prope** は「近い」を意味し、その最上級に相当する現代英語が **proxi-**

mate（最も近い、直前の）です。名詞形の **proximity**（近接性）はよく使われます。そして、頭の **ap** は **ad** の異型で「向かって」を意味しますから、**approximate** は「向かって最も近い」→「おおよその」「近似の」ということになるわけです。そう考えると **about** や **around** よりもより近さを感じられますね。ラテン語 **prope** の比較級は **propiare** で、これに同じく **ap** があたまについて変形したのが **approach** で「向かってより近くなる」→「接近する」。**appropriate** も **prope** の仲間のようで「向かってより近い」→「ふさわしい」ということになるわけです。

   about は語源的には **ab+out** で成り立っています。**ab** の部分は **by** のことで、古英語では **bi** と書き、「傍（そば）」という意味です。ずっと昔の形は **ambhi** で、**ambient**（周囲の）、**ambiguous**（あいまいな）には **ambi** という形で残っています。**out** は「外」ですから、**about** は「傍とその周り」というイメージで、「ぼんやりとしたその周辺」の意味が見えてきます。

解答 ❶ almost ❷ Almost ❸ Approximately

91 たぶん | perhaps / maybe / possibly / probably

適当な単語はどれでしょうか？

❶ **(Maybe / Possibly / Probably) I'll go to the movies tonight, but I'm not sure.**
(たぶん今夜は映画に行くと思いますがはっきりわかりません)

❷ **A：Is he coming？ B：(Possibly / Maybe / Probably).**
(A：彼は来るでしょうか　B：もしかしたらね)

❸ **I'll (possibly / maybe / probably) be late for dinner tonight.**
(たぶん今日の夕食には遅れると思う)

perhaps は、「たぶん」の意味の一般語で、**maybe** より書きことばで好まれます。話し手の確信度は五分五分かまたはそれ以下です。

Perhaps the weather will change tomorrow.
たぶん、明日は天気が変わるでしょう。

Perhaps 100 people were there.
たぶん、100人くらいがそこにいたでしょう。

maybe の「たぶん」は、**perhaps** のくだけた語で、話し手の確信度は **perhaps** と同じくらいです。

Maybe he will come, maybe he won't.
彼は来るかも知れないし、来ないかも知れない。

Maybe I'll buy myself a new dress.
私は自分の新しいドレスを買うかもしれない。

It's possible that he will come to the party. と言えば、「もしかしたら彼はパーティーに来るかも知れない」という意味ですが、

possible は基本的には「理論上起こり得る低い可能性」を表します。「ないことはない」という感じです。したがって、副詞の possibly の話し手の確信度は低く、20 ～ 30%以下と考えてください。

He is possibly America's finest movie director.
　彼はもしかしたらアメリカで最もすばらしい映画監督かもしれません。

A：Will you be here tomorrow? B：Possibly.
　A：明日ここに来る？　B：もしかしたらね。

❶の文の確信は半分程度に思えるので Maybe を選びます：**Maybe I'll go to the movies tonight, but I'm not sure.**（たぶん今夜は映画に行くと思いますがはっきりわかりません）

❷ の文は日本語訳を見ると確信が低そうですから、Possibly を選びます：**A：Is he coming? B：Possibly.**（A：彼は来るでしょうか B：もしかしたらね）

probably は「たぶん」「十中八九」。話し手の確信度は他の類義語より高く、80%以上であると考えてください。高い可能性を表すので、数学的・科学的な判断から下された確率や可能性は、名詞形の probability で表します。

A：Will you be coming?　B：Probably not.
　A：あなたは来ますか。　B：たぶん、行きません。

It's probably the best movie I have ever seen.
　それはたぶん私が今まで観た中で一番の映画でしょう。

❸の文は確信度が高そうなので probably を選びます：**I'll probably be late for dinner tonight.**（たぶん今日の夕食には遅れると思う）

これらの副詞は、文中での位置がそれぞれ異なるので注意が必要です。

probably はふつう文中で、文頭・文尾で使うこともあります。

maybe はふつう文頭で、perhaps は文頭・文中・文尾で使われます。

possibly は文頭・文中・文尾のどこでも普通に使われます。

また、これらのどの語も否定の後にはつかず、He will probably not. / He probably won't. のように使います。

語源ポイント

perhaps の hap は happen のところで説明したように、「降って湧いた」というようなイメージです。偶然性の意味合いを持つので、可能性は高くありません。

possibly の pos は possess（保有する）の pos や potential（潜在的な）の pot と同じで、「潜在的な能力」を表します。したがって、「能力はあるけど、行動するかの根拠は無い」状態なので、確信度は低いことを表します。

probably の確信度が高いのは、中に prove が入っているからです。prob や prove は「証明する」を意味し、それに能力を示す -able がついているわけですから、確信度はかなり高いです。

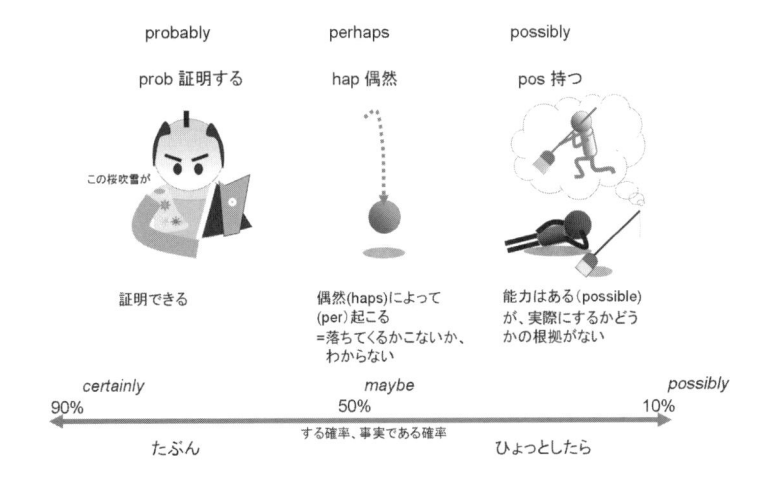

probably	perhaps	possibly
prob 証明する	hap 偶然	pos 持つ
この桜吹雪が		
証明できる	偶然(haps)によって(per)起こる =落ちてくるかこないか、わからない	能力はある(possible)が、実際にするかどうかの根拠がない

certainly 90%   *maybe* 50%   *possibly* 10%

する確率、事実である確率

たぶん   ひょっとしたら

解答 ❶ Maybe ❷ Possibly ❸ probably

92 確かに | sure / certainly / definitely

適当な単語はどれでしょうか？

❶ A：Can I borrow your computer?
　B：(Sure / Certainly).
　（A：君のコンピュータ借りてもいい？　B：いいよ）

❷ It is (sure / certain) that he will come.
　（彼が来るのは確かだ）

❸ A：Excuse me, but could you tell me where the bus stop is?　B：(Sure / Certainly).
　（A：すみません、バス停がどこにあるか教えていただけますか　B：いいですよ）

　形容詞としての sure は確たる証拠がなくても確実にそうなると自分で確信していたり、またはそうなって欲しいという願望を暗示させる語です。主観が入っているわけです。ですから I'm sure he will win the game.（彼はきっとその試合に勝つでしょう）は I believe he will win the game. や I hope he will win the game. の意味に近くなります。

　副詞としての sure は❶の文のようなくだけた場面で、相手の依頼に対する返答として「いいですよ」、または相手の発言に対して「確かに」とか「本当に」とうなずく場合に使われます：A：Can I borrow your computer?　B：Sure.（A：君のコンピュータ借りてもいい？　B：いいよ）

　A：It's hot out here.　B：It sure is.
　　A：ここは暑いですね。　B：本当にそうですね。

surely「自分で確信している」

　sure が主観に基づいたものであったのに対し、**certain** は客観的な証拠などがそろっていて誰がみても間違いないという確信を表します。

Things are certainly a lot better than they used to be.
事態は間違いなく以前よりずっと良くなっている。

　客観性を強調しますから、❷の文のように **It is certain that SV~** の構文と容易に結びつくのに対して、主観性を強調する **sure** は × **It is sure that SV~** という表現がないのです。

certainly「証拠のある確信」

　また、副詞の **certainly** は「確かに」の他に、**sure** と同様、相手の依頼に対する返答として使うことができます。ただし、これも自分を客観的な立場において言っている言葉ですから、❸の文のような改まった場面では「かしこまりました」という丁寧な意味になります。親しい者同士で「いいですよ」と言う場合には **Certainly.** を使うとよそよそしさを与えることになりますので、**Sure.** と答えるほうがよいでしょう。

❷ **It is certain that he will come.**（彼が来るのは確かだ）

❸ **A：Excuse me, but could you tell me where the bus stop is?**
B：Certainly.（A：すみません、バス停がどこにあるか教えていただけますか　B：いいですよ）

definitely は、他の類義語の中で最も確信度が強い語です。相手に同意を求めるときには主観の入った **surely** を使い、それより強い確信を主張する時にはこの **definitely** を用います。「疑いの余地ない」「ぜったいに」という感じです。

It's true. She definitely said so.

本当です。彼女は確かにそう言いました。

He definitely needs a holiday. 彼はぜったいに休みが必要です。

definitely「確信を主張」

語源ポイント

sure は実は **secure** と同源、もっと言うと、**secure** の **cu** が脱落したものです。つまり **se+cure** がもとの形です。**se** は **separate** などの **se** と同じで、「離れて」の意味ですので、**secure** は「心配（**cure**）から離れている状態」を意味します。ですから「主観」が入った意味を表すのです。

certainly の **cert** は「確か」を意味します。**certification** が「証明」「検定」を表すことから理解できます。**sure** に「主観」があったのに対して、**certain** は「確証」があります。「誰が見ても間違いない」という確証はこの成り立ちを見て理解できます。

definitely は、**define** の「境界をはっきりさせる」「明示する」のセンスから「明白さ」が伝わります。最も確信が高いことを示します。

解答 ❶ Sure ❷ certain ❸ Certainly

似ている英単語 使い分けBOOK

第3章 名詞編

93 女性 | lady / woman / girl / female

適当な単語はどれでしょうか？

❶ She always tries to be a (lady / woman / girl).
（彼女はいつも貴婦人になれるよう努力している）

❷ Ask that (lady / woman / girl) to help you.
（あそこの女性に手伝ってもらいなさい）

❸ I was talking to a (lady / woman) I met on the flight.
（私は飛行機の中で会った女性と話をしていた）

　lady は上流階級の婦人を指し、常に礼儀正しく気品にあふれる大人の女性に対して用いられる語です。「淑女」という訳語がそれをよく表していますね。
　ですから❶は **lady** が当てはまります：**She always tries to be a lady.**（彼女はいつも貴婦人になれるよう努力している）
　目の前にいる女性に対しては敬称的に **lady** が使われます。もともと目の前にいる人を人称代名詞の **she** や **he** で示すことは失礼なのですが、さらに **this woman** と言わずに **this lady** と言った方が丁寧です。**gentleman** も **lady** と同じように目の前にいる男性や、いま話題にしている男性に対して敬称的に用いられます。

There is a lady waiting for you.　女性の方がお待ちです。

　❷の場合もそうですね：**Ask that lady to help you.**（あそこの女性に手伝ってもらいなさい）

　woman は、**man** に対する語で、大人の女性を表す最も一般的な語です。成人した女性を表す無色透明、つまり主観がなく中立的な立場で表現する語です。**woman** の語源は **womb**（子宮）＋ **man** の説

もあり、中立的に性別を示すことがわかります。

The number of women drivers is increasing every year.

年々、女性ドライバーの数が増えています。

成人した女性を表す無色透明な語ですから、❸のような状況では、woman がいいでしょう：**I was talking to a woman I met on the flight.**（私は飛行機の中で会った女性と話をしていた）

面と向かって女性に **Woman!** と呼びかけるのは自分のイライラや腹立たしさを表すことになり、失礼な表現となります。

Pull yourself together, woman!

ねえ、ちょっと落ち着きなさいよ。

girl は、一般的には 14, 15 歳か、せいぜい 18 歳くらいまでの「未婚の女性」を表す語ですが、くだけた場面では年齢や既婚・未婚にかかわらず「女性」の意味で使われます。

My wife and I have two girls. 　私と妻の間には娘が二人います。

female は性別を強調する語で、人間だけでなく動物にも用いますが、male と対応させて主に公式文書などで使用されます。パスポートの性別欄には **M/F** で表示されますし、入国審査票などにも **male / female** を書きますね。**feminine** という形容詞がありますが、これは「女性らしい」というように、単に性別を示すというより、女性の優しさ・細やかさなどの意味を含みます。

girl　　　lady　　　woman

解答　❶ lady　❷ lady　❸ woman

94 道 | street / avenue / road / way / path / lane / course

適当な単語はどれでしょうか？

❶ There are a lot of houses and shops on both sides of the (street / road / path / lane).
（通りの両側にたくさんの家やお店があります）

❷ It's cheaper to transport goods by (street / road / path / lane) than by rail.
（鉄道よりも道路で貨物を運ぶほうが安くつく）

❸ He asked me the (street / road / way) to London.
（彼は私にロンドンへ行く道を尋ねた）

❹ We took the (street / road / path / lane) across the fields.
（私たちは野原を横切る道を選んだ）

street は町の中にある歩道つきの道路で、片側か両側に家や商店や建物などが立ち並んで、乗り物や徒歩で移動できる道を表します。なかでも店が立ち並ぶ通り（目抜き通り）は **high street**（英）とか **main street**（米）と呼ばれます。語源的には **str** は「伸ばす」(**stretch**) の意味で、「均して延ばした」というのが **street** の成り立ちのようです。歩きやすいようにするため均した道のイメージと結びつきますが、もちろん自動車が往来できる道も **street** で表されます。

ですから❶の文では **street** が適切です：There are a lot of houses and shops on both sides of the street.（通りの両側にたくさんの家やお店があります）

street　商店や建物が立ち並ぶ「道」

avenue とは、具体的には、両側に邸宅や建物が並ぶような、特に街路樹のある大通りのことです。もともと **avenue** の「**a**」は「向かって」の意味で、「**ven**」は「行く」「至る」の意味。「どこかに至る道」ということで、屋敷に至るような道、並木のある大通りのようなものをこう呼びました。アメリカの街では、**street** と交差する道を **avenue** と呼んで縦横を識別しています。

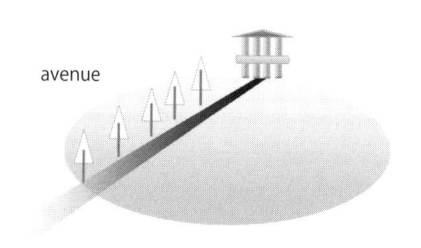

　road は、町の中か田舎のどちらかにあり、町の別の箇所に通じる道、または町から町へと続く、自動車やバスや自転車などが通る道を指します。もともと「馬に乗る」の **ride** の意味に由来する語です。**street** に比べて乗り物に乗るような長い道であることがイメージできます。

There was heavy traffic on the road.

　　道路はひどく渋滞していた。

　❷の文のように、**road** は輸送や移動に重点が置かれています：**It's cheaper to transport goods by road than by rail.**（鉄道よりも道路で貨物を運ぶほうが安くつく）

road　町から町への道

また、次の **way** と同じように、抽象的な意味での道や方法を表すこともあります。「学問に王道なし」は、**There is no royal road to learning.** と表現できます。

way は「〜へ至る道」の意味で使います。「道」の意味で広く使われますが、「道筋」、「行く道」、「やり方」など、抽象的なものも含めていろいろな意味があります。

Could you tell me the way to the station?
駅へ行く道を教えていただけますか。

❸の文では「至る道」を言っているのでこの **way** を選びます：**He asked me the way to London.**（彼は私にロンドンへ行く道を尋ねた）

way

way 「〜へ至る道」「道のり」

path は田舎の山林や野原、川沿いなど人や動物などが歩いて自然にできた小さい道、または、公園や庭園などの中にある遊歩道的なものを指します。

ビジネスの中でも「クリティカルパス」（**critical path**）や「プライムパス」（**prime path**）などと「経路」をイメージするような言い方をします。

We walked along a garden path.
私たちは公園の小道を歩いた。

❹は、野原の中にある道ですから、**path** を選びます：**We took the path across the fields.**（私たちは野原を横切る道を選んだ）

laneは特に、「田舎の家の、塀と塀や垣根と垣根に挟まれた狭い道・町の中の路地・横丁」を意味しますが、そのほかに、高速道路など幅の広い道路の「車線」も表します。

ビートルズに **Penny Lane** という曲がありますが、あれはリバプールにある **Penny Lane** という通りをモチーフにした曲だそうです。

They drove along a country lane. 彼らは田舎道を車で走った。

Don't change lanes without signaling.

方向指示を出さずに車線を変えてはいけません。

ボウリングでは「レーン (**lane**)」という言葉は定着していますが、陸上競技のトラックやプールのコースは、英語では、**course** ではなく **lane** で表します。また、飛行機や船の航路も **lane** で表します。

The world champion is in lane four.

世界チャンピオンは第4コースです。

course は経過地点が決まっている路です。船や飛行機の経路を示すほか、授業の過程を示したりします。

The ship changed its course abruptly.

そのとき、船は突然進路を変えた。

The team took the safest course. チームはもっとも安全な道を選んだ。

The school offers an evening course.

その学校には夜間コースがある。

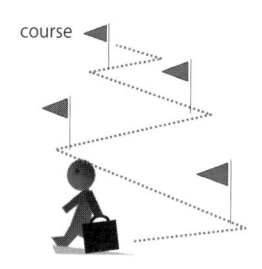

course　通過点の決まった道　「経路」

語源ポイント

avenue の ven がつく語はたくさんあります。invent ＝上に来る→出てくる→発明する、adventure ＝向かっていく→冒険、revenue ＝帰ってくる→収入、prevent ＝前に行く→邪魔する、venue ＝行くところ→集合場所・開催地・会場。convene は con（ともに）＋ vene（来る）＝「(会議などを) 召集する」で、convenience store（コンビニ）の convenience も同じファミリーの語です。

way の w はラテン語では v でした。v の形で残っている語もたくさんあります。via（経由して）はほぼ「道」そのままの意味ですし、voyage（長い旅、航海)、それから vein（血管、静脈、鉱脈、地下水脈）などがそうです。deviate（逸脱する）/deviation（逸脱、偏差）の de は「離れて」の意味で、「道から外れる」の意味です。obvious や previous（前の）もこの仲間です。

このもととなる祖語は「動かす」「運ぶ」の意味でした。convey は con（ともに）＋ vey ＝「運搬する」の意味で、conveyer（コンベヤー）と関連づけると覚えやすいと思います。convey は意思や情報を伝達するときにもよく使われますね。この祖語には重量物を動かすようなイメージがあり、実は weight も同源で、重量物を運ぶのが vehicle や wagon。これらの中にある g や h が互いの親戚関係を示しているように思えます。

こうして語源を遡るとおもしろい親戚関係が見つかります。「道」のことを、インドのサンスクリット語で viti と言うそうです。サンスクリット語もインド・ヨーロッパ語族ですから、欧州語と似ていて不思議ではないのですが、この viti が、日本語の「道 (michi)」になったという説があります。v が m の音に変化したということですが、残念ながら確かめる方法はありません。

解答 ❶ street ❷ road ❸ way ❹ path

95 旅 | travel / trip / journey / voyage / tour / excursion

適当な単語はどれでしょうか？

❶ He's writing a book about his (travel / travels) in Central Asia.
(彼は中央アジア旅行の本を書いている)

❷ They took a honeymoon (travel / trip / journey) to Italy.
(彼らはイタリアへ新婚旅行に行った)

❸ I want to make a train (travel / trip / journey) across Europe.
(ヨーロッパを列車で旅したい)

❹ (旅行代理店のカウンターで)
Your (travel / trip / tour) includes a one-day (travel / journey / excursion) to the Grand Canyon by air.
(お客様のご旅行には、グランドキャニオンへの空の小旅行が含まれております)

　travel は、離れた場所への移動に焦点を置いて表現する一般語です。原則としては不可算名詞で、**air travel**（空の旅）、**space travel**（宇宙の旅）などのように形容詞を伴って使われたり、**travel agency**（旅行会社）や **travel expense**（旅費）のように名詞の前で形容詞的に使われることが多い語です。ただし❶の文のように、海外旅行など長い旅や旅行記（**Gulliver's Travels** ＝ガリバー旅行記）の意味では、例外的に、**travels** と複数形で表されます：He's writing a book about his travels in Central Asia.（彼は中央アジア旅行の本を書いている）

I have to travel a distance of 200 kilometers tomorrow.（明日は 200 キロの距離を進まなければならない）などというように、「道のりを行く」を表したり、機械の用語では名詞で「往復運動の行程（移動の長さ）」を表すことからも、**travel** は「移動」に焦点が当てられる語であることがわかります。タイムマシンに乗って、過去と未来の間を自由に移動するのが **time travel** です。

travel　移動に焦点

trip は **honeymoon trip**（新婚旅行）や **business trip**（出張）のように特定の目的を持った比較的短期間の旅行です。通例は戻ってくる旅を言います。**take a trip** は「休暇などで旅行をする」、**make a trip** は「仕事で旅行する」という意味の違いがあります。**He made a business trip to France.**（彼は出張でフランスに行った）に対し、❷の文は新婚旅行なので **take a trip** の形をとります：**They took a honeymoon trip to Italy.**（彼らはイタリアへ新婚旅行に行った）

trip　特定の目的を持った比較的短い「旅行」

journey の **journ** はイタリア語で「こんにちは」を表す「ボン・ジョルノ」のジョルノ＝日。**journal** は「日誌」ですね。旅の日誌のイメージを持つとわかりますが、**journey** には日誌を綴る長い道のりの旅のイメージがあります。人生を旅に例える場合の「旅」は **journey** です。困難を伴うような長い道のり、「旅路」ということばで表されるような意味合です。**journey** は、移動の過程に焦点があり、**trip** と違って、再び戻ってくるとは限りません。また **journey** は通常は

陸上の移動を意味し、航海の場合は次に出てくる **voyage** を使います。❸の文は陸路の長い旅なので **journey** を選びます：**I want to make a train journey across Europe.**（ヨーロッパを列車で旅したい）

journey

journey 「長い道のり」

voyage は **journey** に対する語で、比較的長い海の旅、または空や宇宙の旅を表します。

一般に、**airport**（空港）、**space ship**（宇宙船）、**spacewalk**（宇宙遊泳）などというように、空や宇宙の旅は海の旅に例えられ、よって空や宇宙の旅にも、**voyage** が使われています。

She took a voyage by boat from London to India.

彼女は船でロンドンからインドへ行った。

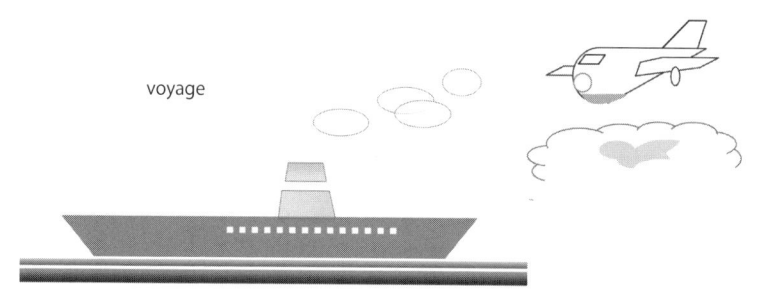

voyage

tour は、いろいろな場所を視察・観光するために計画された周遊旅行や、博物館のガイド付きツアー（**a guided tour**）や工場の見学（**a factory tour / a plant tour**）を表す語です。

excursion は短期間の団体観光の小旅行や学校の遠足などのことです。**ex** は **out** の意味で、**cur** は **current** の **cur** と同じ **run** の意味で、「流れるように進む」の感じです。そう考えると、**excursion** に「お出かけ」のイメージを持てます。

　❹の文では、旅行会社が企画した **tour** とその一部をなす小旅行の **excursion** を選びます：**Your tour includes a one-day excursion to the Grand Canyon by air.**（お客様のご旅行には、グランドキャニオンへの空の小旅行が含まれております）

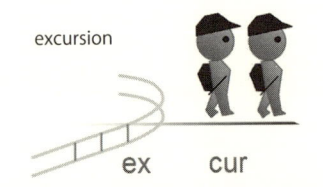

excursion

excursion　"ex「外」へ cur「進む」"「お出かけ」「遠足」

ex　cur

語源ポイント

　trip は、「軽やかに歩く」というような意味の動詞がもとで、それが名詞化してやがて「短い旅行」を意味するようになりました。「軽やかに歩く」をイメージすると **travel** や **journey** との意味の違いが理解しやすいでしょう。

　voyage の **voy** は「道」。**convey** の **vey** や **via** と同源です。音韻が変わっているので分かりにくいですが **way** も同じです。**voyage** は「海の道」という意味です。もっと広げれば **weight** や **vehicle** とも同源です。そう考えると **trip** などとは違う、「重たい旅」のイメージが持てると思います。

tour

tour　「ぐるりと回る旅」

　tour は **turn**、**tornado**、**turban** など「くるりと回る」の仲間（p.152）で「ぐるり」の意味です。ですから複数の場所を「ぐるりと回る」ときに使われます。

解答　❶ travels　❷ trip　❸ journey　❹ tour, excursion

96 客 | guest / customer / visitor / client

適当な単語はどれでしょうか？

❶ **This hotel has accommodation for 500 (guests / customers / visitors).**
（このホテルは 500 人の客を収容できる）

❷ **He is one of our regular (guests / customers / visitors).**
（彼は常連さんの一人です）

❸ **The museum has (guests / customers / visitors) from all over the country.**
（その博物館には国中から訪問者が訪れる）

　日本語では一般に人を表すとき、「何者か」「どのレベルの人か」で言うことが多いですね。仕事の中でも「どこに勤めている人」「課長や部長などの肩書き」などで表現するほうが一般的です。一方、英米では「何をする人」で表すことが多いです。「どの会社に勤めているか」よりも「職種（エンジニア、会計士など）」で、また「役職名」よりも「何をする人か（**Commercial Manager**、**Engineering Supervisor** など）」で表すことが多いです。

　その意味で、日本語の「客」というのは「何者か」を表す語で、日本語では「観光客」「宿泊客」「乗客」というふうに「客」が細分化されます。一方、英語では「何をする人」を表すので日本語の「○○客」の「客」に相当する語がありません。そのかわりに、「何をする人か」を表す語が各々あります。

　guest は招待された客やホテルの宿泊客です。語源は「見知らぬ人」

ですが、それが後に「もてなされる人」に転じました。家庭への訪問者やホテルの宿泊客は **guest** です。ホテルの客室は **guest room** ですね。また、**guest** には「食事をおごってもらったり、入場料を人に出してもらう人」の意味もあります。**Be my guest.** は、人から、何かものを貸してくれと頼まれた時に「いいですよ」の意味でも使われる、便利な表現です。

　　A：**May I see the newspaper?** 　新聞を見せてくれますか。
　　B：**Be my guest!** 　いいですよ。

❶の文では **guest** が適切です：**This hotel has accommodation for 500 guests.**（このホテルは 500 人の客を収容できる）

guest

guest　もてなされる人

　custom の語源は「すっかり慣れている」で、そこから「習慣」「風習」「流儀」の意味になっています。コスプレ（**costume play**）の **costume**（コスチューム、衣装）も同じ語源です。これは「自分用」という意味で、**custom-made** は「特注品」を意味します。**customer** はそういう「すっかり慣れている」の意味から「得意先」や「常連客」のことを表します。商店のお客さんはこの **customer** で表し、企業などが行う顧客アンケートは **customer survey** で、顧客の問い合わせなどに対応する役割は **customer support**（カスタマーサポート）ですね。**The customer is always right.** は、接客業者のモットーですが、日本語訳は「お客様は神様です」といった感じでしょうか。

❷は常連客ですので **customers** が最適です：**He is one of our regular customers.**（彼は常連さんのひとりです）

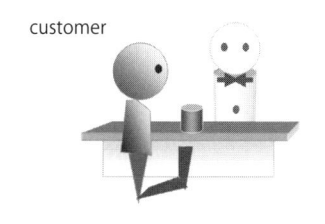

customer

customer　慣れている「得意先」、「常連客」

visitor の動詞形 **visit** は、**vis+it**。**vis** は **visual** でおなじみの「見る」で、**it** は **exit**（出口）の **it** で「行く」の意味。つまり、「観に行く」です。ただ行くだけではなく、街を散策したり人に会ったりするのを表すのが **visit** です。ですから **visitor** は博物館、美術館、あるいは会社への訪問者を指します。

❸の文では **visitors** を選びます：**The museum has visitors from all over the country.**（その博物館には国中から訪問者が訪れる）

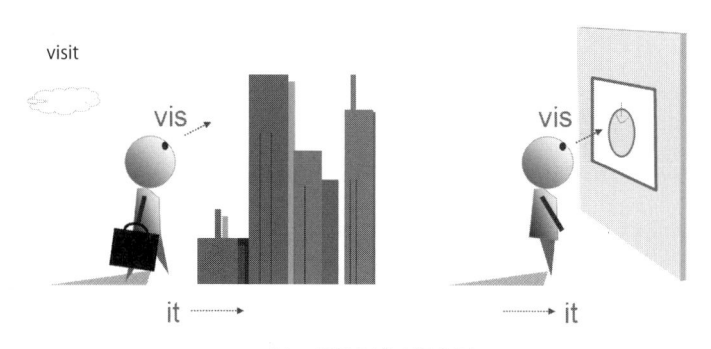

visit

vis　　　　　　　　vis

it　　　　　　　　it

visit　見る (vis) ＋行く (it)

client は弁護士などの依頼人を指します。注文服店や美容院のお客さんも **client** と呼ばれます。

ほかにも、乗り物の客は **passenger**、スポーツ観戦客は

spectator、映画やコンサートの客は audience というふうに、どれも英語では「何をする人」を表します。

Many passengers had to wait for hours to board ferries.

多くの乗客はフェリー搭乗まで何時間も待たなければならなかった。

Thousands of spectators gathered to watch the game.

何千人もの観客がその試合を観に集まった。

語源ポイント

visitor の語源の **it** は「行く」で、案外たくさんの語に入っています。**initial**（中に [in] + 行く [it] = 最初の)、**itinerary**（旅程表)、それから **transit** や **circuit** にもこの **it** がついています。

passenger の **pass** は、もともとは「足」の意味で、**pass**（通過する）の他に、**passport** の **pass**、それから **compass** の **pass** もそうです。

passenger

pass

pass

spectator の **spec** は「観る」。**audience** の **audi** は「音」で、**audio**（オーディオ）の **audi** ですね。こんなふうに語源をみると各々の語の「何をする人か」の「何をする」がよく見えてきます。

解答　❶ guests　❷ customers　❸ visitors

97 値段、価格、料金 | price / cost / expense / charge / fee / fare / toll / rate

適当な単語はどれでしょうか？

❶ **The (price / cost / charge) of milk has gone up.**
（牛乳の値段が上がった）

❷ **A new computer system has been installed at a (price / cost / charge) of $80,000.**
（8万ドルかけて新しいコンピュータシステムが導入された）

❸ **Most children in Britain are educated at public (charge / price / expense).**
（イギリスではたいていの子どもは公費で教育を受けている）

❹ **There is a small (charge / cost / price) for parking.**
（駐車するには多少の料金がかかる）

price は売り手が商品につける値段です。原義は「価値」で、同源の prize（賞、ほうび）や praise（賞賛する、賞賛のことば）を思い浮かべれば、イメージできます。複数形になると「種々の値段」を表すので「物価」という意味になります。例えば、oil prices（石油価格）、land prices（地価）などです。

Prices in Tokyo are higher than those in New York.
東京の物価はニューヨークよりも高い。

❶の文は price を選びます：

The price of milk has gone up.
（牛乳の値段が上がった）

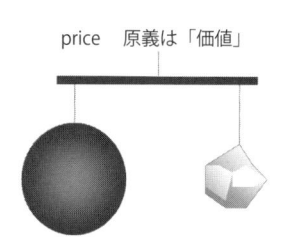

price 原義は「価値」

cost はものの購入、生産、維持などに支払う値段・費用です。原義は「対価・代償」。**cost** は **co** + **st** で、**co** は「ともに」で **st** は **stand** のことなので、「ともに立つ」ということ。つまり、「何かを得ればそれに見合う代償が生じる」ということを表していて、そういう代償の意味の「値段・費用」が **cost** です。日本語の「先立つもの」にも「立つ」のセンスがありますね。

　例えば、生活費は **living cost**、車などの維持費は **running cost**、生産費は **production cost** です。

　❷の文は、コンピュータの導入にかかった費用ですから、**cost** を選びます：**A new computer system has been installed at a cost of $80,000.**（8万ドルかけて新しいコンピュータシステムが導入された）

　cost には「犠牲」という意味もあり、**at any cost** は「どんな犠牲を払っても」の意味です。**cost** は「ともに立つ」の意味なので、対価として出て行くものはお金だけではないのです。

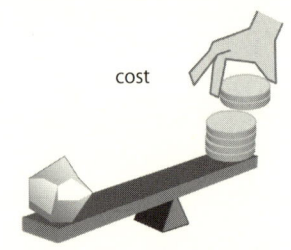

cost
"ともに (co) +立つ (st)"「対価」

　expense は一般的な意味での出費や支出のことで、主に複数形で表され、**travel expenses**（交通費、旅費）、**living expenses**（生活費）、**educational expenses**（教育費）のようにいい、ある用途や目的のためにかかる「経費・出費」を表します。

　❸の「公費」も、**public expense** です：**Most children in Britain are educated at public expense.**（イギリスではたいていの子どもは公費で教育を受けている）

　expense の動詞形は **expend**。これは **ex** + **spend** でできていて、「外に（**ex**）＋費やす（**spend**）」ですから、出費や支出をすることを表します。

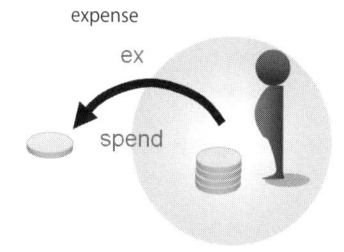

expense　"外に (ex) ＋費やす (spend)"
「出費」「支出」

charge の原義は「荷車（**car**）に荷を積む」。ですから料金の意味の **charge** は「積まれるもの」「負荷」ということで、提供されたサービスに応じて負荷されて支払う料金を表します。例えば **service charge**（サービス料、手数料）、**hotel charge**（ホテル代）、**delivery charge**（配達料金）、**electricity charge**（電気料金）、**admission charge**（入場料金）などです。

料金は提供されたサービスに対して支払うのが普通なので、**charge** が意味する範囲は広いです。このあとに出てくる、**fare** や **rate** に応じて支払われる料金（金額）も **charge** の中に入ります。

❹の文では **charge** が適切です：
There is a small charge for parking.
（駐車するには多少の料金がかかる）

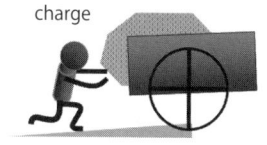

charge　"荷車 (car) に荷を積む"

fee は医者や弁護士、教育など専門性の強い仕事に対して支払う「謝礼・報酬」の意味で使います。例えば、**school fee**（授業料）、**entrance fee**（入学金）、**doctor's fees**（診察料）、**lawyer's fees**（弁護士への相談料）、**performance fee**（出演料）などです。

fee　専門性の強い仕事に対して支払う

第3章　名詞

fare はラテン語で「行く」、「旅」の意味で、「良き旅を」の意味の **farewell**（お別れ）の **fare** です。「行く、旅」の料金ということなので、「交通機関の運賃」がうまくあてはまります。例えば、**bus fares**（バス料金）、**air fares**（航空料金）、**train fares**（列車料金）、**taxi fares**（タクシー料金）などです。

fare　"行く (fare) ための料金"「運賃」

　toll はもともと「徴税小屋」。ですから橋や道路の通行料を表します。高速道路の料金所は **tollbooth** と言いますね。電話料金にも使われますが、これは「会話の通行料」ととらえると理解しやすいです。日本で言う「フリーダイヤル」は **toll-free**（形容詞）です。

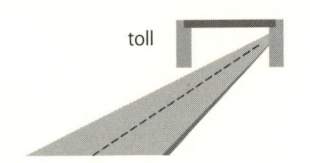

toll

toll 「交通料金」

　rate は「割合」ですから、一定の基準に沿って、段階的に規定されたようなサービス・商品に対する料金を示すときに使います。例えば **a postal rate**（郵便料金）、**a room rate**（ホテルの部屋代）などです。

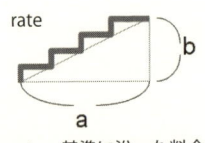

rate

rate　基準に沿った料金

解答　❶ price　❷ cost　❸ expense　❹ charge

98 問題 | question / problem / issue / affair / matter

適当な単語はどれでしょうか？

❶ Travel is (an issue / a matter / a problem) for him now that he's in a wheelchair.
（車椅子に乗っているので彼にとっては移動が悩みの種です）

❷ The main (issues / matters / problems) we are discussing today are tax increases and military spending.
（今日の討論の主な問題は増税と軍事費である）

❸ That's none of your (problem / matter / affair).
（それはあなたの知ったことではない）

question は単なる問いかけであり、解決がつくかどうかは別の問題です。答えがないような哲学的な問題にも使われ、また知識や実力を問うような試験問題の意味としても使われます。

一方、problem は、道筋の通ったはっきりとした解決が求められ、しかも理解しにくい問題、つまり「難問・悩みの種」というのが基本的な意味です。

My biggest problem is lack of money.
私の最大の問題はお金の不足だ。

❶は「悩みの種」ですから problem を選びます：**Travel is a problem for him now that he's in a wheelchair.**（車椅子に乗っているので彼にとっては移動が悩みの種です）

problem「問題」が議論や討論の場で取り上げられる話題となっ

たものが **issue** で、主に、決着を迫られている社会的・国際的な問題や業務上の問題のことを表します。ときには、人が抱えている問題や心配事をさすこともあります。この単語は「問題＋ **issue** イッシュウ」＝問題集と覚えておくと忘れません。

❷の文では、討論の話題ですから、**issue** を選びます：**The main issues we are discussing today are tax increases and military spending.**（今日の討論の主な問題は増税と軍事費である）

ビジネスの中で、**outstanding issue** という語が出てきます。**outstanding** は **out** + **stand** で文字通り「外に突き出ている」のことで、良い意味にも悪い意味にも使います。良い意味で使う場合は **outstanding result**（非常に良い結果）、悪い意味の場合は「外に突き出ている、問題にさらされている」というイメージなので、**outstanding issue** は「未解決の問題」という意味になり、ほかに **outstanding bill**（未払いの請求）のようにも使われます。

We still have some outstanding issues to be addressed.

取り組まなければならない未解決問題がまだいくつかある。

affair は、❸の文 **That's none of your affair.**（それはあなたの問題ではない＝それはあなたの知ったことではない＝大きなお世話だ）のように、単数形で「個人的な問題（関心事）」を意味します。また、**current affairs**（時事問題）のように、複数形にすると「社会的な問題（関心事）」を意味するほか、「浮気」や「不倫の情事（**love affair**）」の意味もあります。

その他、**matter** は **a matter of life and death** と言えば「死活問題」を表すように、「重大な問題・処理されるべき問題」をイメージさせる語です。これは、**It doesn't matter.**（それは重要なことではない）というように、動詞の **matter** が「重要である」という意味を持つことからも推察できると思います。**matter** は実は遡れば **mother**（母）

の意味で、そこから「重要である」というセンスが生まれています。

また、単に「事柄」という意味での「問題」の意味にも使われ、例えば、**It's a matter of time.**（それは時間の問題だ＝いずれ起こる）という言い方や、**It's a matter of preference.**（それは好みの問題だ）というような使い方をします。また、**as a matter of fact**（実際のところ）や **That's another matter.**（それは別の話だ）のように単に「こと」という感じで使われることも多くあります。

次のように複数形で漠然とした「事情・事態」を表すこともあります。

To make matters worse, it began to rain.

さらに悪いことに、雨が降り出した。

Matters are quite different now.

今では事情は全く異なっている。

🅰🅰 語源ポイント

question に似た語に **query**（質問、疑い）があります。それに似た形で **inquiry**（質問、問い合わせ）もあります。**require**（要求する）、**request**（要請する）、**acquire**（習得する）、それからゲームでおなじみ **quest**（探求、諸国遊歴の旅）など、これらの **que/qui** には「求める」という意味があります。

また **que/qui** には **how** や **what** の意味もあります。ビジネス上、**quote**（見積もり額/見積もる）という語になじみがある人も多いと思います。その見積もり時に **quantity**（数量）が必要になりますが、それも同じ語源で、**how** の意味の「どれくらいの数？」です。一方 **quality** は「どれくらいの質？」のことです。また、割当量を表す **quota** も同じ語源の語で、どれも「どれくらい」を表します。

求究

Question　答えを求める
Quest　　探求
Quote　　見積り
reQuest　要請
reQuire　要求
inQuiry　追究、研究
acQuire　習得する

Quantity
　どれくらいの数
Quality
　どれくらいの質

issue という語にはたくさんの意味があります。名詞では「問題（点）、論点」「懸案、課題」、「供給」、「発券」、「発行物、刊行物」、「出口」、「結果、成果」など。動詞では「発行する、刊行する」、「公表する、表明する」など、いろいろな訳語があります。ここで気づくのは、どれも「出る」に関係することです。**issue** はラテン語の **exire** から変化したもので、**exit** と出身は同じです。**it** は **visit** や **init** の **it** で「行く」を意味します。ということで、**issue** は形こそ **iss** になっていますが、**ex** の一種（イッシュ）です。だから「発行」など、「出る」に関係する訳語がたくさんあるのです。

では、「問題点」「争点」という意味があるのはなぜでしょうか。それは、「出てきたもの」は「どうするか決めなければならないもの」だからです。また、争いの際、公式の論争の場に進むという意味で「出るとこ出ようじゃねえか」の意味から「争点」といった意味が生まれたようです。

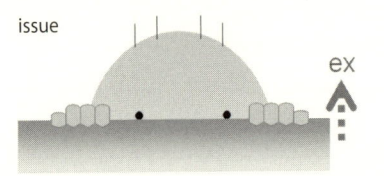

issue

issue　"現れる (ex)"
「問題点」「争点」「課題」、「発行物」

problem の **pro** は「前」で、**blem** は「ボール」を表します。**ball** については **blow**（吹く）が元の意味に近く、吹かれて膨れたのが **ball** です。それが「目の前（**pro**）に」どでんと置かれた状態が **problem** だと考えればわかりやすいでしょうか。なんとかしないと前へ進めない状態が **problem** の状態です。

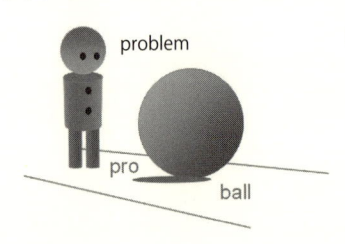

problem

problem　"ball が前（pro）に置かれている"
"なんとかしないと進めない"

pro
ball

解答　❶ a problem　❷ issues　❸ affair

388

99 誤り | mistake / error / fault / typo

適当な単語はどれでしょうか？

❶ **This isn't my bill — there must be some (mistake / error).**
（これは私の勘定書ではありません、何かの間違いです）

❷ **Human (mistake / error) has been blamed for the air crash.**
（その飛行機の墜落は人為的なミスだと非難されている）

❸ **My sons broke the window, but it was my (mistake / error / fault) because I let them play catch in the house.**
（息子たちが窓を割ったのですが、家でキャッチボールをさせたのは私なので私のせいです）

mistake は「間違い・誤り」を表現する最も一般的な語で、ほとんどの場合に当てはめて使うことができます。ただし、思い違いや誤解、不注意、勘違い、知識不足によって生じた誤り、それから法則や原則などを無視することによって生じる誤りを表すときに使うのが原則です。

語源は **mis** からわかるように「間違ってとる」ですから、「勘違い」のイメージを理解しやすいと思います。「ありがちな勘違い」は **a common mistake** です。

❶の文は不注意か勘違いによる間違いなので **mistake** を選びます：
This isn't my bill — there must be some mistake.（これは私の勘定書ではありません。何かの間違いです）

error は、やや改まった語で、判断ミスや裁判の誤審、それから真

の値から外れた計器の誤差などが含まれます。運転や操作上に起こる「人為的ミス」を **a human error** と言います。その **error** が重大な結果を引き起こすことがあり、それは **a serious error** などと表現されます。そのほか、スポーツの世界でする失策などが **error** で表されます。

❷の文では **error** を選択します：**Human error has been blamed for the air crash.**（その飛行機の墜落は人為的なミスだと非難されている）

fault は、**mistake** と **error** の両方の意味で使われますが、主に人の好ましくない性格やそのやり方に対する「過失・落ち度」の意味で使われ、特に誤りに対してとる責任が重視される語です。

It's all my fault.　すべて私が悪いんだ。

❸の文では **fault** を選びます：**My sons broke the window, but it was my fault because I let them play catch in the house.**（息子たちが窓を割ったのですが、家でキャッチボールをさせたのは私なので私のせいです）

typo という語はくだけた言い方で、スペルミス（タイプミス）の意味で用いられます。

I fixed some typos.　いくつか誤字を直しました。

語源ポイント

mistake は **mis+take** で、「間違って取る」を表し、勘違いや偶然、知識不足によって生じた間違いであることがイメージできます。**misunderstanding**（考え違い）や **misread**（読み違える）、**mistranslation**（誤訳）、**misuse**（誤用）などと通じます。

error の語根 **err** は「さまよう」「逸れる」という意味です。「正しい道から逸れてしまった」という意味です。コンピュータのアプリケーションでは **error** という表示が出ますが、「誤りによってその先に進めない」という感じですね。**err** の「さまよう、逸れる」という意味を感じられます。

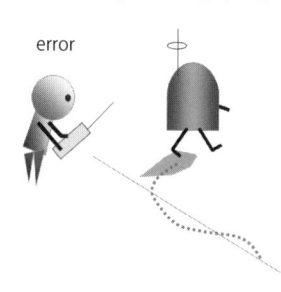

error 「正しい道から逸れてしまった」

英語学習に関していえば、**error** を恐れてはいけないということを、心に留めておきたいですね。場数を増やせばその分、どうしたって **error** は増えます。**error** をして、それを直すことの繰り返しによって **mistake**（思い違い）を減らしていくのが英語習得の近道なのではないかと思います。英語学習では、「くちは災いのもと」ではなく、「くちは習いのもと」なのです。

解答 ❶ mistake ❷ error ❸ fault

100 練習、訓練 | practice / exercise / drill / training

適当な単語はどれでしょうか？

❶ Playing the piano well requires a lot of (exercise / drill / practice / training).
（ピアノをうまく弾くには練習がたくさん必要です）

❷ Jogging is a healthy form of (exercise / drill / practice / training).
（ジョギングは健康的な運動です）

❸ There will be a fire (exercise / drill / practice / training) this morning.
（今朝、消防訓練があります）

❶の文のように、楽器やスポーツ技術の習得や、より高い完成度を目指して絶えず繰り返して行う練習が practice です：Playing the piano well requires a lot of practice.（ピアノをうまく弾くには練習がたくさん必要です）

practice

practice　"習得を目指し絶えず繰り返す"

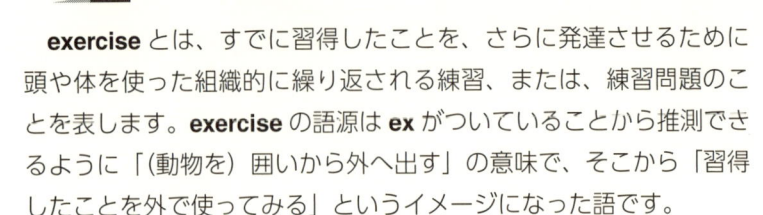

exercise とは、すでに習得したことを、さらに発達させるために頭や体を使った組織的に繰り返される練習、または、練習問題のことを表します。exercise の語源は ex がついていることから推測できるように「(動物を) 囲いから外へ出す」の意味で、そこから「習得したことを外で使ってみる」というイメージになった語です。

The teacher gave her class a mathematics exercise for homework.

先生はクラスの生徒に数学の練習問題を宿題に出した。

He spent a lot of time on vocal exercises.

彼は発声練習に多くの時間を使った。

❷の文のように、健康維持や体力増強のためにする定期的な運動も exercise で表します：**Jogging is a healthy form of exercise.**（ジョギングは健康的な運動です）

Do at least fifteen minutes' exercise each day.

毎日、最低 15 分の運動をしなさい。

exercise 「習得したことを外 (ex) で使う」

drill は、習慣的・反射的にできるようになるまで、普通、指揮者の下で何度も繰り返されることが基本で、主に軍事演習や消防訓練など、集団で行う厳しい訓練の意味で使われます。避難訓練は **an evacuation drill** といいます。また、小学生のときによくやった算数ドリルのように、「反射的にできるまで繰り返し行う練習問題」の意味もあります。語源的には、円形に行進する軍隊の演習の形態から drill と呼ばれるようになったようです。

I used to do a lot of spelling drills when I was at school.

学校で綴りの練習をたくさんしたものです。

❸の文には drill が適切です：**There will be a fire drill this morning.**（今朝、消防訓練があります）

drill 反射的にできるようになるために繰り返される訓練

training は、スポーツやその他専門的な技術の熟達のために一定期間に渡って繰り返し行なわれる訓練や練習のことです。健康維持の目的のものも **training** です。この単語は列車を表す **train** と同様に、ラテン語から派生した語で「引っ張る」が語源になっています。**train** が動詞になれば「引っ張って行く」の意味になり、そこから転じて、「従わせる」とか「しつける（訓練する）」の意味になります。**trainer** と言えば「（人や動物を）訓練する人」ですね。

He is in training for the big match.
彼はその大試合のためにトレーニング中です。

a dog trained to help blind people
盲導犬＝ **a Seeing Eye dog**（米）／ **a guide dog**（英）

training

training 「熟達のために繰り返される訓練・練習」

芝居や演奏会などの本番前に行う演習は **rehearsal** ですし、似たような意味で、重要なイベントなどを前に通しでやってみる際には **dry run** を使います。

We had better have a dry run for the ceremony.
式典のための予行をやらないとまずい。

語源ポイント

practice は「練習」「けいこ」と中学で習い、教科書の中でも何度も出てくるので、この訳語がすりこまれてしまっています。そのままでいると、この語を十分に理解することができません。

practice には、「（アイデアだけではなくて）実行する／取り組む」という意味と「技量を伸ばすために繰り返し実行する」というふたつの意味があります。「練習する」はこの二番目の意味ですね。

一番目の「実行する」という意味を考えると、形容詞形の **practical** が「現実的な、実用的な」という意味になることが理解でき、**put into practical use** が「実用化する」で、**able** がついた **practicable** の「実行可能な」の意味もわかってきます。また、**best practice** が「最良事例」を意味することにも納得がいきます。さらに、**practical joke** の「実際的な悪ふざけ（ドッキリ）」という意味も理解できます。**practice** は「実行」の意味が中心ですから、「絶えず実際に繰り返す練習」が **practice** で表されるわけです。

解答　❶ practice　❷ exercise　❸ drill

101 力 | force / power / energy / strength

適当な単語はどれでしょうか？

❶ The (force / power / energy / strength) of gravity pulls things towards the earth's center.
（重力は地球の中心へ物を引っ張っている）

❷ The drug affects one's (power / energy / strength) of concentration.
（その薬は集中力に影響を与えます）

❸ It is a waste of time and (power / energy / strength).
（それは時間と労力の無駄です）

❹ For a small woman she has surprising (power / strength).
（小さな女性の割には、彼女は驚くほどの力の持ち主である）

force は、重力（**gravitational force**）や磁力（**magnetic force**）のように外に出た力で、内に秘めた力というより、実際に行使された物理的な力が基本です。ただ、**driving force**（原動力）や **work force**（労働力）のように、何かを生み出そうとするような精神的・生理的な影響や力も表します。また、しばしば暴力や武力を連想させる語でもあり、例えば軍事力は **military force**、核戦力は **nuclear force** です。

❶の文は物理的な力を表すので **force** を選びます：**The force of gravity pulls things towards the earth's center.**（重力は地球の中心へ物を引っ張っている）

power は、あることをする能力で、内に秘めた潜在的な力を表すのが基本ですが、それだけでなく外に出た力もイメージさせます。意味は広く、**political power**（政治権力）のように権力や影響力も含みます。**strength** との違いは、形容詞で考えると明確です。**He is a strong man.** と言えば、彼は単に体力があって頑丈な人間、あるいは精神的に強い、という意味しか表さないのに対して、**He is a powerful man.** は、彼はある分野の組織の中で大きな影響力を持った人間、例えば、政界の大物といった意味をもつことになります。

He did everything within his power. 彼はできる限りのことをした。

この文では、自分の内に秘めた力をすべて発揮しただけでなく、自分の社会的な地位を利用してできる限りのことをした、ということを表しています。❷の文は内なる力・能力のことを言っているので power が適切です：**The drug affects one's power of concentration.**（その薬は集中力に影響を与えます）

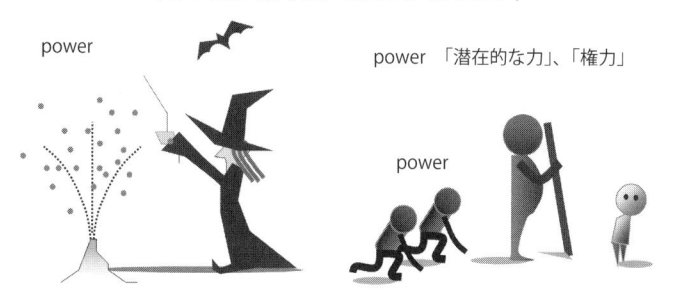

power

power 「潜在的な力」、「権力」

power

物理でいう **force** と **power** の違いは、**force** は力（**N** や **kgf**）で **power** は仕事率（**kw** や馬力）と明確ですが、機械が持っていると感じる「力感」や「能力」という意味では、**power** を使います。

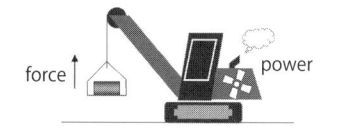

force

power

force と **power** を欲張って両方使って **powerful force**（威力）などという言い方もあります。

第3章 名詞

powerful force of public opinion (世論の強い圧力)

The most powerful force in the universe is compound interest.

宇宙でもっとも強い力は、幅広い興味である。(アインシュタイン)

energy は、内に秘めた潜在的に蓄積された力を表す語で、人間については情熱をそそぎ込む力、つまり、勢力・活力・気力・実行力などの意味を表し、物については動力の源となる力、つまり、燃料・エネルギーを表します。

He devoted all his energies to this work.

彼はこの仕事に全精力をつぎ込んだ。

❸の文は **energy** を選びます：**It is a waste of time and energy.** (それは時間と労力の無駄です)

strength は、ある行為を可能にする力や、物理的・肉体的・精神的な内に秘められた力を表し、人間の「体力」を表す場合には **power** でなくこの **strength** を用います。**strength** は外に出る強さも表しますが、形容詞の **strong** のところで書いたように、材料や構造の強さのように、「外力に耐える力」も表します。つまり、能動的な力も受動的な耐力も表せます。

He has enough strength to carry the load.

彼にはその荷を運ぶ力が十分ある。

The officials were worried about the strength of the bridge.

役人たちは橋の強さを心配していた。

❹のように人間の「体力」を表す場合は、**strength** を用い、**power** で表すことはできません：**For a small woman she has surprising strength.** (小さな女性の割には、彼女は驚くほどの力の持ち主である)

strong drinks と言えば、アルコール分の強いお酒を表すように、アルコールの強さ、コーヒーやお茶の濃さも **strength** で表します。

語源ポイント

force は音楽の **forte** や要塞の **fort** と同じ語源で、「押したりする力の強さ」を表します。

force のように、**f** で始まる語には「堅牢さ」や「しっかり感」、または強力な力を必要とするものを意味する語がたくさんあります。「鍛造」「鍛冶」を表す **forge** は **force** が訛ってできた語で、「固い友情を築く」という良い意味もありますが、「でっちあげる」「捏造する」といった悪い意味もあります。**fix** や **fast** は「しっかり感」を表しますし、**fort**（要塞）は「堅牢さ」を表しますね。

f　しっかり感、押す強さ

power は語源的には **potential**（潜在力のある）の仲間で、**force** のように表面上出ている力というより、「内側に秘めた力」を表します。

energy の **en** は「中」。**erg** は **urge**（駆り立てる）や **urgent**（差し迫った）の **urg** と同じく、「せきたてる」または「働く」という、「盛り上がる」センスです。ですから **energy** は「中で働く」＝エネルギー。**erg** に「ともに」を意味する **syn** がつくと **synergy**「共に働く」＝相乗作用。また、**allergy** にも **erg** がついていて、「異常な働きをするエネルギー」ということで、アレルギーです。エネルギーとアレルギーは、「他人の空似」ではないのです。

energy、urge、urgent、synergy　「盛り上がる」

strength（形容詞は **strong**）の **str** は **strict** のところでも書きましたが、「ピンと張った」の意味で **stress**（ストレス、緊張）、**stretch**（引き伸ばす）、**string**（弦）、**straight**（まっすぐな）などが仲間の語です。**structure**（構造）のような耐える強さの意味が、これらから連想されますね。

解答　❶ force　❷ power　❸ energy　❹ strength

第3章　名詞

102 争い | fight / quarrel / war / battle

適当な単語はどれでしょうか？

❶ The two teenagers had a knife (quarrel / fight).
（二人の十代の若者がナイフを使ってけんかをした）

❷ Britain fought two (fights / battles / wars) in Europe in the 20th century.
（イギリスは20世紀、二つの大きな戦争を戦った）

fight は取っ組み合いのけんか、または、武器を使って戦うことが基本ですが、暴力でなく「口論（quarrel, argument）」の意味で使われることもあります。

❶の文では暴力を意味しますから fight を選びます：The two teenagers had a knife fight.（二人の十代の若者がナイフを使ってけんかをした）

They've had a fight with the neighbors.
彼らは隣人と言い争いをした。

Losing their leader took all the fight out of them.
リーダーを失い彼らは闘争心がなくなった。

fight

fight 「取っ組み合いのけんか」

仕事上の論争をするときは argument や discussion が良さそうです。「口喧嘩」の「喧嘩」に引っ張られて fight を使うと、殴り合いか取っ

組み合いに勘違いされそうです。

Their argument turned into a fight.　彼らの口論は喧嘩に変わった。

quarrel は、人と人の間でのささいなことでの口論やいさかいを指しますが、**an international quarrel**（国際紛争）のように、国家・集団の間の摩擦や対立を表すこともあります。

I had a serious quarrel with my neighbor.
隣人と本気の言い合いになった。

The article focuses on the international quarrel between the two countries.
その記事はその二カ国間の紛争に重点を置いている。

war は、最も一般的に国家間における大規模な戦争をいい、様々な地域における 2 カ国間以上での、長時間に及ぶ戦争（状態）をいいます。または二つの国や企業が勝利を目指してする競争のことも表し、国内の戦争（内戦）は civil war と言います。

❷の文は war が適切です：**Britain fought two wars in Europe in the 20th century.**（イギリスは 20 世紀、二つの大きな戦争を戦った）

battle は、war の一部をなす、ある特定の地域での戦闘のことで、闘争、対立を意味し、また個人間の対立の意味でも使われます。

France has lost the battle but not the war.
フランスはその一回の戦いには負けたが、戦争には負けていない。

fight、battle、war は、自由など良きものを求めたり、逆に良からぬものを阻止したりするための運動や戦いの意味でも使われ、fight、battle、war の順で意味が強まることになります。

the fight to save the rainforests　熱帯雨林を守る戦い
the battle against AIDS　エイズとの戦い
the State's war against drugs　麻薬廃絶への国をあげての戦い

語源ポイント

　quarrel の語源はラテン語の querella で「苦情を言う」です。「口論（こうろん）」と似た音なのは覚えやすい偶然です。

　battle は、野球で使うバット（bat）と同じ語源です。bat とは、もともと「棍棒」の意味で、その棍棒を使ってお互い打ち合って戦うことが battle です。-le という接尾辞は繰り返すことを表しているので「何度も打ち合う」ということですね。この bat は combat（戦闘）の bat でもあり、もっと言えば beat（叩く）とも同源です。日本語の「戦い」の語源は「たたき合い」ですから、感覚は同じですね。

bat

bat 「棍棒」

解答　❶ fight　❷ wars

103 答え | answer / reply / response

適当な単語はどれでしょうか？

❶ Write your (answers / replies / responses) on the sheet provided.
（与えられた用紙に答えを書きなさい）

❷ I rang the bell, but there was no (answer / reply).
（ベルを鳴らしたが返事がなかった）

❸ My initial (answer / reply / response) was one of surprise.
（私の最初の反応は驚きだった）

質問や手紙などに対する返事を意味する語として最も普通に使われるのは **answer** です。**answer**、**reply**、**response** はすべて、文書でも口頭でも使うことができます。

answer は口頭、文字、動作などいずれかの方法で、単に「返す」ことを意味します。

❶ は **answer** が適切です：Write your answers on the sheet provided.（与えられた用紙に答えを書きなさい）

reply はよりあらたまった語で、よく考えた結果としてのきちんとした「答え」であることを表します。

I wrote a letter in reply to his proposal.
彼の提案に対する返事を書いた。

留守番電話は単なる応答なので **answering machine** であって、× **replying machine** ではありません。山びこが返るのも × **replying echo** でなく **answering echo** です。相手の意思や意見を聞くための

往復はがきは、**reply card** です。

❷は、単なる応答なので **answer** を使います：**I rang the bell, but there was no answer.**（ベルを鳴らしたが返事がなかった）

response はスピード重視の応答で、「スッポン」と返す「レ・スッポン・ス」。より堅い語で、即座の回答を含意しています。「反響」のような「応答」という訳語が、それを表しています。

response の **sponse** は「約束する」で、「呼べば答える」のような責任の糸でつながれたような「応答」のイメージから、「即座の回答」の感覚が持てます。

Thank you for your prompt response to my inquiry.
　問い合わせに対する迅速な回答、ありがとうございます。

I knocked on the door again and again but there was no response.
　何度もドアをノックしましたが、返事はありませんでした。

また **response** は、質問やある刺激に対して、喜怒哀楽などの感情や行動など、言葉以外の反応を表す場合に使われることが多い語です。つまり、この意味では **reaction** と同義で使われます。そのような感覚から、❸の文では **response** が適切です：**My initial response was one of surprise.**（私の最初の反応は驚きだった）

語源ポイント

reply の ply は折り重ね。そこから response よりも慎重さが感じられます。
response の sponse は「後援者」の意味の sponsor の sponse だと考えれば「約束」「責任」といったイメージが持てて、responsibility（責任）とも結びつきます。
answer の swer は swear（誓う）のことです。

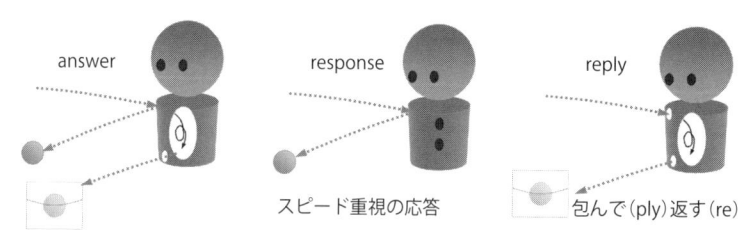

answer

response

スピード重視の応答

reply

包んで(ply)返す(re)

解答 ❶ answers ❷ answer ❸ response

104 店 | shop / store

適当な単語はどれでしょうか？

❶ **Many retailers want to open (shops / stores) in the lane.**
（多くの小売業者がその小道に店を出したいと思っている）

❷ **They closed the (shop / store) there and built a huge one closer to the city center.**
（彼らはその店を閉店して、より街の中心に近いところに巨大な店を建てた）

shop と store の使い分けがあることは知っていても、どちらも「お店」という訳語でとらえていると、どっちがどっちだったかわからなくなってしまうことがあります。

shop はもともと「小屋」の意味です。その小屋の使い道として「工房」「工作室」もありますし、その中に「店」もあります。「買い物する」という意味の動詞 shop は、実は「小屋」の意味よりあとから派生した語なのです。

shop 小屋→工房→「店」

一方、store は「補充する、貯蔵する」が原義で、「いろいろなものを十分に貯蔵している」ということから「店」を意味するようになり、「比較的大きな店、百貨店」を store と呼ぶようになりました。

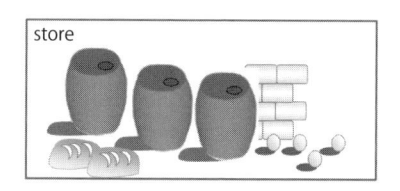

store
十分に貯蔵している「大きな店」、「百貨店」

　store と **shop** の使い方は、アメリカとイギリスで少し違うようで、アメリカでは **store** が主に使われ、特に小さな専門店を呼ぶときに **shop** が用いられるようです。一方、イギリスでは百貨店やチェーンストアなどの大規模な店が **store** で、その他は **shop** を用いるようです。いずれにしても、大きいほうが「貯蔵」の意味の **store** で、小さいほうが「小屋」の意味の **shop** と覚えればよさそうです。

　❶の文では **shop** を選びます：**Many retailers want to open shops in the lane.**（多くの小売業者がその小道に店を出したいと思っている）

　❷の方は **store** を選びます：**They closed the store there and built a huge one closer to the city center.**（彼らはその店を閉店して、より街の中心に近いところに巨大な店を建てた）

　ちなみに、**bakery**（パン屋）のように **shop** や **store** がつかないお店もあります。**baker** の **er** は「する人」を表しますね。ですから **baker** は「作る人」、**bakery** は「場所」を表します。

解答　❶ shops　❷ store

105 方法 | way / procedure / method / manner / means / recipe

適当な単語はどれでしょうか？

❶ There is another (way / method / mean) of looking at it.
（別の見方もあります）

❷ The (way / method / procedure) for applying for a visa has been slightly modified.
（ビザ申請の方法が少し変更されました）

❸ What (ways / means / methods) of transportation are available to get there?
（そこへ行くにはどのような交通手段がありますか？）

　way は目的を達成するための方法や手段を表す最も一般的な語で、他の類義語の代わりにも使えます。**way** は「道」という意味から抽象化した意味にまで広がり、何かを達成するまでの「道のり」「道筋」として「方法」「やり方」の意味を持つようになりました。

There are several possible ways of dealing with this issue.
　この問題に対処する方法がいくつかあります。

　❶の文では **way** が適切です：**There is another way of looking at it.**（別の見方もあります）

way　何かを達成するまでの「道のり」、「道筋」

procedure の **pro** は「前」、**ced** は「行く」ですから、「通常行われるお決まりの手順」という感じです。**process** も同じ語源で、「何かを達成するための工程」です。**a cleaning procedure**（洗浄方法）のように準備から実施・確認まで、順を追ったやり方を表します。

Please follow the safety procedure below.
次の安全手順に従ってください。

❷の文は手続きの手順を言っているので **procedure** が適切です：
The procedure for applying for a visa has been slightly modified.
（ビザ申請の方法が少し変更されました）

procedure　通常行なわれるお決まりの「手順」

method は順序正しく論理的に行われる組織的・計画的な方法を表します。きちんとした形式が見られるものを表して、科学的な分析手法や計算手法を表す際に好まれて使われます。堅い言い方なので日常では **way** の方がよく使われます。

This is a simple method to check for errors.
これはエラーをチェックする簡単な手法です。

The school introduced an innovative method of teaching English.
その学校は斬新的な英語教育の方法を導入した。

method の語源は、「後を（**met**）追う（**hod**）」ですから、「後を追える方法（論）」の意味があります。方法が確立して広く知られたような分析方法などに用いられます。例えば、**Taguchi Method** ＝ 田口メソッド（田口玄一先生が確立した品質工学の手法）がそうです。

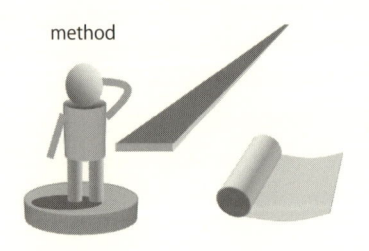

method　後を追える方法論

manner は、**way** より堅い言い方で、人の振る舞いや作法など、その様子を表す際に好まれます。**manner** の「**man**」は「手」のことで、**manual** の **man** です。ですから **manner** は「その人なりのやり方」という感じを表します。

He did it in the most effective manner.

彼は最も効果的な方法でやった。

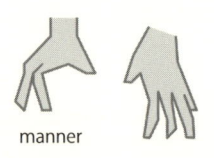

manner　「手さばき」「その人なりのやり方」

means は目的を達成するための媒介的なやり方を表します。

mean はもともと「中間」という意味です。「間に入って仲介するもの」として「方法・手段」の意味ができました。

I tried every means I could think of.

考えられる方法はすべてやってみた。

Email is an effective means of communication.

Email は効果的なコミュニケーションの方法です。

❸の文では「交通手段」として **means of transportation** が適切です：**What means of transportation are available to get there?**（そこへ行くにはどのような交通手段がありますか？）

調理法なら **recipe** です。日本語でも「レシピ」と言いますね。もともとは薬の処方箋、つまり **prescription** の意味でしたが、18 世紀くらいから「調理法」を指すようになったようです。**a secret recipe** は「秘伝のレシピ」。語源的には **receive** と同じなので「受け取る」の意味でした。そう考えると「秘伝のレシピを受け継ぐ」感じがしてきます。

🄐 語源ポイント

mean には「方法（mean）」のほかに「平均」「意味する」などいくつかの意味がありますね。それぞれの関連性はなかなか見えないかも知れません。でもこう考えたらどうでしょう。

「方法」の **means** は、**middle**（中央）、**medium**（中間）の仲間で「あいだ」を表します。**media**（中間媒体）の発想から、目的までの間を仲介するものとしての「手段、方法」のセンスにつながります。

「中間」の意味の **mean** は、統計の平均値としてなじみがあると思います。**in the meantime**（その間に）、**meanwhile**（その間に、一方で）も、この「あいだ」のセンスで理解できます。

「意味する」の **mean** は「考える」の仲間で、たとえば **mental**、**mention**、**mind**、**memory** もそうです。自分の心と相手をつなぐ「あいだ」の意味で考えれば、「意味する」の **mean** と「方法」の **mean** がつながります。

解答 ❶ way ❷ procedure ❸ means

106 制限 | limit / limitation / restriction / constraint

適当な単語はどれでしょうか？

❶ The expenditure exceeded the budget (limits / limitations).
（出費は予算の限度額を越えた）

❷ We have to plan service engineer training under the budget (limits / limitations).
（予算の制約下でサービスエンジニア教育を計画しなければならない）

❸ I couldn't stay longer due to time (limits / constraints).
（時間の制約で、長く滞在することができなかった）

　limit は制限の一般語で、この類義語の中で最も広い意味を持ちます。時間や空間や量などに、前もってある一点（または線）を設けたもの、つまり限界点（線）・限度が **limit** です。

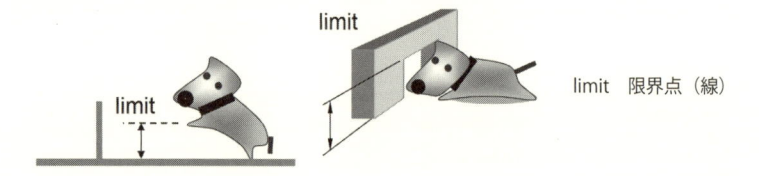

limit　限界点（線）

　limit の語源は「敷居」です。例えば **subliminal**（サブリミナル）は「閾値（**limin**）より下（**sub**）」ということで「意識下」を意味します。サブリミナル効果は、認知閾下の強さの刺激によって潜在意識を活性化することをいいますね。**preliminary** は「敷居の前（**pre**）」ということで、「前置きの」「予備の」という意味になり、**eliminate** は「敷居の外（**ex**）に出す」ということから「排除する」「なくす」という意味になります。

```
       limit                    ex    eliminate
       - - - - -
       subliminal ●                    ●
          sub
```

　この「敷居」の感じがわかると、**limit** の「限度」の意味が見えてきます。「越えられない限界」「越えてはならない限度」「越えられない一線」などと考えるとイメージがわかります。例えば **speed limit**（制限速度）、**time limit**（タイムリミット）、**age limit**（年齢制限）などです。他にも **the limit of one's patience**（我慢の限界）、**within the limits of the budget**（予算の範囲内で）、**limits of human abilities**（人間の限界）というような「一線」「限界線」があります。**upper limit**（上限）や **lower limit**（下限）という語を考えると、その「一線」がイメージできると思います。

He admitted that he had broken the speed limit.

　彼は制限速度を破ったことを認めた。

She'd reached the limit of her patience.

　彼女は我慢の限界に達していた。

　limitation になると、「制限・規制・制約・限界」といった、抽象的な意味になってきます。一線を越えさせない規制や行為、事情は **limitation** です。**limitation of liability**（責任の制約）、**limitation of activity**（活動制限）がその例です。

This imposed a severe limitation on economic growth.

　これが経済成長に厳しい制約を課した。

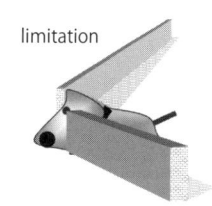

limitation

limitation　抽象的な意味で「制限」「規制」「制約」「限界」

❶の文ではその額の限度のことを言っているので **limit** を使います：**The expenditure exceeded the budget limit.**（出費は予算の限度額を越えた）

❷の文では額ではなくて制約のことを言っているので **limitations** を選びます：**We have to plan service engineer training under the budget limitations.**（予算の制約下でサービスエンジニア教育を計画しなければならない）

restriction と **constraint** との間にはあまり違いがないようです。語源からみてみると、どちらにも **str** が入っていることがわかります。この **str** は、**strict** のときに書きましたが、「ぴんと張る」ということです。

limit が敷居の「高さ」を表すのに対して、**restriction** や **constraint** の **str** は「活動範囲の制限」というイメージです。何かに引っ張られていることによって生じるような円周に囲まれる境界のような感じです。

restriction は「後ろに (re) 引っ張られる」ということですから、自由にならない「しがらみ」ということばがピッタリではないでしょうか。行動や思考の広がりの制約です。**restriction of use**（使用制限）、**eating restriction**（摂食制限）、**space restriction**（場所の制約）、**regulatory restrictions**（法規制）のような「しがらみ」です。複数形で集合的に使われたり、不可算の抽象名詞の形で使われます。

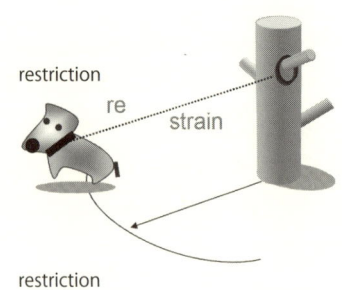

restriction
"後ろ (re) に引かれる (str)"「しがらみ」

ですから、そのしがらみをきつくする場合は動詞の **tighten**、緩くする場合は動詞の **relax** との相性が良いですね。

The government tightened restrictions on freedom of speech.
政府は言論の自由への制限を厳しくした。

constraint の **con** は「いっしょに」で、**constraint** は「いっしょにつなげられて引っ張られている」のような意味になったようです。自分の自由にならない「強制力」や、抑圧されるようなセンスを持ちます。「束縛」「拘束」という感じで、何かを制約する事実や状況を意味します。**budget constraint**（予算の制約）、**geographical constraints**（地理的制約）などです。**free of constraint**（しがらみのない）という形でも使われます。圧迫するものを表して可算名詞としても使いますが、**budget constraint** などは不可算の抽象名詞です。その「上限値」を表す可算名詞は **a budget limit** になるわけです。

Their activities were limited by legal constraints.
彼らの活動は法的制約により制限された。

❸の文では **constraints** を選択します：**I couldn't stay longer due to time constraints.**（時間の制約で、長く滞在することができなかった）

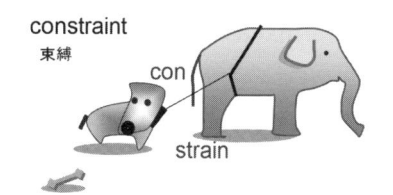

constraint
束縛

constrain
いっしょに (con) 引かれる (str)「束縛」

|解|答| ❶ limit ❷ limitations ❸ constraints

107 期間 | period / term / duration / season

適当な単語はどれでしょうか？

❶ You may be asked to wait for a short (period / term / duration) of time before receiving approval.
（承認を受けるまで、少しの間待つように言われるかも知れません）

❷ The president's (period / term / duration) of office is four years.
（大統領の任期は4年です）

❸ The performance (period / term / duration) should be approximately 60 minutes.
（上演時間はおよそ60分です）

　period は、はっきり「始まりと終わり」がある「期間」の一般語です。始まりから終わりまでの時間の長さという意味です。**period** に「終止符」の意味があることからも、「時間の区切り」の意味がイメージできると思います。

　a period of detention（拘留期間）、**a trial period**（試用期間）、**a period of 3 years / 3-year period**（3年間）などが例です。

　始まりと終わりのある期間ですから、**the Edo Period**（江戸時代）というような言い方にもなります。ホッケーなど、試合時間の区切りが **period** で表されるスポーツもありますね。

period　時間の区切り

He was working on homework during a free period.

授業のない空き時間に、彼は宿題に励んでいた。

❶の文では「区切った時間」の **period** が適切です：**You may be asked to wait for a short period of time before receiving approval.**（承認を受けるまで、少しの間待つように言われるかも知れません）

term も、「始まりから終わりまでの時間の長さ」なので、**period** の中に入るのですが、その中でも特に公式に定められた期間です。任期（**term**）や契約期間（**contract term**）、刑期（**prison term**）など、そういった期間です。**term** の語源は「端っこ」「境界」「限界」の意味で、**determine** が「境界をはっきり決める」という意味であったように、**term** も「始まりと終わりをはっきり定めた」という意味を含む「期間」です。

term　　　　　　　　　　　　　　term　公式な「期間」

He was sentenced to a long term of imprisonment.

彼は長期刑を宣告された。

❷の文では「初めと終わり」を定めた **term** を選びます：**The president's term of office is four years.**（大統領の任期は4年です）

duration の **dur** は「持続する」という意味です。**durability** は「耐久性」、**endure** は「耐える」「存続する」ですね。**during**（〜の間）をイメージするとわかりやすいですが、**duration** は「持続する間」という意味の期間で、**duration of stay**（滞在期間）、**duration of treatment**（治療期間）のように、始まりと終わりよりも「継続・持続」の部分に焦点があります。「持続期間」「存続期間」という訳語があてられます。

duration　持続する間

The duration of the contract is usually a year or two.
契約期間は通常1年か2年です。

❸の文では「持続」の意味を持つ **duration** を選びます：**The performance duration should be approximately 60 minutes.**（上演時間はおよそ60分です）

season も「期間」に対応する場合があります。通例一年の中の、行事・仕事・活動などが盛んな「時期」、または演劇などの上演が続いている期間、そしてテレビ番組のシリーズの放送期間も **season** と言いますね。

The year-end sales season is over.　年末商戦期間は終わった。

解答　❶ period　❷ term　❸ duration

108 影響 | effect / influence / impact

適当な単語はどれでしょうか？

❶ **This report explains the dangerous (effects / influence / impact) of nicotine on smokers.**
(この報告は喫煙者へのニコチンの危険な影響を説明している)

❷ **Many TV programs have a bad (effect / influence / impact) on children.**
(多くのテレビ番組が、子供たちに悪い影響を与える)

❸ **The lower maintenance costs have a positive (effect / influence / impact) on the operating costs.**
(メンテナンスコストの低下は、運用コストに好影響を与える)

　影響というとすぐに **effect** が頭に浮かぶ人が多いと思います。いや、**influence** を思い浮かべる人もいるかも知れません。でもよく使うのは **impact** のような気もします。さて、それぞれどう違うのでしょう。

　effect の **ef** は **ex** の異型で「外へ」の意味です。**fect** は **fiction**（作り話）や **factory**（工場）の **fic/fac** と同じで「為す」「作る」の意味です。ですから **effect** は「作られて外に出てくる」イメージの「結果」「効果」を表します。入力→出力のように「原因（**in**）によって出てくる結果（**ex**）」というイメージの「影響」です。

The 2019 Rugby World Cup in Japan is expected to have a substantial economic effect on Tokyo.

　日本で開催のラグビー・ワールドカップ2019は、東京にかなりの経済効果をもたらすと期待されている。

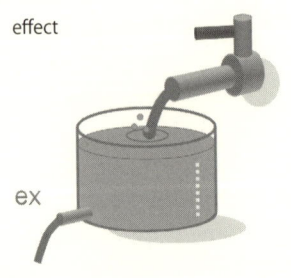

effect　原因によって出て来る「結果」

❶の文では喫煙という原因によって出てくる結果としての影響を言っているので、**effect** が適切です：**This report explains the dangerous effects of nicotine on smokers.**（この報告は喫煙者へのニコチンの危険な影響を説明している）

influence の **in** は「中へ」で **flu** は「流れる」。つまり、「中へ流れる」ということなので、**effect** のような直接的影響・効果ではなく、「じわじわ効く」感じの「影響」です。じわじわ続く、ものの性質や人の思想を左右するような「影響」で、間接的な感じの影響です。

She was a bad influence on the other students.
彼女はほかの生徒へ悪い影響を与える子だった。

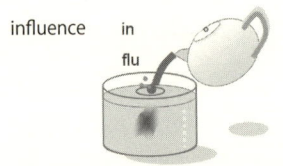

influence　中に (in) 注ぐ (flu) ときの結果のように、じわじわ効く「影響」

❷の文ではじわじわ与える影響として **influence** を選びます：**Many TV programs have a bad influence on children.**（多くのテレビ番組が、子供たちに悪い影響を与える）

impact の **im** は **in** の異型で「上から」の意味で、**pact** は「固く締める」。ですから **impact** は「直接的に上からのしかかる」ような

強い「影響」です。

im は **impose**（課す、押し付ける）という語にも見られるように、「上から」の感じを持つので、影響を与える先を示す語の前の前置詞としては、**on** の相性がいいことがわかります。

We have to minimize the impact of the price rises on consumers.

私たちは消費者に対する価格上昇の影響を最小限にしなければならない。

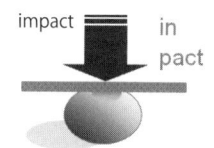

impact　直接的に上から(in)
　　　　押し付ける(pact)ような「影響」

❸の文では **impact** を選択します：**The lower maintenance costs have a positive impact on the operating costs.**（メンテナンスコストの低下は、運用コストに好影響を与える）

「力」の項で出てきた **power** も「影響力」を表します。社会の中の人やグループの考えや行動を左右するようなものは **power** です。例えば **the power of media**（マスメディアの影響力）などと言います。

解答　❶ effects　❷ influence　❸ impact

109 場所 | place / location / spot / site / area / position / zone / room

適当な単語はどれでしょうか？

❶ We had no (place / spot) to go.
（私たちには行く所がなかった）

❷ His office has moved to a new (location / position).
（彼のオフィスは新しい場所に移転した）

❸ The lever is (located / positioned) beside the door. Shift the lever to the N (location / position).
（レバーはドアの横にあります。そのレバーを N の位置に動かしてください）

❹ I'll make (location / position / room) for you.
（あなたのために場所を空けましょう）

place は「場所」の意味の一般語で、町や建物、体の部位までいろいろな「場所」を表すことができます。また抽象的な意味の「場所」のことも言います。冠詞をつけずに、例えば **in place** と言えば「所定の場所」「しかるべき場所」を指します。

It looks like a perfect place for a date.
デートには最高の場所のようですね。

Secure the connector in place.
コネクターを所定の位置に接続してください。

❶の文は **place** が適切です We had no place to go.（私たちには行く所がなかった）

location はややかたい語で、「位置」や「所在地」、「立地」を意味します。特定できないような場所や名前のない場所も表せます。ビジネスや広告、公式文書などで使われ、会社やお店のウェブサイト

には「所在地」を location として書いてありますね。

current location 現在位置

That hotel is in an excellent location.
そのホテルはすばらしい立地条件にある。

❷の文は立地を表す location を選びます：**His office has moved to a new location.**（彼のオフィスは新しい場所に移転した）。役職上のポジションを得た場合は、**He's got a new position.** のように言います。

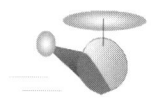

location 「位置」「所在地」「配置」

location

spot はややくだけた語で「地点」の意味です。**sightseeing spot**（観光地）や **diving spot**（ダイビングに適した場所）のように、楽しみのある場所や、**a good spot**（うってつけの場所）、**a hot spot**（人気のある場所、紛争地域）、**a meeting spot**（待ち合わせ場所）のように特別な地点を特定したりするときに使います。スポットライトのイメージで焦点を当てられた「地点」をイメージすることができますね。

She's found a lovely spot to build a new cottage.
彼女は新しいコテージを建てるのに素敵な場所を見つけた。

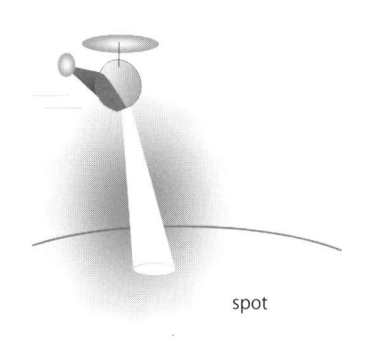

spot

spot　焦点を当てられたイメージの「地点」

site は、何か特別な目的を持って使用される場所（土地、用地）で、建物が建っている場所や建設予定地などを指し、例えば **a construction site**（建設現場）などと言います。**on-site inspections** は実際にその現地に出向いて行う立ち入り検査です。また、何か重大なことが起こった場所も指し、例えば航空機墜落現場でしたら **the site of the air crash** と表します。

area は広い意味がありますが、ここで比較する「場所」の意味としては、建物や部屋の中で、特に何か特定の目的や用途のために使われる場所をいいます。**a storage area**（保管場所）、**a garbage pickup area**（ゴミ回収場所）などがその例です。

position は、相対的な位置や、何かの目的のための「所定の場所」、または抽象的に「本来あるべき場所」を表します。何か機能させるために狙って位置するもの、例えば飛行機の座席でのリクライニングの場所（二段目、三段目などの位置）や機器類のレバー位置（Offの位置やNeutralの位置）などは、**location** ではなくて **position** です。

I'll find the best position for the lights.

　照明に最適な場所を見つけます。

Move the lever to the proper position.

　レバーを適切な位置に動かしなさい。

ただ、レバーそのものの配置は **locate** で表し、❸の文はこうなります：**The lever is located beside the door. Shift the lever to the N position.**（レバーはドアの横にあります。そのレバーをNの位置に動かしてください）

place と同様に、冠詞がつかなければ「所定の」場所を表します：**in position**（しかるべき位置に）

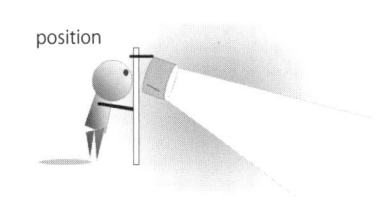

position

position　所定の「場所」

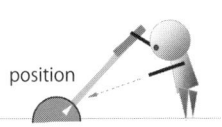

position

zone は、何かの目的のために区画された区域や、その周囲とは違う性質や特徴を持つことにより区分けされた場所をいいます。

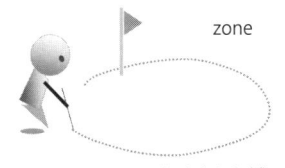

a safety zone　安全な場所
a comfort zone　居心地のいい場所

zone

zone　区分けされた域

「場所がある／ない」というときには **room** や **space** も使われます。
There wasn't enough room / space.　十分な場所がありませんでした。

❹の文は **room** が正解です：**I'll make room for you.**（あなたのために場所を空けましょう）

語源ポイント

position の **pos** は「置く」の意味で、この語根を含む語は非常にたくさんあります。わかりやすいのは **post**（地位、持ち場）です。「対して」の意味の **op**（**ob** の異型）がつけば、**oppose**（対抗する）、**opposite**（反対の）、**opponent**（敵）。「ともに」の意味の **com**（**con** の異型）がつけば **component**（ともに置かれる→構成要素）。「後」に意味の **post** がつけば **postpone**（あとに置く→延期する）など、たくさんあります。

site は「座る」の意味で、**sit**（座る）の仲間です。**seat**（イス）や **situation**（状況）、それから基本動詞の **set** もこの仲間です。形容詞の **situated** は以下のように使うことができます。

The cottage is situated in a quiet spot near the river.
「そのコテージは川のそばの静かな場所に位置しています」

解答　❶ place　❷ location　❸ located, position　❹ room

110 要素 | element / factor / component / constituent / ingredient

適当な単語はどれでしょうか？

❶ The movie has all the (elements / factors / components) of entertainment that anyone would look for.
(その映画には、誰もが求めるすべてのエンターテインメントの要素があります)

❷ Do you think money is a deciding (element / factor / component) in choosing a job?
(仕事を選ぶ上で、お金が決定的な要素だと思いますか？)

❸ This system can be broken into three (elements / factors / components).
(このシステムは3つの構成要素に分けられます)

element は「要素」の意味では最も一般的な語です。要因、部分、成分などをいいます。古代西洋哲学で物質を構成すると考えられた4つの要素（地(**earth**)、風(**air**)、火(**fire**)、水(**water**)）は **4 elements** と呼ばれます。ブルース・ウィルスの主演した The Fifth Element という映画もありましたね。

Diligence is a key element in success.
勤勉さが成功のための重要な要素だ。

❶ の文では elements を選びます：The movie has all the elements of entertainment that anyone would look for.(その映画には、誰もが求めるすべてのエンターテインメントの要素があります)

factor はものごとの中にある、各々異なる影響を与えたり異なる意味を持つ、各構成要素を指します。つまり「要因」のことです。fact（事実）や factory（工場）、fiction（作り話）と同源で、fact は「作

る」の意味です。「影響」の意味の **effect** の **fect** も同じ語源ですので、**factor** の意味は理解しやすいですね。

Location is an important factor in our decision.

立地条件が私たちの重要な決定要素です。

❷の文では **factor** が適切です：**Do you think money is a deciding factor in choosing a job?**（仕事を選ぶ上で、お金が決定的な要素だと思いますか？）

component は全体を構成するひとつの部品や要素。コンピュータなどの機器や、システムの構成要素などは **component** です。**component** の **com**（**con** の異型）は「いっしょに」で、**pone** は「置く」。「いっしょに置かれているもの」というイメージですね。

Reading is an essential component of learning in every subject.

読書はどの教科においても学習に不可欠な要素です。

❸の文では構成要素を言っていますので **component** を選びます：**This system can be broken into three components.**（このシステムは3つの構成要素に分けられます）

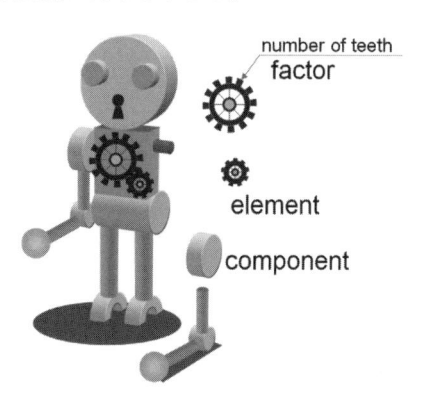

constituent はかたい語で、生体物質や化学物質の一部を表すときに使います。この **con** も「いっしょに」で、**stit** は **stand**、**status**、**situation** のように「ある」というような意味ですから、「中にあるもの」というふうにとらえられます。

Constituents are all indicated in the table.
成分はすべて表に示されています。

ingredient は「料理の材料」や「食品の成分」を表すときによく使われますが、比喩的に「(成功の)要因・要素」という意味でも使われます。**in** は「中へ」で、**gred** は「歩を進める・行く」なので、「中に入っている成分、原材料」という意味が理解できます。

This toothpaste contains only natural ingredients.
この歯磨き粉には天然成分しか含まれていません。

Teamwork is an essential ingredient of our success.
チームワークが成功に不可欠な要素だ。

ingredient が「成功の要素」として例えられるように、料理の作り方を意味する **recipe**（レシピ）も、「成功のための方策・秘訣」の意味で使われることがあります。

My recipe for success is to remain humble at all times.
私の成功の秘訣は、いつでも謙虚でいることです。

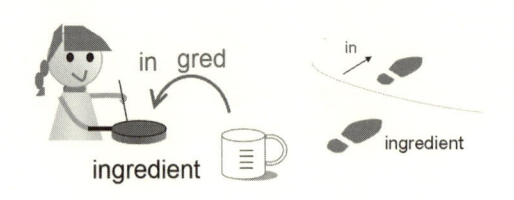

解答　❶ elements　❷ factor　❸ components

(111) 感情 | feeling / emotion / passion / sentiment

適当な単語はどれでしょうか？

❶ She hurt my (feelings / emotions / passions).
（彼女は私の感情を傷つけた）

❷ He always speaks with great (feeling / emotion / sentiment).
（彼はいつも感情をむきだしにして話す）

❸ There's no room for (feeling / passion / sentiment) in business.
（ビジネスに感傷が入る余地はありません）

feeling は「感情」を表す一般的な語です。理性や判断力に対立する語で、ある状況に対する精神的・肉体的な反応や気持ちが feeling です。

She had mixed feelings about the announcement of her move.
彼女は自分の異動の発表について複雑な心境だった。

❶の文では feelings を選びます：**She hurt my feelings.**（彼女は私の感情を傷つけた）

emotion は、現れる強い喜怒哀楽や愛憎の感情です。emotion の e は ex（外に）のことで、「外に移動する（mot）」ということですから、「噴き出す感情」がイメージできて、その強さがわかります。

She showed no emotion at the news.
彼女はその知らせに何の感情も見せなかった。

❷の文では「外に出る」emotion が適切です：**He always speaks with great emotion.**（彼はいつも感情をむきだしにして話す）

passion はもっと強い感情です。愛や憎しみ、共感や熱意などの激しい感情や激情、情熱です。**pat** は **patient** や **passive** でわかるように「受ける」「耐える」という感覚がありますが、その内なる心理的パワーが、何か外からの刺激によって湧き出るような「感情」ですね。**pat** は、**sympathy**（**sym**（ともに）＋ **pat** ＝共感）、**antipathy**（**anti**（反）＋ **pat** ＝反感）のように、その内なる感情を表します。

He impressed the audience with his passion.

> 彼は情熱で聴衆に感銘を与えた。

emotion　　　　passion

sentiment は文字通り **sense**＋**ment** で「感じること」。「感傷」「心情」「思い」という意味です。ときに「感傷」「私情」「なさけ」と悪い意味に使われて、主観的・感情的になり客観性を欠いていることも表します。感情が入ったものの見方、意見も **sentiment** で表されます。

Popular sentiment is still opposed to the move.

> 世間一般の感情は依然としてその動きに反対です。

Let's hear your sentiments on the issue then.

> では、その件についてのあなたの意見を聞きましょう。

❸の文では客観性を欠いた感じである **sentiment** を選びます：**There's no room for sentiment in business.**（ビジネスに感傷が入る余地はありません）

sentiment

解答　❶ feelings　❷ emotion　❸ sentiment

112 運 | chance / luck / fortune

適当な単語はどれでしょうか？

❶ Chess is not a game of (chance / luck / fortune).
（チェスは運がものを言うゲームではない）

❷ Some people have all the (chance / luck / fortune).
（運のいい人はいるものだ）

❸ It was (chance / luck / fortunate) that I was invited to the party.
（そのパーティーに招待されたのは幸運だった）

chance は語源的に「落ちてくる」の意味を含むので、「成り行き」といった偶然性の意味を含みます。ですから、「勝ち目」、「可能性」といった意味をもちます。**leave it to chance / take a chance**「運を天に任せる」という表現もあります。「機会」の意味では **opportunity** と違って好ましくないことにも、単なる可能性にも使われます。

There's always the chance that something will go wrong.

ものごとが悪くなる可能性はいつでもある。

chance　偶然性の意味を含む「勝ち目」「可能性」

❶の文には chance が適切です：**Chess is not a game of chance.**
（チェスは運がものを言うゲームではない）

luck の原義は「めぐりあわせ」です。「幸運」の意味で使うときは、がんばった結果とは言えないようなまぐれ当たりのこと、つまり「ついていること」を表します。**bad** がつくと悪い運も表します。

I wish her luck in her business.
　彼女のビジネスでの幸運を祈ります。

❷の文には **luck** が適切です：**Some people have all the luck.**（運のいい人はいるものだ）

luck

luck　ついていること

fortune はやや堅い語で、人生を左右するようなめぐり合わせや好機、運命などを指し、「運命の女神」の意味もあります。幸運の結果として、「富」とか「財産」といった意味にも派生し、**make a fortune**（財を成す）のように使われます。

I had the good fortune to meet you in that bar.
　私はあのバーであなたに出会うという幸運に恵まれた。

同じように、❸の文でも **fortune** の形容詞である **fortunate** を使います：**It was fortunate that I was invited to the party.**（そのパーティーに招待されたのは幸運だった）

解答　❶ chance　❷ luck　❸ fortunate

113 心 | heart / mind / soul / spirit

適当な単語はどれでしょうか？

❶ He has a very kind (mind / heart / soul).
（彼はとても優しい心の持ち主です）

❷ He has a very sharp (mind / heart / soul).
（彼はとても頭が切れる）

❸ Music and dancing are their very (mind / heart / soul).
（音楽と踊りはまさに彼らの心です）

　heart は、特に愛情（**love**）など「喜怒哀楽」の感情（**feelings**）が宿る場所ですから、感情・感性が入った「心・気持ち」と考えてください。例えば、**take heart** で「元気を出す」、**loose heart** で「がっかりする」というふうに、感情や気分を表せます。

　❶の文は **heart** が適切です：**He has a very kind heart.**（彼はとても優しい心の持ち主です）

heart

heart 「こころ」「気持ち」

　mind は知性や理性の宿る所、すなわち頭脳で、「意思の力」「考える力」「意見」などを表します。合理的な判断や決心で、例えば相手の考えや意見を理解する意味の「心を読みとる」は **read one's mind** と言い、意思を固める意味の「決心する」は、**make up one's mind** と言います。

mind

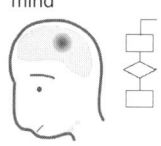

mind 「頭脳」

She always changes her mind.　彼女はいつでも心変わりする。

❷の文はまさしく頭脳のことを言っていますので **mind** を選びます：**He has a very sharp mind.**（彼はとても頭が切れる）

soul は **body** の反意語で、肉体に対する魂の宿る所、つまり「魂」「気迫」「精神力」などの意味で、人間のより深い心の部分や、深い信仰心を表しています。

soul of Japanese culture　日本文化の心

She knows deep in her soul that that man is a good person.
　彼女はその男が善人であることは心の底ではわかっている。

❸の文ではこの **soul** を選びます：**Music and dancing are their very soul.**（音楽と踊りはまさに彼らの心です）

spirit も肉体に対しての語ですが、**soul** よりも肯定的な意味で多く使われます。**spirit** の **spire** は「息」や「呼吸」の意味で、「生命」を感じさせます。心理的な意味の「気」を表します。「活気」「元気」「気迫」「勇気」「気性」といった、そんな「気」が **spirit** です。**entrepreneurial spirit**「企業家精神」、**fighting spirit**「闘争心」などと表現されます。「気」が入り込むのが **inspire**（in + spire ＝奮い立たせる）で、反対に出て行く（**ex**）意味の **expire** には「期限が切れる」のほかに「息を引き取る」の意味があります。日本語の「生き」と「息」の関係に似ています。

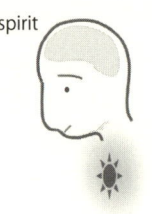

spirit 「気」

He was there in body but not in spirit.
　彼はそこにはいたけれど、心ここにあらずだった。

解答　❶ heart　❷ mind　❸ soul

114 国 | country / nation / state / land

適当な単語はどれでしょうか？

❶ France is my favorite (country / nation).
（フランスは私の好きな国です）

❷ The girl wondered into a magical (country / nation / land).
（少女は魔法の国に迷い込んだ）

country は国家をさす一般的な語です。政府の存在する国家や国土を表し、その独立性を、特に地理的な側面から表します。

How many countries have you visited so far?
これまで何カ国を訪れましたか？

She represented her country at the Olympics.
彼女はオリンピックで国の代表選手になった。

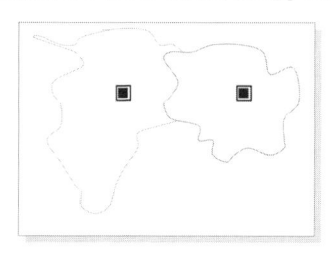

country 「国家」「国土」

❶は一般語である **country** が自然です：**France is my favorite country.**（フランスは私の好きな国です）

nation も「国」という意味ですが、民族集団としての国家のことで、社会や経済状況を話題とするときによく使われます。

435

Many European nations are suffering from high unemployment rates.

ヨーロッパの多くの国が、高い失業率に苦しんでいる。

America is a nation of immigrants, and diversity will always be its greatest strength.

アメリカは移民の国であり、多様性がいつも最大の強みになるだろう。

state は国際法上の統一的政治体としての国家です。独自の政治概念を持った組織を表します。アメリカ合衆国やオーストラリアなどの州も **state** で表されます。

The state of Israel was created in 1948.

イスラエルは 1948 年に造られた。

政治的単位や政府としての「国」を指す場合は、**country**、**nation**、**state** のどれでも使えますが、**country** や **nation** は、そこの人々の経済や文化を指すこともできます。

land も「国」を表しますね。これは文語的で、感情や想像を込めていう国を表します。もともと「土」の感覚がある語で、海に対する語として使われます。「田舎」の意味もありますが、その場合は **country** の方が多く使われます。

We want to return to our native land. 私たちは祖国に帰りたい。

Thailand is a land of tenderness. タイは優しさにあふれた国だ。

❷の文では想像のイメージですから **land** が適切です：**The girl wondered into a magical land.** （少女は魔法の国に迷い込んだ）

語源ポイント

country は **contra-** からできていて、これは「反対」「対して」の意味です。もともとは「反対側の土地」という意味で、そこから「街の反対」に意味が狭まって、「田舎」という意味になりました。そこから、その土地の「文化」や「生活」「大衆性」の感覚を示す語になっています。

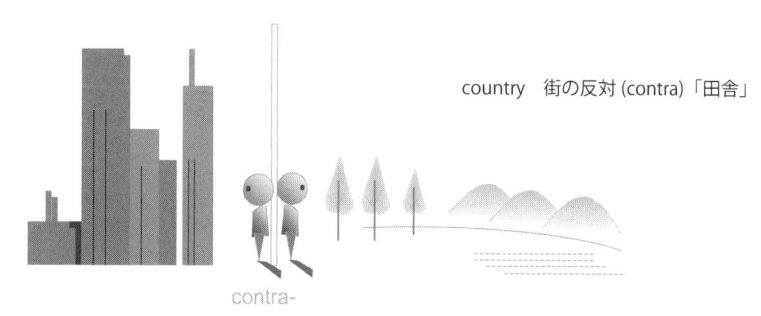

country　街の反対 (contra)「田舎」

contra-

nation には「種族」「民族」の意味が宿っています。**nat** は「生まれる」を意味していて、**native**（生まれつきの）や **natural**（天然の）から、その感覚がつかめます。これらの語からも、**nation** の「民族」という感覚が理解できます。ですから **nationality** には「国籍」の意味と「国民性」の意味があるわけです。

nation

nation　民族の感覚を含む「国」「国民性」

第3章　名詞

解答 ❶ country ❷ land

115 心配 | worry / anxiety / care / concern / fear

適当な単語はどれでしょうか？

❶ She has a lot of (worries / care / fears) about her old parents.
（彼女は老いた両親についての心配がたくさんある）

❷ She has (worries / anxieties / concerns) about the environment.
（彼女は地球環境について心配している）

worry はいろいろと思い悩むことで、「心配」に対応する語の中で最も一般的で広い意味を持つ語です。将来に関する無用な心配や、生活の中の取り越し苦労も表します。ですから、❶では worries を選びます：**She has a lot of worries about her old parents.**（彼女は老いた両親についての心配がたくさんある）

My greatest worry is that we can't live in peace.
私の最大の心配ごとは、私たちが平和に暮らせないのではないかということです。

anxiety は将来起こりそうなことに漠然と不安を感じることで、恐怖を伴う「心配」です。時には病的な程度を表すこともあります。
She felt extreme anxiety that could not be controlled.
彼女は抑えられない極度の不安を感じた。

care は気がかりになることですが、**anxiety** や **worry** よりは弱い意味です。
He doesn't have a care in the world. 彼には悩みなどひとつもない。

concern は「懸念」で、自分が関心を寄せている物や人に対す

る心配、または自分以外でも多くの人に影響するようなものごとに関する心配・懸念を表します。通常は **worry** ほどの精神的深刻さはありませんが、公なことに関して、問題を真剣に考えていることを強調する意味を含みます。ですから、業務の中での議論ではこの **concern** がしばしば出てきます。❷の地球環境に関する心配は、**concerns** です：**She has concerns about the environment.**（彼女は地球環境について心配している）

He expressed concern over the leakage of personal information.

彼は個人情報の漏洩の懸念を示した。

concern　関心を寄せるものへの「心配」「懸念」

fear は悪い事が起こるのではないかと恐れることです。

My fear is that his reaction will make the situation worse.

私の心配は（私が恐れるのは）、彼の反応が状況をさらに悪くしてしまうことです。

語源ポイント

concern と比較して、**worry・anxiety・fear** は精神的な悩みを感じさせますが、語源をみてみるとそれが理解できます。**worry** の **w** + **r** は、「ねじれる」ような感覚をしばしば表します。**wriggle**（体をくねらせる、身悶える）、**wrench**（ねじる）、そして馴染みのある語では **wrist**（手首）や **write**（書く）。これらはねじったりくねくねさせることを表す語です。**wrong**（間違った）も「考えがひねくれた」と考えるとイメージできます。つまり **worry** の **w** + **r** からも、心をくねくねさせて身悶える感覚が感じ取れます。

wr　　　　worry

worry　気分がくねくねする (wr)
　　　　ような「心配」

anxiety の **anx** は、**anger**（怒り）の **ang** と同じで、「狭い」を意味する語から派生しています。精神的にきゅうっと締め付けられるような感覚がわかると思います。「暗鬼」と音が似ていますね。

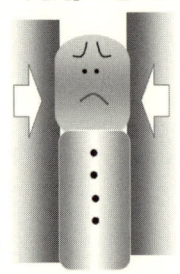

anxiety　気分が締め付けられるような「心配」

angry /
anxiety

fear は「前」を表す **fore** と同源の語です。「前向き」なのではなく、「前が見えずに気をもんでいる」状態です。ですから「先々悪いことが起こるのではないか」という心配が **fear** で表されます。

解答　❶ worries　❷ concerns

116 趣味 | hobby / pastime / interest / diversion

適当な単語はどれでしょうか？

❶ **Listening to music is one of my (hobbies / pastimes).**
（音楽を聴くことは私の趣味のひとつです）

❷ **Outside her work, her main (hobbies / interests) are music and tennis.**
（仕事以外の彼女の主な趣味は、音楽とテニスです）

hobby とは、例えば切手収集や花の栽培など、自分の職業以外の大部分を費やすほどの積極的な活動のことを表します。その点からいうと日本語の「趣味」よりも意味がかなり狭められた語なのです。

Sonya's hobbies include hang-gliding, aerobics, and scuba-diving.

　ソニアの趣味にはハングライダー、エアロビクス、スキューバダイビングなどがあります。

His hobby is repairing antiques.

　彼の趣味はアンティークを修復することです。

hobby　職業以外の積極的な活動

日本人の趣味として代表的なものは読書や音楽鑑賞ですが、これらのように、時間が空いている時を使って誰でもするような「趣

味」は、英語では、**interests** とか **pastime** と言います。**pastime** は **pass** + **time** からできていることからわかるように「(暇な)時間を(楽しく)過ごす」が原義ですので、「趣味」「気晴らし」「娯楽」くらいの日本語を当てるのが適当でしょう。

❶の文では **pastimes** が適切ですね：**Listening to music is one of my pastimes.**（音楽を聴くことは私の趣味のひとつです）

pastime

pastime 「趣味」「気晴らし」「娯楽」

interest は形容詞の **interesting** のところで説明した通り、「知的好奇心と連結している」という意味ですから、「好きなこと・関心のあること」ですね。複数形にすると全般的な趣味の対象を示す語で、履歴書などによく用いられます。この場合は、読書でも音楽鑑賞でも得意なスポーツでも、何でも構いません。

List your leisure time interests on the back of the form.
用紙の裏側にあなたの趣味をいくつか書いてください。

そういう意味で❷の文で相応しいのは **interests** であることがわかります：**Outside her work, her main interests are music and tennis.**（仕事以外の彼女の主な趣味は、音楽とテニスです）

diversion は堅い言い方での「気晴らし」「娯楽」を意味します。何かに飽き飽きしそうなときに、気分転換のためにする楽しみが **diversion** です。

We all need diversion in our lives.

誰もが生活の中で気晴らしが必要です。

🅰ⓐ 語源ポイント

diversion は見ての通り **diversity** と同源です。どちらも **di+verse** からできていて、**di** は「離れる」で、**verse** は「向き」「周」。対戦相手をいうときの **versus** や **convert**（転換する）、**conversation**（会話）、**anniversary**（周年記念日）など、**verse** がつく語はたくさんあります。つまり **diversion** は「向きを逸らすこと」ということですね。同じような感覚の語が **sport**。これは実は **disport** の **di** が消失したものです。**dis** は「離れる」で **port** は「運ぶ」ですので、「気持ちをそらす」の意味で **diversion** とよく似た成り立ちです。

ちなみに **hobby** の語源は **hobbyhorse** が縮まったもの。**hobbyhorse** とは、子どもがまたがってあそぶ「棒馬」です。なんだか「職業以外の大部分を費やすほどの積極的な活動」とはイメージが違いますね。

hobbyhorse

解答　❶ pastimes　❷ interests

117 病気 | illness / sickness / disease

適当な単語はどれでしょうか？

❶ These drugs cause serious (sickness / illness).
（これらのドラッグは深刻な病気の原因になります）

❷ He has Alzheimer's (sickness / illness / disease).
（彼はアルツハイマー病にかかっている）

illness、sickness は「病気」の意味を表す一般的な語で、体調の悪い状況を表します。illness は病気やその状態を表す最も一般的な語で、重い軽いに関わらずに用いられます。形容詞を伴って病気の種類や症状の軽重などを表す場合に好まれます。**mental illness**（精神障害）、**minor illness**（軽い病気）、**chronic illness**（慢性病）、**fatal illness**（致命的な病気）などです。

His father passed away after a long illness.
彼の父親は長い闘病の末に亡くなりました。

She died of a sudden illness.
彼女は突然の病で亡くなった。

❶の文のように、**serious**（深刻な）で形容する場合は、**sickness** よりも **illness** が使われます：**These drugs cause serious illness.**（これらのドラッグは深刻な病気の原因になります）

sickness は **illness** より意味が限定され、仕事や活動ができないような状態を表し、特に仕事や保険に関わるような場合に使われます。多くの場合は **illness** より軽い病気を表し、自然に治るという含みがあります。

She asked for a day off because of sickness.
彼女は病気による休みを願い出た。

「病欠」は **sick leave** と言いますね。形容詞の **sick** を使った例も挙げておきます。

I feel sick to my stomach. 吐き気がする。
She has been sick in bed. 彼女は病気で寝込んでいます。

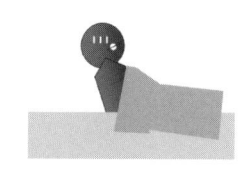

sick 「体調の悪い状況」

disease は、**sickness** や **illness** と同義の場合もありますが、比較的重い病気をいい、治療や入院を要する病気や、病名のはっきりしたものを表すときに使われ、長期的な病気であることを暗示します。

Colitis can be a serious disease requiring hospitalization.
大腸炎は入院を要することもある、深刻な病気です。

❷の「アルツハイマー病」は **disease** です：**He has Alzheimer's disease.**（彼はアルツハイマー病にかかっている）

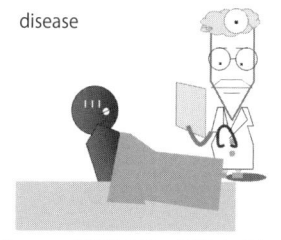

disease 「病名のはっきりした病気」

語源ポイント

sick の語源は気が沈んだり弱ったりすることを表したようです。

ill の原義は「悪意のある」「悪い」。ですから、**speak ill of** 〈誰〉「〈誰〉のことを悪く言う」と言いますし、形容詞では **ill effect**（悪影響）、**ill will**（悪意）などとも言います。

名詞を修飾する形容詞として使う場合は **sick** を用いて、**ill** はあまり使いません。

disease は **dis** + **ease** で、この **dis** は「反対」の **dis** なので、「**ease**（楽）ではない」ということです。

解答　❶ illness　❷ disease

(118) 中心 | center / middle / heart / core / focus

適当な単語はどれでしょうか？

❶ Ginny always wants to be the (middle / center / heart) of attention.
（ギニーはいつも注目の的になりたがっている）

❷ Why is your car parked in the (middle / center / heart) of the road ?
（どうしてあなたの車は道の真ん中に駐車されているのですか）

❸ Let's get to the (middle / center / heart) of the problem.
（問題の核心に入りましょう）

　center は、円形や球形の物の周囲の、どの点からでも等距離にある真ん中、つまり、円や球の中心点を指すのが基本です。その他、平面や立体の幾何学上の中心や回転運動の中心も **center** です。**center** = **the exact middle**（ど真ん中）です。ただし、**shopping center**（ショッピングセンター）や **center of trade**（貿易の中心地）など活動の中心や、**the center of attention** のように、興味や注目の中心という意味にも広く使われる語です。

Draw a line through the center of the circle.
　円の中心を通る線を引きなさい。

The hotel is situated right in the center of the town.
　そのホテルは町のちょうど真ん中に位置します。

　❶の文は、「注目の中心」を表しているので **center** を選びます：**Ginny always wants to be the center of attention.**（ギニーはいつも注目の的になりたがっている）

第3章　名詞

447

center　幾何学上の「中心」、回転の「中心」、活動の「中心」

middle は center とは異なり、物体のど真ん中だけでなく、その中心の周辺部を含めて使われることが多く、長い物の「真ん中」の意味でも広く使われます。

また、middle は場所的なものだけでなく、例えば **in the middle of the night**（真夜中に）のように、時間帯を表すときにも使われます。「中途」、「中間」という感じが middle です。

I'll take a vacation in the middle of the year.

年の半ばで休暇を取ります。

時間のど真ん中については center は使われず、**midnight**（深夜零時）、**midday**（正午）のように **mid** が使われます。**midnight** は **12 o'clock at night** のことで、深夜零時の「点」を表します。日本語の「深夜」を国語辞典で調べると「夜の一番ふけたとき」であって「深夜零時」の定義は出てきません。「深夜＝ **midnight**」ではないんですね。

ただ、**midnight** も形容詞的に使うときは、**midnight broadcast**（深夜番組）や **midnight bus**（深夜バス）、**midnight service**（深夜サービス）のように、「真夜中零時」ではなく、もっと広い時間帯を表します。

❷の文の「道の真ん中」は、中心点や中心線ではないので **center** ではなく **middle** で表します：**Why is your car parked in the middle of the road?**（どうしてあなたの車は道の真ん中に駐車されているのですか）

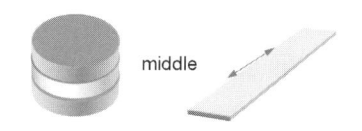

middle　中心の周辺部、中間

　heart（心臓）は、体の中で最も大切なところでもあるように、全体の中で最も重要な部分を表します。主要部、最重要点、問題の核心などです。**the heart of London**（ロンドン中心部）は場所的な中心を表しますし、**the heart of the operating system**（**OS** の心臓部）はシステムの主要部、**the heart of the problem** は問題の核心を指す言い方です。

We still haven't gotten to the heart of the matter.
私たちは依然として問題の核心をつかんでいません。

　同様に❸の文も **heart** が適切です：**Let's get to the heart of the problem.**（問題の核心に入りましょう）

　core は、リンゴやナシなど種のある固い中心部分や、地核（**Earth's core**）など、ある物体の中心部の意味です。**heart** と同じく、**the core of a problem**（問題の核心）のように、物事の核心の意味でも使われます。

Students study five core subjects.
生徒たちは主要 5 科目を学びます。

He is American to the core.
彼は生粋のアメリカ人です。

This concept is at the very core of her theory.
この考えが彼女の理論のまさに中核をなしている。

もうひとつ、**focus** も「中心」を意味することがあります。注意や関心が注がれる中心的な対象を指します。**focus** というのは「レンズの焦点」。この語は実はレンズが世に出る前からあって、もともとは「暖炉」を意味し、もっと遡れば「火」のこと。小学校の実験で虫めがねで黒い色紙に火をつけたときのことを思い出せば、「焦点」と「火」が結びつきますね。「注意が注がれる熱い視線の中心」のイメージも持てます。ちなみにイタリア料理店で出るフォカッチャというパンも、語源は同じです。

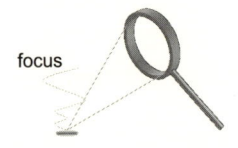

focus　　　　　　　　　　　focus　注意や関心の中心的な対象

解答　❶ center　❷ middle　❸ heart

119 出来事 | occurrence / happening / event / incident / accident

適当な単語はどれでしょうか？

❶ Divorce has become a common (occurrence / event / incident).
（離婚はよくあるようになってしまった）

❷ The American presidential election was one of the main (events / incidents / accidents) of 2012.
（アメリカ大統領の選挙は2012年の一大イベントの一つでした）

❸ That was an (incident / event / accident) in my life which I'm not proud of.
（それは私が自慢できない、人生の一事件でした）

❹ His father's been involved in a car (incident / event / accident).
（彼の父親は自動車事故に巻き込まれた）

occurrence と happening は、出来事や事件を表す一般語ですが、occurrence はあらたまった状況で用いられ、happening は通例複数形で、特に奇妙であったり普通ではないように感じられるような出来事を指します。occurrence は例えば、frequent / rare / common などで修飾して奇妙さや珍しさを表現する場合に好まれます。

It was an unexpected occurrence that I met him there.
彼とそこで出会ったのは思いがけない出来事だった。

Weird happenings occur every day here.
ここでは奇妙なことが毎日起こる。

occurrence

happening

happening
「奇妙なこと」

❶の文では **occurrence** を選びます：**Divorce has become a common occurrence.**（離婚はよくあるようになってしまった）

日本語で「イベント」というと、なんだかわくわくするような催事の感じがしますが、英語の **event** はそれに限らず、むしろ一番目のセンスは「重大な出来事」のことです。特に注目に値する重要な出来事や大事件、または様々な行事を言います。

Their duty is to act promptly in the event of emergency to save life and prevent injury.

彼らの任務は緊急の事態において、命を救いけがを防ぐために敏速に行動することだ。

❷の文は「重大な行事」の意味で **event** を選びます：**The American presidential election was one of the main events of 2012.**（アメリカ大統領の選挙は 2012 年の一大イベントの一つでした）

incident は改まった語ですが、**event** ほどの重要性はなく、その **event** に付随して起こる偶発的な出来事・小事件を、しばしば控えめに表現し、普通はよくない出来事を表します。また、重大な犯罪や暴力事件も **incident** で表します。

incident　通常はよくない「出来事」

The news of the shooting incident spread quickly.

その発砲事件のニュースはすぐに広まった。

❸の文は **incident** が適切です：**That was an incident in my life which I'm not proud of.**（それは私が自慢できない、人生の一事件でした）

accident は身体に危害を及ぼす、思いがけなく不愉快な出来事や事故、または単なる偶発的な出来事の意味で使われます。ですから人の意思で起こるような殺人（**a murder**）や窃盗などには使いません。

❹の「交通事故」の場合は **accident** が適切です：**His father's been involved in a car accident.**（彼の父親は自動車事故に巻き込まれた）

accident
不愉快な「出来事」「事故」

語源ポイント

happen の **hap** は「落ちてくる」を意味します。「たまたま起こる」という奇妙な出来事のイメージが持てます。

incident と **accident** の **cid** も「落ちてくる」を意味します。**incident** の **in** は「上に」の意味で、**accident** の **ac** は **ad** の異型で「向かって」。**accident** も **incident** も「降りかかってくること」という感覚で共通しています。**accident** の方が「偶然」の意味で、降りかかってくる不愉快な感じを含んでいます。向かってくるわけですから厄介で不愉快ですよね。

occurrence の **oc** は **accident** の **ac** と似ていて「向かって」の意味です。**cur** は **current** の中にあることでもイメージできますが「つつーっと滑らかに進む（流れる）」を意味して、**occur** は目の前に出現してきたような感じです。

event の **e** は **ex** のことで「外へ」「出る」で、**vent** は「行く」「来る」。ですからまさしく「出て来る事」で「出来事」。**incident** のように小さな玉が落ちてくるというよりも、**event** は大きく押し出されてくる「重要な出来事」というイメージも持てます。

event
出て (ex) 来る (vent)

解答 ❶ occurrence ❷ events ❸ incident ❹ accident

120 恐怖 | fear / terror / horror / fright / dread

適当な単語はどれでしょうか？

❶ I can't go up the tower with you because I have a (fear / fright / dread) of heights.
（私は高いところが怖いので、その塔には一緒にのぼれません）

❷ I have a (fear / fright / horror) of snakes.
（私は蛇が大嫌いです）

❸ You gave her such a (fear / fright / horror) turning the lights out like that.
（そんなふうに電気を消したから彼女はとてもびっくりしました）

fear は危険・苦痛・脅迫などによる「恐れ・不安」を表す最も一般的な語です。その結果、臆病になる意味を含む場合が多いようです。
She turned white with fear. 彼女は恐怖で顔面蒼白になった。

❶のような場合には fear で表します：**I can't go up the tower with you because I have a fear of heights.**（私は高いところが怖いので、その塔には一緒にのぼれません）

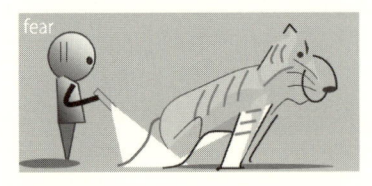

fear 何が起こるかわからない「不安」「恐怖」

terror は身がすくむような、しばしば長時間に及ぶ、激しい恐怖を表します。

My wife screamed with terror when she saw a burglar at the window.
妻は窓に泥棒を見たとき、恐怖のあまり叫んだ。

terror

terror　震えるような「恐怖」

horror は「身の毛のよ立つようなぞっとした恐怖」を表し、しばしば「嫌悪感」を連想させる語です。**terror** よりもっと強い恐怖です。
He froze in horror as the tiger stared at him.
トラにじっと見られて彼は恐怖で凍りついた。

horror

horror　身の毛もよ立つ「恐怖」

❷の文の場合は「大嫌い」の感覚ですから **horror** を選びます：**I have a horror of snakes.**（私は蛇が大嫌いです）。**I have a fear of snakes.** の場合は、単に「私は蛇が怖い」という意味です。

　fright は突然襲いかかる、一時的ではあるが激しい恐怖や驚きを表します。たった今起こっているようなことに対する恐怖です。
　❸の文の場合は **fright** を使います：**You gave her such a fright turning the lights out like that.**（そんなふうに電気を消したから彼女はとてもびっくりしました）

　dread は、例えば、将来起こりうる大地震などの天変地異や、その他いやなことが起こりうることに対する極度の恐怖を表し、基本

的にはその場面に直面したくないという気持ちが含まれる語です。

I live in dread of bumping into her in the street.

通りで彼女に偶然会うのではないかと、びくびくしながら生活しています。

語源ポイント

fear は「将来起こるかも知れないようなこと」に対する恐怖を表します。peril と同じく fear も「前方」を意味する fore と同源です。つまり、見えない先のことに対する恐怖という感じです。それなら「将来起こるかも」の感覚とつながります。

terror の派生語として terrorist（テロリスト）があります。世界を震撼させるような、そんな恐怖です。terrible は「恐ろしい」「ひどい」「猛烈な」。それが「すごい」の意味に転じて terrific は「ものすごい」「すばらしい」という、よい意味の「震える」という意味を持つ語になっています。terror と terrible は「震える」を意味する同じ語源から生まれました。tremble（震える）と関連させると覚えやすいと思います。オノマトペ由来の語です。マンドリンやギターの奏法の tremolo（トレモロ）も同源だということから「ブルブル」感が分かります。tremendous も terrific と同じように「ものすごい」という意味に転じていますね。

horror は遡れば hair とつながり、その原義は「毛が逆立つ」で、まさに「身の毛もよ立つ」ですね。そういえば猫が怒ると毛を立てます。あれは相手を威嚇するために自分を大きく見せるためなのだそうです。その習性は人間にも残っていて、怖いときに鳥肌が立つのは、その現象だそうです。形容詞の horrible（ひどい、身の毛もよ立つ）といっしょに覚えると良いと思います。

とけとげしい不快さとしての「厳しい」という意味の形容詞、harsh も「毛」と関係がありましたね。これらをまとめると、感覚で記憶できるかも知れません。

解答　❶ fear　❷ horror　❸ fright

121 会社 | company / office / firm / corporation

適当な単語はどれでしょうか？

❶ He sometimes goes to his (company / office) even on Sundays.
（彼は日曜日にも時々、会社に行きます）

❷ My sister works for a big insurance (company / office).
（姉は大きな保険会社に勤めています）

company は「パン（pan）を一緒に（com）食べる人」という意味から「仲間」「同席」「交換」という意味を持つようになった語です。この company には、ご存知のように「会社」の意味がありますが、これは、日本語でいう「会社」と違って、場所を表す意味はありません。仕事上の目的で一緒に働いている人々の集団を表すのが基本となりますので、× go to one's company と言うことはできません。

一方、office は、仕事の場所に使われる建物・建物のフロアー・建物の一室と定義されるように、働く場所という意識が強く働いている語です。

したがって、❶の文の答は office です：He sometimes goes to his office even on Sundays.（彼は日曜にも時々会社に行きます）

もっとも、「会社に行く」の表現としては、work を名詞扱いにして、go to work や commute to work というのが普通です。「仕事に行く」の意味では go to work の方が自然です。

一方、❷の方は company ですね：My sister works for a big insurance company.（姉は大きな保険会社に勤めています）

office 「働く場所」

　集団・組織の意味での「会社」を表す語はいくつかあって、次にその区別を説明します。
　company は幅広い種類の会社を指す最も一般的な語です。サービスを提供したり商品を生産・販売して利益を上げようとする組織であれば、**company** と言うことができます。

My father runs a small company in Tokyo.
　私の父は東京で小さな会社を経営しています。

company 「会社」を示す一般語

　firm は、二人以上の合資により経営される（通常小さな）会社を表すことが多い語です。ものを生産するというのではなく、法律・金融などといった、専門的な分野の助言やサービスを提供するような組織で、商会・商店・事務所といった小規模なものに対して使われることが多い語です。**a law firm**（法律事務所）、**a consulting firm**（コンサルティング会社）などがあります。ただ、くだけた会話では **a big firm**（大会社）のように、**company** と同じ意味で用いられることも多いです。

He works for a law firm in London.
　彼はロンドンの法律事務所に勤めています。

corporation は法人組織を表す堅い語です。格式ばった印象を与えます。多くの部門を持つような大企業、大会社を表します。

I'd like to work for an international corporation.

国際企業で働きたい。

firm　"しっかり"
通常小さな会社、
「商会」「商店」「事務所」

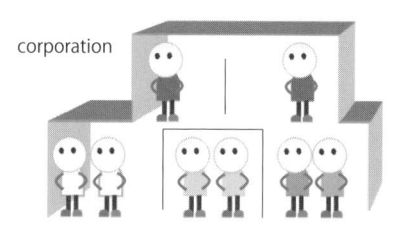

corporation　多くの部門を持つような
「大企業」「大会社」

語源ポイント

office の fic は fiction（作り話）や factory（工場）の fic / fac で、「作り出す」の意味です。であるなら company といった「集団・組織」の意味ではなく、「作る場所」「執務するところ」といったイメージであることが理解できます。

firm はもともとは「署名」の意味だったようです。その「署名」自体、confirm（確認する）、affirm（確証する）のように、個人間や組織間での「確約」であって、それによる組織としての「結束」なので、形容詞の firm（しっかりと）と結びつきますし、人間関係から成り立つ感じの小規模の会社（firm）のイメージと結びつけることができます。

corporation の corp は「body」を表します。corporate は「体の中にかたち作る」の意味です。ですから corporation には「働きや機能を持つ複数の組織（organization）が一体になった body」ととらえることができ、そうすれば、「法人組織」「大会社」といった corporation のイメージを持つことができます。ところで組織の意味の organization や動詞形の organize は「機能する」といった意味で、「内臓」を表す organ と同源です。「人間の body の中では organ が機能して、corporation の中では organization が機能する」と理解できます。

解答 ❶ office ❷ company

122 習慣 | habit / custom / practice / rule

適当な単語はどれでしょうか？

❶ I've got into the (**habit** / custom / practice) of turning on TV as soon as I get home.
(私は家に帰るとすぐにテレビをつける癖がついてしまった)

❷ It takes time to get used to another country's (habits / **customs** / practice).
(他の国の慣習に慣れるには時間がかかる)

❸ It is standard (habit / custom / **practice**) to ask hotel guests for their passports when they check in.
(チェックインの際、ホテルの宿泊客にパスポートの提示をお願いすることは、一般的な慣例です)

habit は何度も繰り返すことによって、その行為を無意識に繰り返してしまう「癖」や「習慣」をいいます。

なかなかやめられない悪い癖（**bad habits**）としては、爪をかむ行為（**nail biting**）や、食べ過ぎ（**eating too much**）などがありますね。ほかにも、行動パターンとしてネガティブに考えたり（**thinking negatively**）、会話をさえぎったり（**interrupting a conversation**）、それから浪費癖（**spending habits**）、夜更かし（**staying up late**）などがあります。

habit　繰り返してしまう「癖」「習慣」

He is in the habit of staying up late.
= **He has a habit of staying up late.** 彼は夜更かしする癖がある。

癖というより「習慣」の意味では、食習慣（**eating habit**）に関して言えば例えば、米を食べる習慣（**a habit of eating rice**）などがあります。それから食後の散歩（**taking a walk after dinner**）は生活習慣（**living habit**）のひとつです。

❶の文は、ほとんど無意識に繰り返される習慣ですから **habit** を選びます：**I've got into the habit of turning on TV as soon as I get home.**（私は家に帰るとすぐにテレビをつける癖がついてしまった）

custom は **a local custom**（地元の風習）などというように、文化的・社会的に繰り返される「習慣」「慣習」「慣例」を表すのが基本ですが、**It's her custom to take a shower in the morning.**（朝シャワーを浴びるのが彼女の習慣になっている）というように、個人の意識的な習慣を表すこともあります。

❷は、ある国家社会の慣習の意味ですから **customs** が正解です：**It takes time to get used to another country's customs.**（他の国の習慣に慣れるには時間がかかる）

custom

custom　文化的・社会的に繰り返される「習慣」「慣習」「慣例」

practice は、強制的に規則正しく行われる習慣、または社会的に当然そうするものと思われる慣習を表す語です。**business practice**（商習慣）のように、商業・法律上の習慣にも使われますし、個人的な習慣にも使われます。**habit** のような「無意識」を暗示させません。最近は「ベストプラクティス」（**best practice**）という語を耳にしますが、これは「成功事例」のほかに「最善慣行」と訳されることがあるように、「実践の繰り返しで作り上げていく最善のプロセス」と

第3章　名詞

いうような意味があります。

❸の文は、標準的な慣例を表しているので、**practice** を選びます：**It is standard practice to ask hotel guests for their passports when they check in.**（チェックインの際、ホテルの宿泊客にパスポートの提示をお願いすることは、一般的な慣例です）

rule は、例えば **a rule to get up early**（早起きの習慣）のように、そうするのが賢明と考えて個人的に行っている習慣や主義のことです。

I make it a rule to go to bed early.

　私は早寝をすることにしています。

語源ポイント

habit の語源は「持つ」「保つ」で、**have** と同源です。ずっと祖語まで遡ると、実は **get**、**take**、**have**、**hold** も、すべて祖先は同じなんです。**habit** の近い親戚の語 **habitat**（生息地、自生地）で連想されるように、繰り返しによって無意識に体に「生息した」行為が **habit**。それが **behavior**（行動）として出てくるわけですが、**behave** も **habit** とは近い親戚です。

custom はラテン語の **consuetudinem** という語から変化したようで、この **con** は「すっかり」、後の方は「慣れている」という意味で、「すっかり慣れている」ということです。**costume** との関係は **customer** のところ（「客」の項）で説明してある通りです。

practice の語源は「行われるべきこと」。**practice** は「練習」の訳語でつい考えてしまいますが、**practical** という形容詞の訳語「実際の」「実用的な」でわかるように、「実行」の意味が強い語です。練習の意味の **practice** は「技術向上のために定期的・反復的にする練習」なので、練習の意味の **practice** も「習慣」と結びつけて考えることができますね。

rule の原義は「定規」。自分で線を引いて決めた習慣が **rule** です。

解答 ❶ habit ❷ customs ❸ practice

123 喜び | pleasure / delight / joy

適当な単語はどれでしょうか？

❶ **I find no (pleasure / delight / joy) in my work.**
（私は自分の仕事に喜びを感じられない）

❷ **To my (pleasure / delight), she agreed to come again.**
（嬉しいことに、彼女はもう一度来ることに同意してくれた）

❸ **She leaped into the air with (pleasure / delight / joy).**
（彼女は歓喜のあまり宙に跳びあがった）

pleasure は満足感や幸福感を含んだ感情の一般語で、表面に表れない感情も含みます。

Kids find great pleasure in playing with water.
子供たちは水遊びをとても喜びます。

A smile always gives pleasure. 微笑みはいつでも喜びをもたらす。

delight は **pleasure** より大きな「大喜び」で、表面に表れた明白な喜びです。

She expressed her delight at seeing her children.
彼女は子どもたちを見て大喜びした。

joy は何かいいことがあったときのような、興奮した活発な喜び、跳び上がるような喜びです。

She jumped up and down with joy. 彼女は喜びで飛び跳ねた。

pleasure　　delight　　joy

❶は pleasure が適切です：**I find no pleasure in my work.**（私は自分の仕事に喜びを感じられない）

❷の文は **to one's delight**（嬉しいことには）という成句を使います：**To my delight, she agreed to come again.**（嬉しいことに、彼女はもう一度来ることに同意してくれた）

❸の文では跳び上がるような **joy** を選びます：**She leaped into the air with joy.**（彼女は歓喜のあまり宙に跳びあがった）

語源ポイント

pleasure は語源としては「満ちている状態」ということのようで、「満足感」「幸福感」で静かに満たされているイメージですね。

delight の **de** は「離れる」。この **light** は明かりとは違う **light** で、「誘惑する」というような意味があるようです。したがって **delight** は「体の内部の満ち足りた満足感が表に引き出される」というイメージで捉えることができそうです。

解答　❶ pleasure　❷ delight　❸ joy

124 道具 | tool / appliance / instrument / implement / device / gadget / kit

適当な単語はどれでしょうか？

❶ **Home computers can be used as (an appliance / an instrument / a tool) for learning.**
（家庭用のコンピュータは学習の手段として利用できる）

❷ **They sell all sorts of domestic (appliances / instruments / tools) − washing machines, dishwashers, and so on.**
（そこでは、洗濯機や食器洗浄機など、あらゆる種類の家庭器具を売っている）

❸ **Plows and other agricultural (tools / instruments / implements) were on display at the exhibition.**
（すきやその他の農業用具が展示会で陳列されていた）

tool は「道具」としては、片手に持って単純な作業を行うための道具で、ハンマーやドリルなどを指します。最近ではコンピュータや電子機器などのように、何かを達成するための手段の意味で使うことも多いです。

The plumber didn't bring the right tools to fix the kitchen faucet.

その水道屋は、台所の蛇口を修理するための適切な工具を持ってこなかった。

tool　単純な道具

❶は手段としての tool を選びます：**Home computers can be used as a tool for learning.**（家庭用のコンピュータは学習の手段として利用できる）

appliance は、洗濯機・掃除機・調理器・コンロ・トースター・冷蔵庫など、家庭用の小型の器具を表す語です。したがって❷は **appliances** です：**They sell all sorts of domestic appliances – washing machines, dishwashers, and so on.**（そこでは、洗濯機や食器洗浄機など、あらゆる種類の家庭器具を売っている）

instrument は科学的な研究など、特定の目的のために用いる器具、機器を指します。取り扱いには注意や技術が必要になるような道具です。温度計などの測定器具や、医療用のメスや顕微鏡やコンパスも **instrument** です。**musical instrument** は「楽器」の意味になります。バイオリンやピアノなどの、もともとは電気を必要としないものが **instrument** でしたが、今では多くの楽器は電気を使いますね。

This instrument measures the pressure in the pipe.

　この機器はパイプの中の圧力を計測します。

instrument

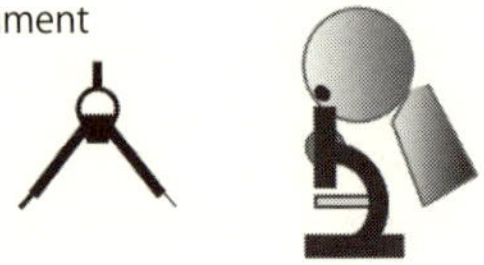

instrument　特定の目的のために用いる「器具」「機器」

implement はややフォーマルな語で、**tool** より大きく、単純な構造の屋外用の用具を指します。特にくわ・すきなどの農機具が **implement** です。

implement

implement　単純な構造の屋外用の「用具」

❸の文では **implement** が適切です：**Plows and other agricultural implements were on display at the exhibition.**（すきやその他の農業用具が展示会で陳列されていた）

device は特定の仕事用に設計される装置や仕掛けです。**a safety device**（安全装置）がその例です。

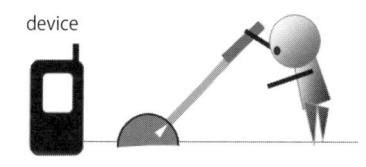

device 「装置」「仕掛け」

gadget は、特別の用途に使うとちょっと便利な、気の利いた小型の器具（**tool** や **device**）です。

kitchen gadgets（キッチン用品）でいえば野菜の皮むき器、**electronic gadgets**（電子機器）でいえば **smartphone** などがそうです。

kit は基本的に道具一式を指します。例えば **a sewing kit**（裁縫セット）などがあります。

語源ポイント

tool の語源は「準備するもの」です。「手先」を意味する語には **touch**、**tap**、**technique** などで始まるものが多いですが、これもそのひとつと考えるとイメージしやすいです。

instrument の **stru** は **structure** の **stru** と同じで「積み上げる」なので、**tool** よりは複雑な器具類がイメージできますね。

device は **divide**（分ける）や **division**（分割、組織の部門）のように「分ける」の意味からきていますが、「分けるための工夫」から「工夫」の意味になり、**devise** という動詞は「工夫する、案出する」という意味です。ですから「工夫された仕掛け」のイメージをつかむことができます。

解答　❶ a tool　❷ appliances　❸ implements

125 目的 | purpose / aim / object(ive) / goal / target / vision

適当な単語はどれでしょうか？

❶ He must have done it on (purpose / aim / objective).
（彼はわざとやったに違いない）

purpose は「目的」の意味を表す最も一般的な語です。自身の希望や必要性から、機をつかんで成し遂げようとする明確な決意を持った「目的」で、それが達成されるまでの過程に視点があります。

The main purpose of my visit was to discuss the project.
　私の訪問の主な目的は、そのプロジェクトについて議論することでした。

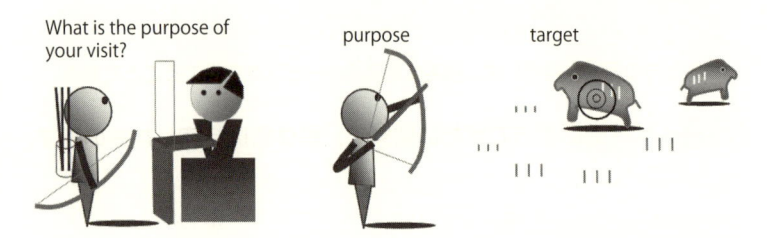

What is the purpose of your visit?　　　purpose　　　target

「明確な決意」という **purpose** の性格を考えると、❶の **on purpose**（意図的に、故意に）の使い方が理解できます：**He must have done it on purpose.**（彼はわざとやったに違いない）

aim は広く「目的」を表し、**purpose** と交換可能な場合も多いですが、狙いを定めた「目指すもの」といった、より具体的で明確な努力目標である意味を含みます。

The main aim of this course is to improve your writing skills.
　このコースの主な目的は、あなた方の筆記能力を伸ばすことです。

object は主に行為や計画などの直接的な目的を表します。

objective はフォーマルな語で、政治やビジネスなどに関連した目的を表し、比較的すぐに達成できそうな目標を指します。

objective　間近に達成できそうな「目標」

The objective of the campaign is to raise awareness on women's rights.

そのキャンペーンの目的は、女性の権利に関する認知度を高めることです。

goal は、どこへ向かって何を達成するのかを示す、最終的、また長期的な視点での目的を表します。達成のための長期間の努力や苦労を暗示させます。

Our goal is to provide the best service to our customers.

私たちの目的（目標）は、顧客に最高のサービスを提供することである。

target は活動によって得たい結果を、具体的に特定したものです。「達成目標」ですね。

We have successfully met our target this year.

今年私たちは無事に目標を達成した。

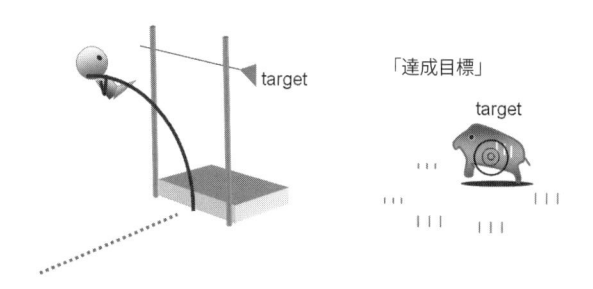

「達成目標」

vision は目的というより、「将来あるべき姿」のことで、**purpose**

や **objective** よりも向こうの、大きな目標を表します。**purpose** を設定するための揺るぎない展望です。

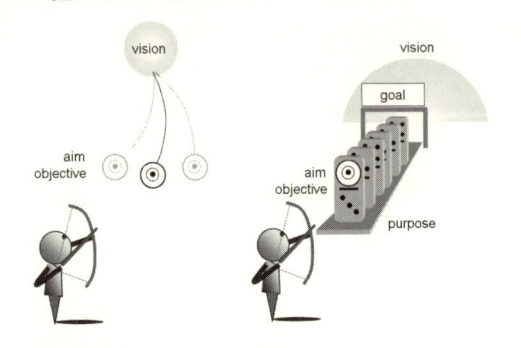

語源ポイント

purpose の **pur** は「前に」で、**pose** は「置く」。「自らの前に置く」、そんな決意を感じられる語です。

aim の語源には「皮算用」「目算」のような意味があり、それで「狙い」「照準」といった訳語があります。「照準を合わせる」感じを持つと、「より具体的な目標」の意味をイメージすることができます。

object の **ject** は「投げる」で、**projector** や **injector** の **ject** です。漢字でいえば「射」のイメージで、矢を射る感じです。**ob** は「向かって／対して」の意味なので、**object** は「投げつけられてなんとかしなければならない」ような「直接的」な目的です。

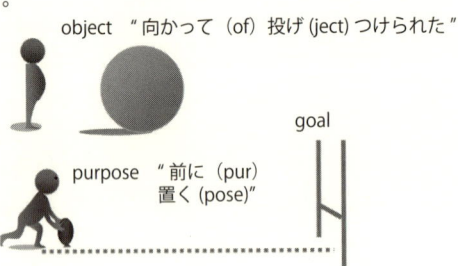

解答　❶ purpose

126 仕事 | work / job / labor / task / duty / business / occupation / career

適当な単語はどれでしょうか？

❶ **These days it is difficult to find (work / job / occupation) in Japan.**
（近頃、日本では仕事を見つけるのは大変です）

❷ **She applied for (work / a job / an occupation) at a bank.**
（彼女はある銀行の求人に応募した）

❸ **Please state your name, address, and (work / job / occupation).**
（名前と住所と職業を言ってください）

work は「仕事」を表す最も一般的な語です。職業や勤務だけでなく、その他の労働や任務など、幅広い意味を持ちます。また自発的に行うことも含みます。ですから訳語も「作業」「労働」「活動」や「勤め口」「職」「職場」など、様々です。この意味では不可算名詞であることに注意してください。

She finally found work with a bank.
彼女はついに銀行での仕事を見つけた。

I usually start work at 8 a.m. 私は通常、午前8時に仕事を始めます。

❶の文は、一般的な意味での仕事で、無冠詞で使われていますから、**work** を選びます：**These days it is difficult to find work in Japan.**（近頃、日本では仕事を見つけるのは大変です）

job は「課された仕事」の意味の「仕事」を指す一般語で、肉体的な仕事（**labor**）から専門的な仕事まで含みます。収入を伴う仕事の

ほか、家庭内などで行うべき義務も含みますが、自発的に行う仕事は含みません。**work** より具体的な感じがする可算名詞です。

Leave the dishes – that's my job.

食器はそのままにしておいて、私の仕事だから。

I heard that he was out of a job.　彼はいま失業しているそうだ。

❷は **a job** を選択します：**She applied for a job at a bank.**（彼女はある銀行の求人に応募した）

labor は肉体的な労働を指します。**manual labor** は「力仕事」「手仕事」、**physical labor** は「肉体労働」です。肉体的労働でなくても、「資本」に対する「労働側」の意味では **labor** が使われ、例えば「労賃」は **labor cost** と表します。

Firstly the labor conditions should be improved.

最初に労働条件が改善されるべきだ。

labor 「肉体的な労働」

task は他から課せられた任務や具体的な仕事・課題を指し、**job** の中で強制的に課せられたつらい仕事を意味することが多いようです。例えば、**a difficult task** や **an urgent task** などとしてよく使われます。**work** が「働くこと」という概念を示すのに対して、ひと塊の仕事のような具体的なものは **task** で表されます。

She had the task of preparing the agenda for meetings.

彼女には会議の議事を準備する仕事があった。

具体的な「職務・任務」という意味では **duty** も使います。**kitchen duty**（台所仕事）などです。

My first duty was to look after the animals.

私の最初の仕事は、動物たちの世話をすることでした。

business は本来は「商売」「商取引」の意味です。商業や経済、生産と関わる「仕事」で、「やるべき課題」という意味での「仕事」には使いません。

　I came here on business.　私は仕事でここに来ました。

　「職業」という意味での「仕事」は **occupation** です。自分の時間を **occupy**（占領）されているので「主として従事していること」=「本業」「職業」という意味になります。**job** にも「職」「勤め口」の意味はありますが、**occupation** の方が堅く、フォーマルです。

　❸の答は **occupation** ですね：**Please state your name, address, and occupation.**（名前と住所と職業を言ってください）

　career は「成功を求めて生涯を通してしたいと思っている職業や「経歴」の意味で使います。これは **car** や **carry** と同じ語源だと知れば、「人生の旅路を行く」イメージが持てると思います。**carry** と同じということは **carrier**（運送会社）とも同じ語源ですが、発音が違うので注意してください。**career** の方は日本語の「キャリア」とは違う発音です。

🅰🅰 語源ポイント

　labor の語源を遡ると「重い負荷」「重労働」というような、苦労を伴う意味が見えます。日本語では「コラボ」と呼ぶ **collaboration**（協力）も **col**（**con** の異型で「ともに」の意味）と **labor** で「ともに働くこと」を意味し、「ラボ」と呼ばれる **laboratory** は「**labor** する場所（**tory**）」の意味です。これらの中には「肉体重労働的」なニュアンスは残っていませんね。

　task の語源は「義務」や「税」という意味の語で、**tax**（税金）も同源です。「課せられるつらい仕事」という感覚とつながります。

　duty の **due** は「（法的・倫理的に）当然負うべき」というニュアンスです。ですから、過去分詞の形に由来する **debt** は「借り」の意味ですし、形容詞の **due** には「するはず」「予定」「期日が来て」という意味があり、**due to** は「〜のおかげで／のせいで」という意味になります。**duty** には「（道徳的・法律的な）義務、義理」という意味もあります。

duty

解答　❶ work　❷ a job　❸ occupation

127 地域 | area / region / district / zone

適当な単語はどれでしょうか？

❶ The northeast (region / district / zone) of the United States includes New York and six New England states.
(アメリカ合衆国の北東部にはニューヨークと、ニューイングランドの 6 つの州が含まれます)

❷ Wall Street is in the financial (region / district / zone) of New York.
(ウォールストリートはニューヨークの金融街にあります)

❸ San Francisco is in an earthquake (region / district / zone).
(サンフランシスコは地震発生区域です)

area は広い狭いに関係なく、ある特定の地域を表す最も一般的な語で、region / district / zone の意味でも使われることが多い語です。ただし、他の語にない用法として「面積・場所・空間・部屋」などの一部分を表す時にも使われます。語源は「平坦な地」で、そこから「空き地」、さらに「場所」「区域」に変わりました。ですから明確な境界線を持たない感覚があります。

Crime rates are significantly lower in rural areas.
犯罪発生率は田舎のほうが著しく低い。

region は area よりも広い範囲で、主に地理的や社会的な特徴により公式に分けられた、広い地域を表します。region は regulation (規制、統制) と同じ語源で、さらに regal (王の) / regal government (王政) と同じ語源であることを考えると、「公式に分けられた地域」の

意味を感じることができます。

His hometown is located in a mountainous region in western China.

彼の故郷は中国西部の山岳地帯に位置します。

❶の文では **region** を選びます：**The northeast region of the United States includes New York and six New England states.**（アメリカ合衆国の北東部にはニューヨークと、ニューイングランドの6つの州が含まれます）

region　公式に分けられた広い「地域」

district は、ある国や都市の特別な性質や特徴を持つ地域、または行政的な観点から公式に定められた区画で、**region** よりも狭い地域を表します。例えば **industrial district**（産業地区）、**election district**（選挙区）などです。イギリスの湖水地方は **Lake District** で、これは地理的な特徴で区分された地域ですね。ニューヨークの財政地区であるウォール街も **district** です。行政的特徴での区画は、アメリカ合衆国の首都ワシントン **DC**（**District of Columbia**）「ワシントン特別区」がそうです。**Tokyo District Court** は「東京地方裁判所」ですね。

❷の文では **district** を選択します：**Wall Street is in the financial district of New York.**（ウォールストリートはニューヨークの金融街にあります）

476

district は **dis** ＋ **strict**。**dis** は「離す」の意味で「(ふたつを) 引き離した」というような意味になり、「特徴によって区分した」という意味での「地域」になります。

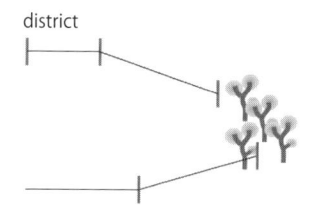

district　"引き離した (dis)" 特徴によって区分した

　zone は、日本語の「区画」や「地帯」に相当する語で、例えば **no-parking zones**（駐車禁止区域）のように使われます。他の地域と異なった性質や特徴を持ち、特別な目的のために利用される地域・特別な現象が生じる地域・特別な規則がある地域などを表します。**zone** の語源は「帯」の意味。「その一帯」「地帯」という感覚とつながります。**industrial zone**（工業地帯）、**the torrid zone**（熱帯）、**time zone**（時間帯）が、「帯」の感覚をよく表します。

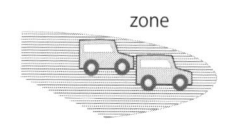

zone 「区域」「地帯」

　❸の文では **zone** が適切です：**San Francisco is in an earthquake zone.**（サンフランシスコは地震発生区域です）

解答　❶ region　❷ district　❸ zone

第3章　名詞

参考文献

英語類義語辞典 斎藤祐蔵　大修館書店
基本英語類語辞典　田中実　北星堂書店
日本語から引ける英語類語使い分け辞典 現代英語研究会編　創拓社出版
シップリー英語語源辞典 ジョーゼフ T. シップリー　大修館書店
メモリー英語語源辞典　中島節　大修館書店
日本語源広辞典　増井金典　ミネルヴァ書房
Longman Dictionary of Contemporary English 4th Edition
Oxford Advanced Learner's Dictionary 8th Edition
E ゲイト英和辞典
スーパーアンカー英和辞典　第 4 版
スーパーアンカー和英辞典　第 2 版
ジーニアス英和辞典　第 4 版
ジーニアス和英辞典　第 2 版

著者略歴

清水 建二（しみず けんじ）

東京都浅草生まれ。上智大学文学部英文学科を卒業後、ガイド通訳士、大手予備校講師、県立越谷南高校、浦和高校、三郷高校、川口高校などを経て、現在は草加高校で教鞭を執る。基礎レベルから東大レベルまで、わかりやすくユニークな教え方に定評があり、シミケンの愛称で生徒たちから絶大な人気を博している。主な著書は、シリーズ『英会話1秒レッスン』(成美文庫) 累計28万部突破。ベストセラー・『新編集 語源とイラストで一気に覚える英単語』(成美堂出版) など60冊以上。趣味は海外旅行、ジョギング、食べ歩き＆一青窈。

すずきひろし

神奈川県生まれ。英語教材開発者、イラストレータ。
大学で機械工学を学んだ後、工業英語などの英語学習をはじめ、外資系機械メーカで20年以上英米人との製品開発プロジェクトに関わる中で実務の英語を学ぶ。一方で、独習で得た言語学の知識を基に英単語の意味や英文法をイラストによって明示化する方法を探究し、成果を電子書籍などで発表。メーカを退職し現在は神奈川県相模原市を拠点に英語講師も勤める。電子書籍『イラストで広がる英語の世界 語源・類語編』(DLmarket)、『ぴくとりある－絵で知る英語のこころ－語源編(L)』(DLmarket)ほか。

イメージと語源でよくわかる 似ている英単語使い分けBOOK

2016年 7月25日	初版発行
2019年 2月21日	第9刷発行
著者	清水 建二／すずき ひろし
DTP	WAVE 清水 康広
校正	ワイルドさやか
カバー・本文デザイン	OAK 小野 光一

©Kenji Shimizu, Hiroshi Suzuki 2016. Printed in Japan

発行者	内田 真介
発行・発売	ベレ出版 〒162-0832　東京都新宿区岩戸町12 レベッカビル TEL.03-5225-4790　FAX.03-5225-4795 ホームページ　http://www.beret.co.jp/ 振替 00180-7-104058
印刷	モリモト印刷株式会社
製本	根本製本株式会社

落丁本・乱丁本は小社編集部あてにお送りください。送料小社負担にてお取り替えします。

本書の無断複写は著作権法上での例外を除き禁じられています。
購入者以外の第三者による本書のいかなる電子複製も一切認められておりません。

ISBN 978-4-86064-482-6 C2082　　　　　　　編集担当　綿引 ゆか

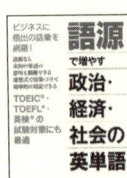

語源で増やす
政治・経済・社会の英単語

清水建二 著

四六並製／本体価格 1700 円（税別） ■ 400 頁
ISBN978-4-86064-440-6 C2082

語源で覚えるメリットは、接頭辞と語根との組み合わせで未知の単語の意味を類推できること、連想式に印象づけで効率的に暗記できることです。この本では接頭辞 17 と 212 の語根を厳選し、主に新聞やニュースでよく使われる分野の語彙に限定して集めてあります。語源ごとにイメージイラストが付いていて記憶しやすい工夫も。基本語彙から TOEIC の B ランク（730 点）以上の単語レベルで構成されており、ビジネスシーンで役立つのはもちろん、TOEIC、TOEFL、英検などの試験対策にも最適です。

語源で増やす
サイエンス英単語

清水建二 著

四六並製／本体価格 1700 円（税別） ■ 400 頁
ISBN978-4-86064-399-7 C2082

理系特有の英単語のほぼ 100％が古代ラテン語とギリシャ語から生まれたもので、語源で覚えるのが最も効果的な方法になります。本書では、接頭辞を含む 216 の語根を厳選し、理系の語彙を爆発的に増やしていきます。しかも、語源を学ぶことの最大のメリットである、語根や接頭辞の組み合わせによって、まったく知らない単語の意味を容易に推測することができるようになります。サイエンス英単語をシステマチックに、そして合理的に覚えることができる、理系の人にとってはまさにバイブル的一冊になるはず。

イメージでつかむ
似ている英語使い分け BOOK

清水建二 著

四六並製／本体価格 1800 円（税別） ■ 496 頁
ISBN978-4-86064-508-3 C2082

水は数えられないと習いましたが、数えられるもの数えられないものの違いは何？ the がつく、つかないはどこで判断できる？ ing と to 不定詞の使い分けは？ it は this や that とは性質が違う？「〜がある」は There is/are それとも have？ など、さあどっち？どうやって使い分ける？ となると迷う表現、語法をイメージイラストと一緒にやさしく詳しく解説していきます。『イメージと語源でよくわかる　似ている英語使い分け BOOK』でタッグを組んだ2人の著者の第2弾！